最新ツールで業務を可視化！

Power BI データ分析入門

塚原 久美【著】

実習用データは無料でダウンロードできます

1 まずは「Power BI Desktop」を無料で入手

2 実際のデータを集めて「データ分析」

3 データの特徴を押さえて「レポート作成」

4 作成したレポートをしっかり「運用」

はじめに

本書が発売される2023年時点では、一人一台パソコンを所有し（もしくは貸与され）、パソコンは仕事になくてはならないものになりました。それと共に仕事で扱う情報の量も年々膨大になってきています。

企業には、製造、販売や、それらにまつわる人件費や諸経費、会計情報など膨大なデータが企業内に蓄積されています。それらのデータを分析して必要な情報を取り出し、意思決定に活用する手法はBusiness Intelligence（BI）と呼ばれています。

こうしたデータ分析、BIのニーズは以前からありましたが、データを分析するのはコンサルティング会社やデータアナリストという専門家が行うのが通例でした。企業はそうした専門家に依頼して、データを提供し分析結果を受け取っていたのです。

しかし、現在のビジネスはスピードが求められます。ビジネスが加速してくると、データの分析やBIに時間をかけられなくなってきたのです。

そこで、データ分析やBIを専門家に任せるのではなく、企業の中の部門内で完結させる動きが出てきました。これが「セルフBI」です。パソコンの進化や普及とともに、セルフBIが現実的なものになり、これを活用できることが必須のビジネススキルとなってきています。

従来、セルフBIは、主にExcelで行っていました。Excelでデータ分析を行うには、分析したいパターン（例えば月単位、四半期単位、1年通年、複数年など）毎に表やグラフを作成する必要があります。それらの資料を作成するには、それなりにスキルが必要で、時間もかなりかかります。データ分析を行う時点では市場環境が変化して、資料の内容が古くなってしまうこともよくあります。また、データが膨大になると、Excelの扱える量に限界があり分析できない、という面もあります。

そこで登場したのが専門のBIツールです。BIツールとは、膨大なデータの中から必要な情報を収集し、グラフや表などで可視化して、分析するためのソフトウエアやサービスのことです。Excelで行っていたセルフBIを、より簡単に素早く行うことに特化したのです。本書では、代表的なBIツールであるMicrosoft社の「Power BI Desktop」を使ってデータ分析資料の作成方法を解説しています。

Power BI Desktop は、Excel から派生してできたアプリケーションソフトのため、操作はそこまで難しいものではありません。仕事で Excel を使っていれば、すぐ操作に慣れていただけると思います。また作成したグラフや表を月単位、四半期単位、年単位に切り替えられるので、類似した資料を複数作成する手間を省くことができます。Excel の限界を超えたデータ量を扱うことも可能です。

BI ツールは使ってみたいけれど「導入コストがかかるのではないか」、「環境構築が必要でハードルが高いのではないか」と躊躇される方も多くいらっしゃると思います。

Power BI Desktop は無料で利用可能で、資料を共有するクラウドサービスである「Power BI サービス」にも試用版があります。まずはどんなことができるのか実際に触りながら試していただくことをお勧めします。

本書が BI ツールに触れるきっかけになれましたら幸いに存じます。

2023 年 6 月

塚原久美

目　次

タグを文書に埋め込んでいく（**マークアップ**する）ことから、**マークアップ言語**と呼ばれることもあります。

ヒント

HTMLの仕様を検討しているのは？

HTMLの仕様は、WHATWG（Web Hypertext Application Technology Working Group）というApple、Mozilla、Google、Microsoftからなるコミュニティによって策定されています。以前は、W3C（World Wide Web Consortium）というWeb技術の標準化団体によって策定されていました。2019年以降は、W3CはHTML等の策定を行わず、WHATWGに協力する姿勢に改まっています。

HTMLの進化の歴史

HTMLは、1993年に最初の仕様が定められてから、本書の執筆時点である2023年においても機能の改良と拡張が行われています。HTMLが大きく進化したのは1999年にW3Cによって勧告された「HTML 4.01」と呼ばれるバージョンで、ほぼ同時期に標準化されていたCSS2とともに、10年を超える長期間にわたり標準仕様として利用されてきました。現在でも、HTMLの基本的な部分はこのHTML 4.01を踏襲しています。

その後、さらに機能強化されたHTML5が2014年に勧告されます。HTML5では、マークアップ言語としての表現力の強化にとどまらず、アプリ開発のためのさまざまな命令（API）が用意されました。HTML 4.01以前が、あくまでドキュメント作成のための技術であったとするならば、HTML5とは（ドキュメント作成はもちろん）アプリ作成のためのしくみを兼ね備えた技術であると言えるでしょう。

HTML5はバージョン5.2まで勧告され、現在はHTML Living Standard（HTML LS）として標準化されています（仕様策定については先述の「ヒント」を参照）。HTML LSは、名前のとおり「生きた標準」であり、その内容は時々刻々と変化していますが、基本的な部分はHTML5と同等です。

HTML5の登場によって、Webアプリの開発は大きく変わりました。現在の標準に準拠したアプリを開発するなら、HTML5で強化された機能の理解は必須です。そこで、HTML5の特徴的な機能を挙げてみます。わからない内容があっても構いません。こんなものか、という大まかなイメージをつかんでください。これらの機能を利用することで、HTML 4.01以前では外部のプラグインなどを利用しなければ実現できなかったしくみも、ブラウザー標準の機能だけで実現できるようになるのです。

HTML5の特徴的な機能

追加／強化点	概要（かっこ内は本書で取り上げる章）
セマンティックなタグ	セクションやヘッダー、フッター、ナビゲーションなど、文書の役割をより明確に表現するためのタグ
フォーム要素	数値／日付入力ボックス、スライダー、カラーピッカーなど専用の入力ユーザーインターフェイス、入力補助機能、入力値のチェック機能（第4章）
マルチメディア要素	音声、動画を再生するためのタグ
Geolocation API	ブラウザーの地理的な位置を取得するための命令群（第5章）
Canvas	JavaScriptを使って画像を描画するしくみ（第9章）
Web Storage	ブラウザーにローカルデータを保存するためのしくみ（第6章）
File API	ローカルのファイルシステムに対して読み書きするためのしくみ
Web Workers	JavaScriptのコードをバックグラウンドで動作するしくみ
Indexed Database	ブラウザー上で動作するKey-Value型データベース
Web Sockets	クライアント／サーバー間で双方向通信を行うためのしくみ

ここでは、HTML5の特徴的な機能を紹介しましたが、以降はHTML5とHTML LSを特に断らない限り「HTML」と称します。HTML5からの機能は重要であることに変わりはありませんが、もはや特別なものではなくなりました。

注意

広義のHTML5

厳密な意味でのHTML5の仕様は、W3Cが策定していたマークアップ周りの機能だけです。しかし、HTML5に関連したJavaScriptのAPIやCSS（スタイルシート）などの関連技術も含めてHTML5と総称することが一般的です。本書でも、HTML5と関連する周辺技術をひとくくりに「HTML5」としています。

広義のHTML5と狭義のHTML5

用語

プラグイン

ソフトウェア（この場合はブラウザー）に機能を追加するプログラムのことを言います。たとえばFlashはブラウザー上で音声や動画を再生するためのプラグインでしたが、HTML5の普及に伴いサポートされなくなりました。

HTMLアプリ開発で必要な知識

ここでは、HTMLアプリの開発に必要な知識について概観します。

本書は、HTMLとJavaScriptを利用してひとつのアプリケーション（以降、アプリ）を実際に作成していく書籍です。

以下では、HTMLによるアプリを作成するために必要な知識についてまとめておきます。最初にアプリを構成する技術を俯瞰することで、以降の学習も全体イメージをもって進められるでしょう。

（1）HTML（HyperText Markup Language）

本書ではHTMLでのカンタンなマークアップを理解していることを前提に解説を進めます。

すべてのタグを熟知している必要はまったくありません。ほかの人が書いたHTMLページをおおよそ読み解けて（もちろん、辞書を引きながらで構いません）、自分でもそれなりに修正できるくらいの能力があれば十分です。

（2）CSS（Cascading Style Sheets）

CSSとは、HTMLページをデザインするための技術です。CSSで書かれたスタイル定義のことを**スタイルシート**と呼びます。

CSSの世界では、HTMLは文書構造を表すのに徹することにして、見栄え（スタイル）の定義はCSSに委ねるという役割分担になっています。これによって、HTMLページがすっきりしますし、デザインを変更したい場合にもコンテンツそのものには手を入れなくて済みます。

本書では、第３章でCSSの基本的な書き方について解説します。

（3）JavaScript

JavaScriptは、ブラウザー上で動作するスクリプト言語です。先ほども述べたように、HTMLはもはや単なるマークアップ言語ではありません。アプリ開発のためのJavaScriptの命令がたくさん用意されています。本書でも第５章以降は、もっぱらJavaScriptでのコーディングがメインとなっていきます。

もっとも、本書では、第４章でJavaScriptの基本的な文法に始まり、随所でも、JavaScriptの基本命令について解説しています。よって、とりあえずはJavaScriptの理解なしでも本書を読み進めていくには困らないはずです。

ただし、説明として端折っているところもありますので、本書を読み終えたあとに、専門書で基本的なJavaScriptの知識を補っておくことをお勧めします。それによって、本書で提供しているサンプルの理解もより一層深まるはずです。

HTMLアプリでは、以上の三者が互いに分業することで、ひとつのアプリを形作っていくのが基本です。「HTMLで文書（コンテンツ）を表し、CSSで見栄えを整えて、そして、JavaScriptでコンテンツや見栄えを操作する」というトライアングルな関係を理解しておいてください。

HTML/CSS/JavaScriptの関係

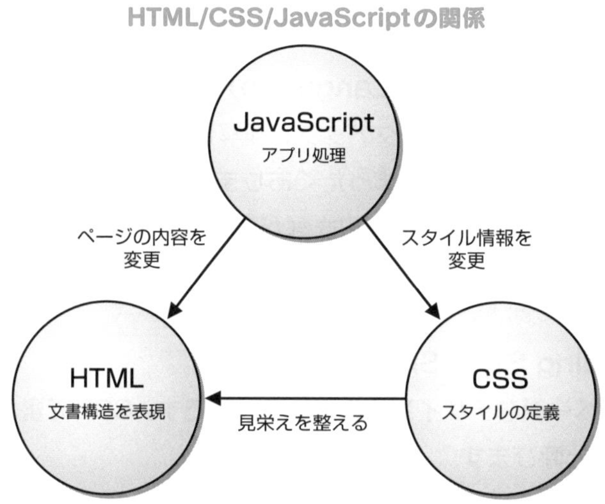

用語

スクリプト言語

スクリプト言語とは、アプリの動作手順を記述するための簡易な言語のことです（スクリプト言語に対して、より本格的なコンピュータ向け言語のことは**プログラミング言語**と言います）。スクリプト言語で書かれたアプリの動作手順のことを**スクリプト**と呼びます。

HTMLとスマートフォン

本書では、次の章から、HTMLによるスマートフォン対応のアプリを作成していきます。その前に、「そもそも、なぜスマートフォンでHTMLなのか」、その理由をスマートフォンアプリ開発の現状と絡めて理解しておきましょう。

スマートフォン(以降、スマホ)でアプリを開発する場合、大まかに以下の選択肢があります。

・ネイティブアプリ
・Webアプリ(HTMLによるアプリ)

いずれの選択肢にも一長一短がありますが、本書でWebアプリを採用しているのは、以下の理由からです。

(1) ネイティブアプリよりもハードルが低い

ネイティブアプリとは、OS(オペレーティングシステム)上で直接動作するアプリのことで、Webアプリとはブラウザー上で動作するアプリのことです。HTMLアプリは、Webアプリの一種です。

ネイティブアプリは、デバイス(端末)の機能に直接アクセスできるので、性能や機能面で優れています。しかし、開発には「SwiftやJava/Kotlinといった本格的なプログラミング言語を理解している必要がある」「あらかじめ開発環境を整える必要がある」など、どうしても初学者にはハードルが高いきらいがあります。

それに比べて、Webアプリであれば、HTML+JavaScriptの世界ですから、初学者でもなじみやすく、また、特別な環境を用意しなくても(Windows標準のテキストエディターであるメモ帳だけでも)開発を始められます。

用語

スマートフォン(スマホ)

パソコンの機能をベースとした多機能な携帯電話の総称です。日本では、iOSというOSを搭載した**iPhone**端末と、AndroidをOSとする**Android**端末が、市場をほぼ二分している状況です。

(2) iPhone、Androidを区別する必要がない

HTMLで作成したアプリは、iPhone環境でもAndroid環境でも動作します。もちろん、デバイスごとに画面サイズが異なるなど、細かな調整は必要となりますが、ネイティブアプリのようにデバイスごとにアプリそのものを用意する必要はありません。

(3) アプリの公開もカンタン

ネイティブアプリでは、App Store (iPhone) やGoogle Play (Android) に対してアプリを登録するという手順が必要です。登録には、アカウントの作成や年間費用の支払い、アプリの審査などのプロセスを経る必要もあり、なかなか「気軽に公開」とはいきません。

しかし、HTMLアプリ (Webアプリ) であれば、そのような手順は必要ありません。アプリを公開するためのHTTPサーバーさえ用意してしまえば、即座に公開できます。

ヒント

ハイブリッドアプリ

もうひとつ、**ハイブリッドアプリ**という選択肢もあります。いわばネイティブアプリとWebアプリの中間をいくアプローチで、一般的にはWebViewと呼ばれるしくみを利用しています。
WebViewとはアプリの中でWebページを表示/実行するための機能のことです。開発には、HTML+JavaScriptを利用しつつ、デバイス (端末) 固有の機能にもアクセスできるというメリットがあります。
反面、「特定のライブラリ (ソフトウェア) に依存する」「比較的低速」「端末の機能のすべてを利用できるわけではない」などのデメリットもあります。

本書で学ぶこと

本書で作成するアプリと、これから学習する内容を確認しておきましょう。

本書で作成するアプリ

本書では、Android ／ iPhoneの両方に対応したWebアプリ「アルバムマップ」を作成します。このアプリは、現在位置を地図上に表示して、その地点のメモを手書きのイラストとともに記録していきます。

記録したメモは、トップ画面に一覧表示され、リスト項目をタップするとメモを記録した位置に地図が移動して、地図上のマーカーをタップすることでメモの詳細が確認できます。

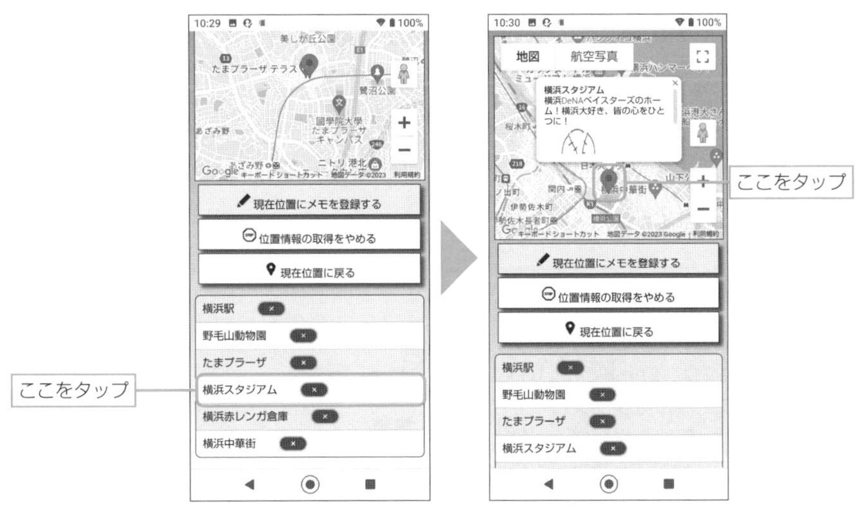

「アルバムマップ」を作りながら、HTML、CSS、JavaScriptの基礎知識や画面のデザイン、コードの書き方などを学んでいきます。

これから学習する内容

第2章から学習する内容は、次のとおりです。

章	学習内容
第2章	必要なソフトウェアをインストール／設定してHTML開発の環境を準備します。
第3章	アプリのトップ画面を作成して、HTMLやスタイルシートの基礎を学びます。
第4章	簡単なコードを書きながら、JavaScriptの基礎やイベントについて学びます。
第5章	現在地を表示する地図を作成して、Geolocation APIについて学びます。
第6章	メモの登録機能を実装して、Web Storage（ストレージ）について学びます。
第7章	メモ情報の表示／削除機能を実装して、関数の作成やストレージの更新／削除について学びます。
第8章	画面にリッチなデザインを適用して、CSS3について学びます。
第9章	メモに手書きイラストの機能を追加して、Canvas APIについて学びます。

まずは必要なソフトウェアのインストールや設定から始め、続いて「アルバムマップ」を少しずつ作成していきます。

注意

サンプルファイルをダウンロードしておく

次の章に進む前に、本書の「はじめに」の（3）ページにある「サンプルファイルのダウンロードと使い方」の説明に従って、サンプルファイルをダウンロードして展開しておいてください（既にダウンロードしている場合は必要ありません）。サンプルファイルには、本書の完成例のほかに、画面の背景など、サンプルアプリで使うファイルが含まれています。

用語

実装

プログラムを書くことを**実装**と呼びます。機能を実現するための方法を検討する**設計**に対して、実際にコードを書く行為を指します。

～もう一度確認しよう！～　チェック項目

- □ HTMLがなにかを理解できましたか？
- □ HTMLとCSS、JavaScriptの関係について理解できましたか？
- □ スマホ環境でHTMLを採用する理由を理解できましたか？

第2章 HTMLアプリを作成する準備をしよう

この章では、次の章以降でアプリを開発する上で必要な環境を準備しておきましょう。具体的には、アプリを実行／公開するためのサービスとしてFirebase Hostingを準備するとともに、アプリを開発するためのエディターとしてVisual Studio Code、そしてパソコン環境でアプリにアクセスするためにGoogle Chromeをインストールします。また、アプリを保存するためのフォルダーも用意しておきます。

2.1 HTMLによる スマホアプリ開発に必要なもの

まずは、HTML開発に必要なソフトウェアを理解しておきましょう。

HTMLでスマホアプリを開発／実行するには、以下の図のようなソフトウェアを準備しておく必要があります。

HTMLによるスマホアプリ開発に必要なもの

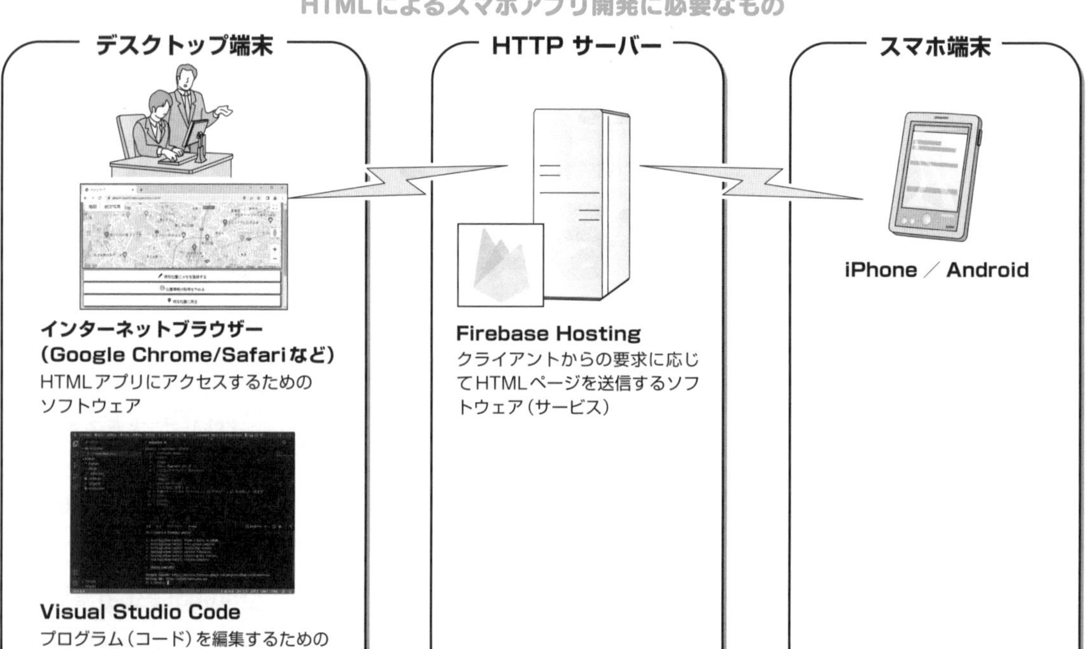

(1) HTTPサーバー (Firebase Hosting)

HTTPサーバー（**Webサーバー**とも言います）は、ネットワーク上でWebページを公開するためのソフトウェアです。動作確認の用途には、自分のパソコン環境（ローカル環境）で動作するHTTPサーバーを準備することもできますが、近年では、オンライン上で簡単に（かつ無償で）利用できるサービスが充実してきています。

本書でも、そうしたサービスのひとつであるFirebase Hosting（以降、Firebase）を利用します。Firebaseを利用すれば、HTML＋JavaScriptによるアプリを簡単にインターネット上で実行できます。また、Firebaseでは、既定でHTTPS環境を得られるのも嬉しいポイントです。

(2) インターネットブラウザー（Google Chrome）

本書では、スマホ環境で動作するアプリを作成していきますが、開発時には、いちいちスマホを確認するのではなく、デスクトップ環境で結果を確認できた方が便利です。

そこで本書では、最新の技術によく対応しており、シェアも高いGoogle Chromeというブラウザーを用意しておくことをお勧めします（次の節で実際にインストールします）。Google ChromeはAndroidの標準ブラウザーとしても採用されているので、デスクトップ環境、スマホ環境でほぼ同じ動作を期待できます。

また、デベロッパーツールと呼ばれる開発者のためのツールが用意されており、開発を効率化できます。本書でも、アプリで保存したデータを確認するのに、デベロッパーツールを利用します。

(3) エディター

プログラム（コード）を編集するためのソフトウェアです。テキスト編集のためのツール、ということで**テキストエディター**、もしくは、コード編集により特化したものを**コードエディター**と呼ぶこともあります。

Windowsでは、標準ツールとして「メモ帳」もありますが、最低限の機能を持つのみで、プログラミングを快適に進めるには不足です。

そこで本書では、プログラマの間で人気の高いVisual Studio Code（以降、VSCode）を採用します。Windows、Linux、macOSとマルチなプラットフォームに対応しており、プラグインを加えることで、さまざまなプログラミング言語のためのエディターとして利用できます。

用語

HTTPS

HTTPSとは、通信のサーバーとクライアント（パソコン／スマホ端末）との通信を暗号化し、安全に情報を受け渡しするためのしくみです。以前は、機密データを受け渡しするサイトでのみ利用されていましたが、近年は、すべてのサイトでHTTPSの利用が前提になりつつあります。

そもそも一部の機能（本書であればGeolocation API）は、HTTPS環境でしか動作しないので、ローカル環境でもHTTPSの利用は欠かせません。ローカル環境でHTTPS環境を構築するのは手間なので、そうした意味でもFirebaseのようなサービスは有用です。

2.2 Google Chromeをインストールしよう

それでは、Google Chromeをインストールしていきましょう。

Google Chromeをインストールしよう

まずは、デスクトップ環境で利用するブラウザー Google Chrome（以降、Chrome）をインストールします。既にChromeがお使いのパソコンにインストールされており、既定のブラウザーに設定されている場合は、次の「2.3　Firebaseを準備しよう」に進んでください。

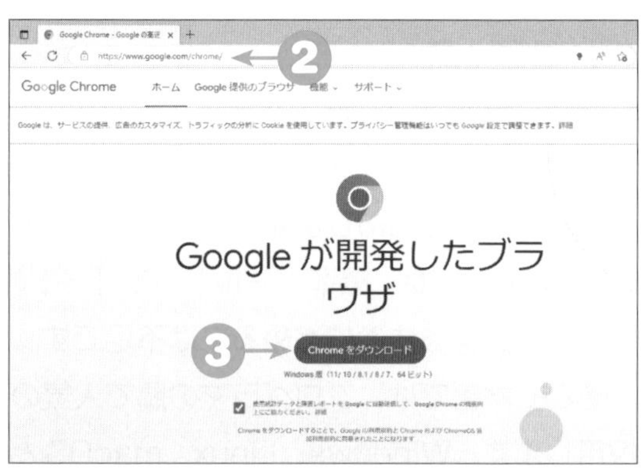

1 Windowsを起動し、インターネットに接続してブラウザー（Microsoft Edge）を開く。

2 ブラウザーのアドレスバーにhttps://www.google.com/chrome/と入力してEnterキーを押す。

結果 Chromeのサイトに移動する。

3 ［Chromeをダウンロード］ボタンをクリックする。

結果 ダウンロードの画面に移動する。

4 ダウンロードされたファイルが右上に表示されたら、「ChromeSetup.exe」下の［ファイルを開く］をクリックする。

結果 インストーラーが起動し、ファイルのダウンロードとインストールが始まる。［ユーザーアカウント制御］ダイアログが表示された場合は［はい］ボタンをクリックして進める。インストールが完了するとChromeが起動し、［Chromeを独自にカスタマイズ］画面が表示される。

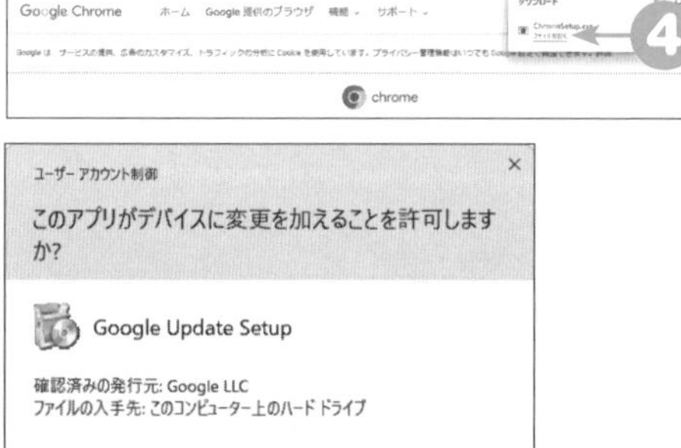

5 既定のブラウザーを変更するために、[Chromeを独自にカスタマイズ] 画面で [開始する] をクリックする。

結果 [お気に入りのGoogleアプリへのブックマークを追加します] 画面が表示される。

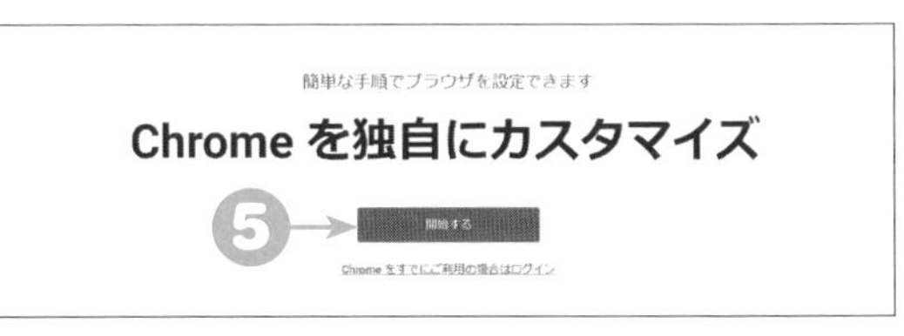

6 [お気に入りのGoogleアプリへのブックマークを追加します] 画面では [スキップ] をクリックする。

結果 [背景を選択します] 画面が表示される。

7 [背景を選択します] 画面では [スキップ] をクリックする。

結果 [Chromeを既定のブラウザに設定する] 画面が表示される。

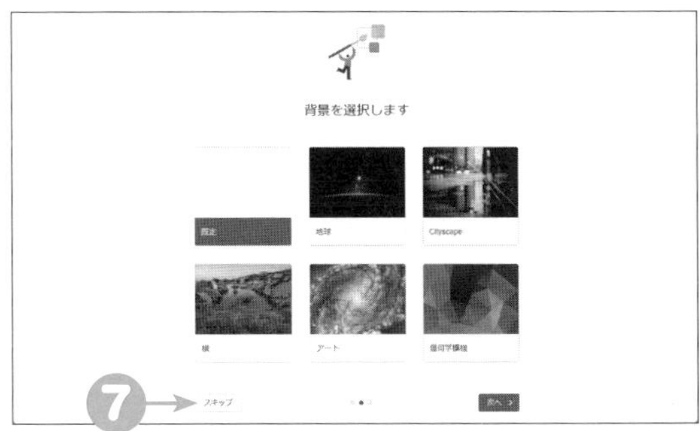

8 [Chromeを既定のブラウザに設定する] 画面では [デフォルトとして設定] をクリックする。

結果 Windowsの [設定]－[アプリ]－[既定のアプリ] が開き、インストールされているアプリの一覧が表示される。

9 アプリの一覧から [Google Chrome] をクリックする。

結果 Google Chromeを既定値に設定する画面が表示される。

10 「Google Chromeを既定ブラウザーにする」と表示されている右の［既定値に設定］をクリックする。

結果 Google Chromeが既定のブラウザーに設定される。

11 画面右上の × ［閉じる］ボタンをクリックする。

結果 ［設定］が閉じる。

12 Google Chrome右上の × ［閉じる］ボタンをクリックする。

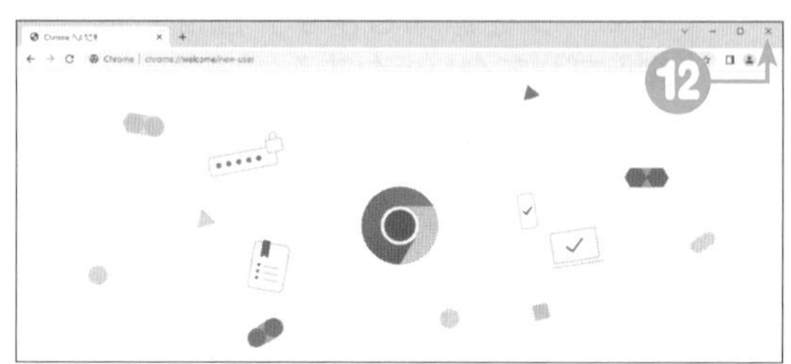

結果 Chromeが閉じる。

13 Microsoft Edge右上の × ［閉じる］ボタンをクリックする。

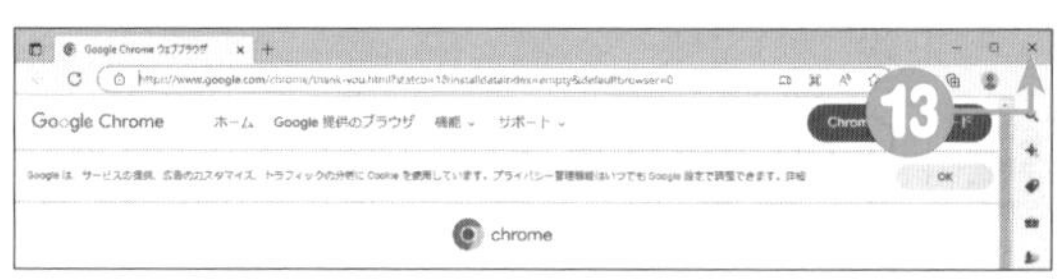

結果 Microsoft Edgeが閉じる。

ヒント

インストーラーが自動的にダウンロードされないときは

手順4で、インストーラーが自動でダウンロードされないことがあります。この場合は、［Chromeを手動でダウンロードしてください。］をクリックしてください。

ダウンロードしたファイルに警告が出るときは

手順4で、ダウンロードファイル一覧に「Chrome Setup.exeはデバイスに問題を起こす可能性があります。このまま保持しますか？」と表示されて確認待ちになることがあります。この場合は、［保存］をクリックして明示的にファイルを保存してください。

［デフォルトとして設定］ボタンが表示されないときは

既定のブラウザーは、Windowsの［設定］で直接変更することもできます。Windowsの［スタート］ボタンを右クリックし、表示されたコンテキストメニューから［設定］をクリックして［設定］を開きます。［アプリ］－［既定のアプリ］で［既定のアプリ］画面を開き、［Google Chrome］から変更してください。

バージョンは変わることがある

Chromeをはじめ、この章でインストールするソフトウェアは、本書の発行後にバージョンアップされているかもしれません。しかし、本書で扱う内容であれば、最新版を使用してもほぼ問題ありません。バージョンアップによって画面や手順が変わった場合は、できるだけ本書の内容に合わせるようにして進めてください。

Firebaseを準備しよう

Firebaseを利用するには、いくつかの環境が必要になります。必要なソフトウェアを順番にインストールしていきましょう。

Node.jsをインストールしよう

Firebaseを利用するには、Node.jsの環境が必要になります。Node.jsとはJavaScriptのコードをブラウザー以外の環境で実行するためのソフトウェアです。あとで、Firebaseにアプリをアップロードする際に、コマンドを実行するために利用します。

1 パソコンでブラウザー（Chrome）を開く。

2 ブラウザーのアドレスバーにhttps://nodejs.org/ja/download/と入力してEnterキーを押す。

結果 Node.jsのダウンロードページが表示される。

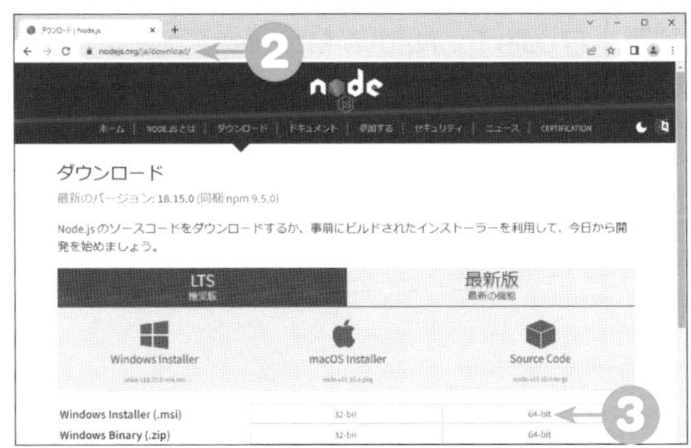

3 ［Windows Installer (.msi)］の行にある［64-bit］ボタンをクリックする。

結果 Node.jsのインストーラーがダウンロードされる。

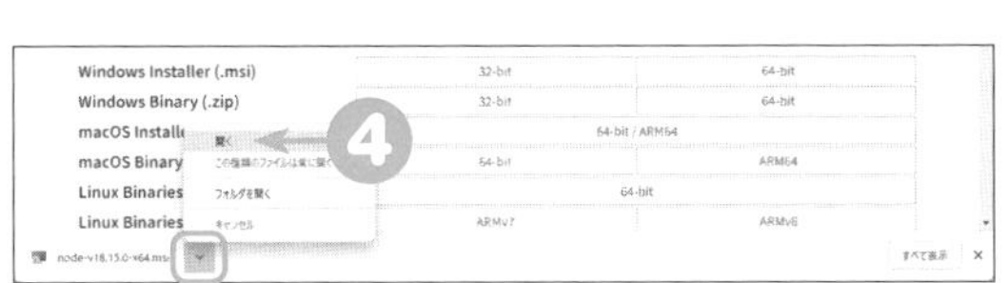

4 左下に表示された［node-v18.15.0-x64.msi］（「v」のあとの数字は変わることがある）の右にある▲（矢印）をクリックし、表示されるメニューから［開く］をクリックする。

結果 Node.jsのインストーラーが起動する。

5 ウィザードの開始ページで［Next］ボタンをクリックする。

結果 ［End-User License Agreement］画面が表示される。

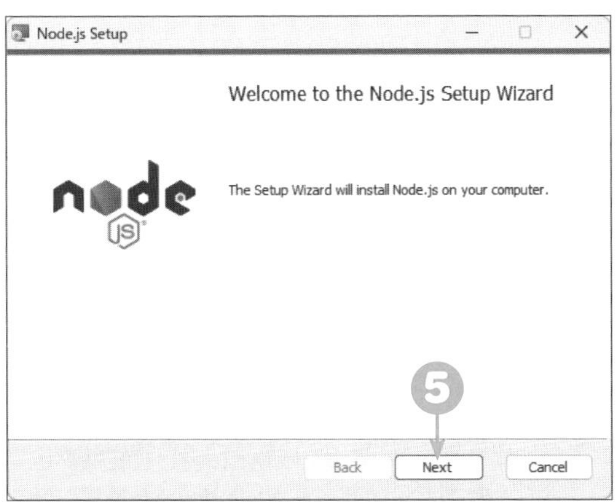

6 ［I accept the terms in the License Agreement］（使用許諾契約の条項に同意します）にチェックを入れて、［Next］ボタンをクリックする。

結果 ［Destination Folder］画面が表示される。

7 インストール先のフォルダーは既定の「C:¥Program Files¥nodejs」のままで、［Next］ボタンをクリックする。

結果 ［Custom Setup］画面が表示される。

8 既定の設定のまま、［Next］ボタンをクリックする。

結果 ［Tools for Native Modules］画面が表示される。

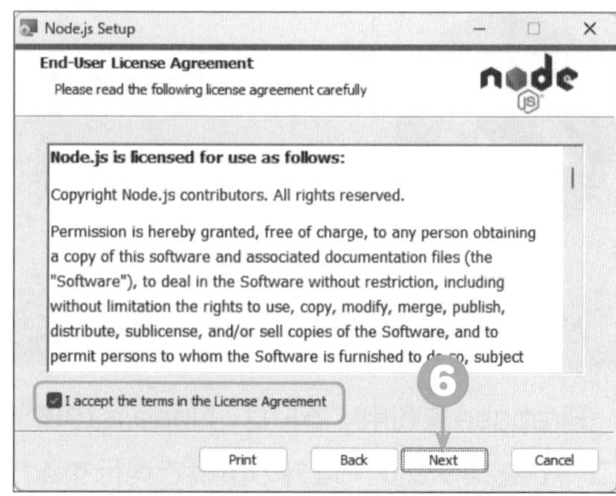

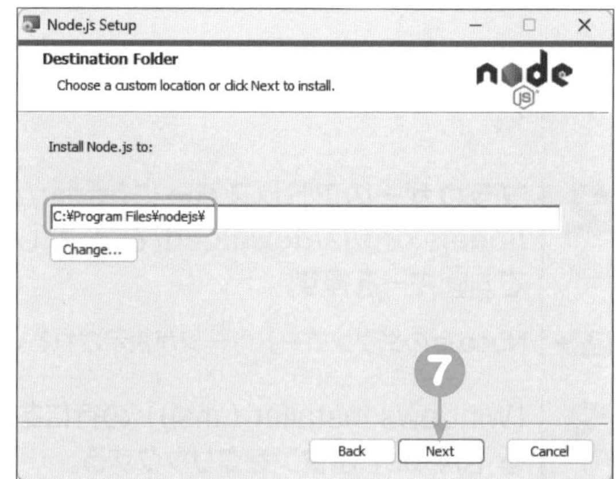

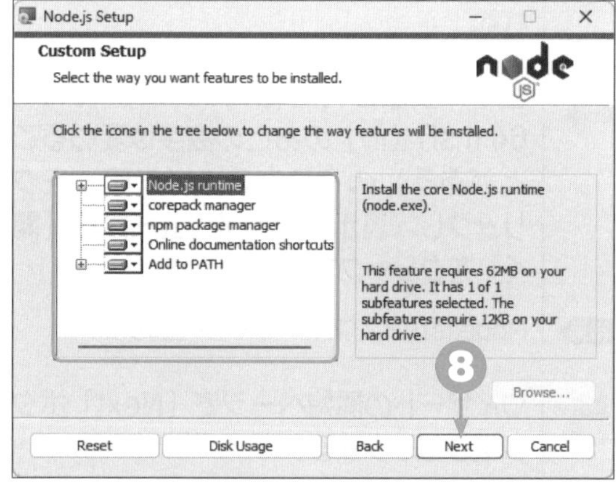

注意

Windows 11では64ビット版を選択する

手順❸では、［64-bit］ボタンをクリックしました。これは、Windows 11では32ビット版が提供されないためです。［32-bit］ボタンをクリックして32ビット版を選択しても動作しますが、64ビット版を選択しましょう。Windows 10以前では、インストールするパソコンのWindowsに合わせて選択します。本書では、64ビット版Windowsを前提に手順を説明します。

9 既定の設定のまま［Next］ボタンをクリックする。

結果 ［Ready to install Node.js］画面が表示される。

10 ［Install］ボタンをクリックする。

結果 インストールが開始する。［ユーザーアカウント制御］ダイアログが表示された場合は［はい］ボタンをクリックして進める。

11 インストールが終了したら、［Finish］ボタンをクリックする。

結果 インストーラー画面が閉じる。

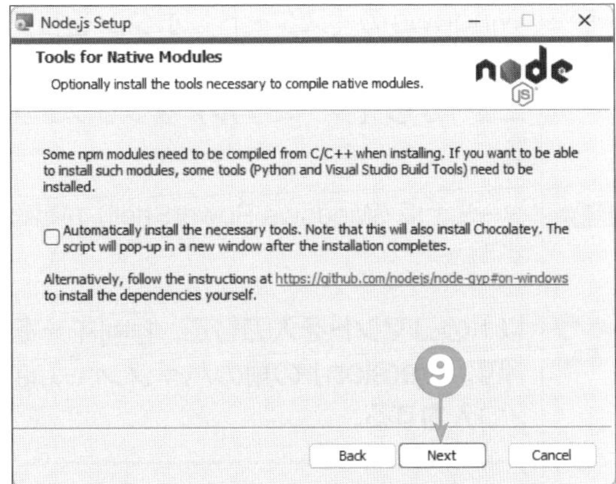

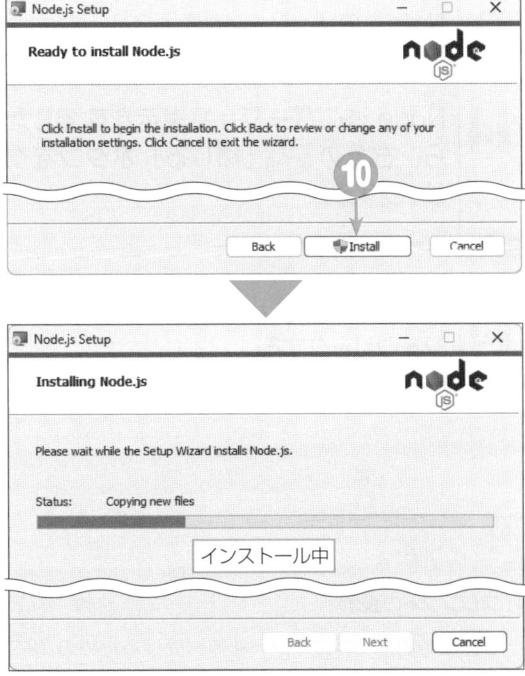

12 Windowsの［スタート］ボタンを右クリックし、表示されたコンテキストメニューから［ターミナル］をクリックする。

結果 ターミナル（Windows PowerShell）が起動する。

13 以下のコマンドを入力して、Enterキーを押す。「version」の前のハイフン（-）は2つ入力する。

```
> node --version
```

結果 Node.jsのバージョンが表示され、Node.jsの正常インストールを確認できる。

14 Node.jsのバージョン表示を確認したら、右上の × ［閉じる］ボタンをクリックする。

結果 ターミナルが閉じる。

15 ブラウザーの右上の × ［閉じる］ボタンをクリックする。

結果 Chromeが閉じる。

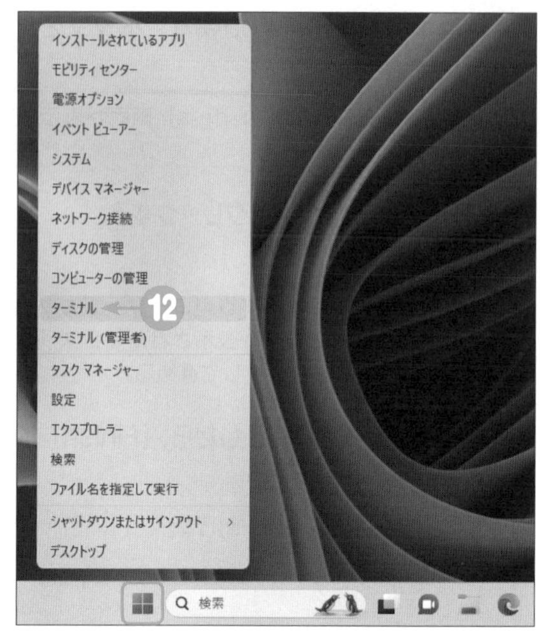

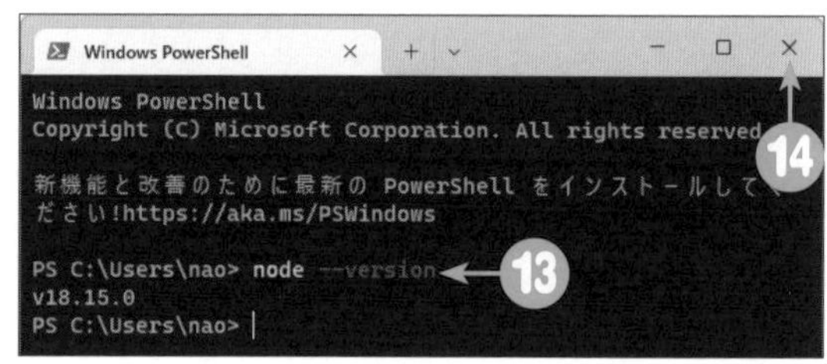

ヒント

プロンプトの表示

手順13の画面で、コマンドを待ち受けるための「PS C:¥Users¥nao>」のような表示のことを**プロンプト**と呼びます。「PS C:¥Users¥nao>」の「nao」の部分は、パソコンを利用しているユーザー名によって変化します。

フォルダーの区切り文字

上記のプロンプトには、現在の作業場所を示すカレントフォルダーが含まれています。本書では、フォルダーの区切り文字にWindowsで一般的な円マーク（¥）を使用していますが、画面上ではバックスラッシュ（\）で表示されることがあります。見た目は違っても同じ意味なので適宜読み替えてください。

ターミナルとWindows PowerShell

Windows 11では、従来のコマンドプロンプトやWindows PowerShell（以降、PowerShell）などの機能を、ターミナル（Terminal）というアプリに統合しています。これらは、CLI（Command Line Interface）シェルと呼ばれる種類のソフトウェアです。既定ではPowerShellが起動しますが、設定によってコマンドプロンプトやAzure Cloud Shellを起動させることも可能になっています。ターミナルでは、**コマンド**と呼ばれる命令を入力することで、パソコンを操作できます。コマンドはEnterキーで確定・実行されます。コマンドはすべて半角文字で入力しなければならない点に注意してください。本書では、ターミナルでPowerShellが起動されるとして説明しています。

Googleアカウントを作成しよう

Firebaseは Googleが提供するサービスで、利用するにはGoogleアカウントが必要です。既にGoogleアカウントを持っている場合には、この手順は不要なので、次の「Firebaseを設定しよう」に進んでください。

1 パソコンでブラウザー（Chrome）を開く。

2 ブラウザーのアドレスバーに**https://accounts.google.com/signup**と入力して Enter キーを押す。

結果 ［Googleアカウントの作成］画面が表示される。

3 姓名、ユーザー名、パスワード、パスワードの確認を入力して、［次へ］ボタンをクリックする。

結果 ［Googleへようこそ］画面が表示される。

4 電話番号（省略可）、再設定用のメールアドレス（省略可）、生年月日、性別を入力して、［次へ］ボタンをクリックする。

結果 ［プライバシーポリシーと利用規約］画面が表示される。

5 画面を下にスクロールして内容を確認し、［同意する］ボタンをクリックする。

結果 Googleアカウントが作成され、ようこそ画面が表示される。

6 右上の × ［閉じる］ボタンをクリックする。

結果 Chromeが閉じる。

［アカウントの保護］画面について

手順4で「省略可」と記述した項目（電話番号など）を省略すると、次回ログイン時に［アカウントの保護］画面が表示されます。その場合は［完了］ボタンをクリックして進めてください。

注意

Googleアカウントをログアウトしない

このあとに行うFirebaseの設定は、基本的にGoogleアカウントにログインした状態のままで行ってください。さもないと、途中で失敗してしまいます。

Firebaseを設定しよう

続いて、Firebaseの設定を行います。

1 パソコンでブラウザー（Chrome）を開く。

2 ブラウザーのアドレスバーに**https://console.firebase.google.com/**と入力して Enter キーを押す。Googleにログインしていない場合は、ログインページに移動するので、アカウントを選択するか、メールアドレスまたは電話番号とパスワードを入力してログインする。

 ［Firebaseへようこそ］画面が表示される。

3 ［プロジェクトを作成］ボタンをクリックする。

結果 ［プロジェクトの作成（手順1/3）］ダイアログ（まずプロジェクトに名前を付けましょう）が表示される。

ヒント

Firebaseの料金

Firebaseには、有償／無償のプランが複数用意されています。本書では、前半でSparkプラン、後半でBlazeプランを使いますが、いずれも無償枠の範囲内で使用するため料金はかかりません。Firebaseの料金については、以下のURLを参照してください。

https://firebase.google.com/pricing/

Firebaseコンソール

手順❷でアクセスしたサイトのことを「Firebaseコンソール」と呼びます。ここからプロジェクトを作成したり、既存プロジェクトの設定画面を開いたりできます。

参照

既定のブラウザーを設定

→第2章の2.2節

注意

既定のブラウザー

お使いの環境で、既定のブラウザーがChromeになっていない場合は、Firebaseの設定を始める前にChromeを既定のブラウザーに設定しておいてください。以降の操作で失敗する場合があります。

4 プロジェクト名を入力し、[Firebaseの規約に同意します] と [自身の取引、ビジネス、仕事、または職業のみを目的としてFirebaseを利用することを正式に認めます。] にチェックを入れて [続行] をクリックする。

結果 [プロジェクトの作成（手順2/3)] ダイアログ（Googleアナリティクス〈Firebaseプロジェクト向け〉）が表示される。

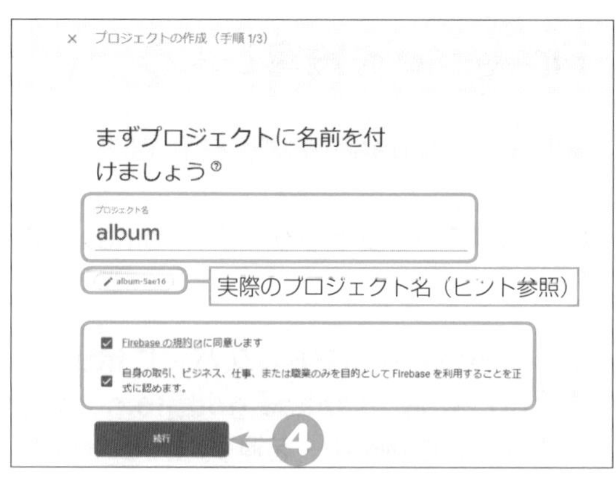

5 [このプロジェクトでGoogleアナリティクスを有効にする] をオンにしたままで [続行] をクリックする。

結果 [プロジェクトの作成（手順3/3)] ダイアログ（Googleアナリティクスの構成）が表示される。

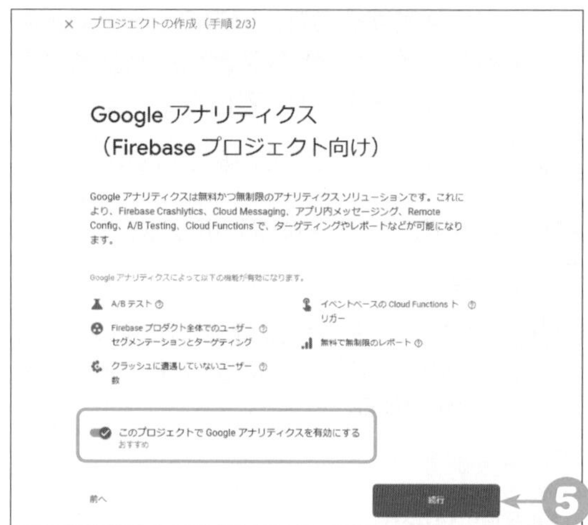

6 [アナリティクスの地域] から [日本] を選択する。[Googleアナリティクスデータの共有にデフォルト設定を使用します。] にチェックを入れたまま、[Googleアナリティクス利用規約に同意します。] にチェックを入れて、[プロジェクトを作成] をクリックする。

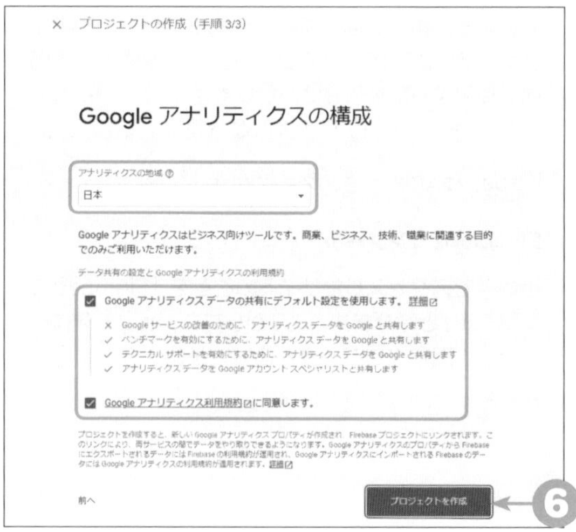

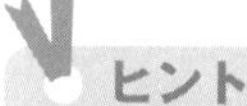

プロジェクト名とURL

手順4で入力したプロジェクト名は、そのまま使用されません。実際には、入力欄の下に表示される名前（入力したプロジェクト名にランダムな英数字の列を付加したもの）がプロジェクト名となります。ここで決まるプロジェクト名が、手順24で候補として表示されます。

プロジェクト

Firebaseでは、アプリを**プロジェクト**という単位で管理します。アプリに関係するファイル（プログラムはもちろん、画像や設定ファイルなど）は、すべてこのプロジェクトフォルダーの配下に保存します。まずは「プロジェクト=アプリ」と考えて構いません。

7 [新しいプロジェクトの準備ができました] 画面が表示されたら、[続行] ボタンをクリックする。

結果 プロジェクトの管理画面が開く。

8 プロジェクト名の右側に「Sparkプラン」と表示されていることを確認し、左のメニューから［構築］タブを開いて［Hosting］をクリックする。

結果 [Hosting] 画面が表示される。

9 [始める] ボタンをクリックする。

結果 [Firebase Hostingの設定—Firebase CLIのインストール] 画面が表示される。

2個目以降のプロジェクト

2個目以降のプロジェクト作成では、手順③〜⑥の画面と項目の一部が次のように変化します。

- 手順③：[プロジェクトを作成] が [プロジェクトを追加] に変わるので、ここをクリックする。
- 手順④：プロジェクト名のみを入力し、[続行] をクリックする。「上限の引き上げをリクエスト」が表示されることもあるが無視する。
- 手順⑤：[このプロジェクトでGoogleアナリティクスを有効にする] をオンにしたままで [続行] をクリックする（1個目の作成と同じ）。
- 手順⑥：[Googleアナリティクスアカウントを選択または作成します] で [Default Account for Firebase] を選択して [プロジェクトを作成] をクリックする。

Firebaseの最新情報メール

手順⑧の画面上部に「Firebaseの機能、リサーチ、イベントに関する最新情報のメールを受け取る」と表示されていたら、[登録] をクリックすることでメール受け取りを設定できます。不要なら [×] をクリックしてください。

10 P.20の手順⑫の要領でPowerShell（ターミナル）を起動する。

11 ブラウザーの［Firebase Hostingの設定—Firebase CLI のインストール］画面に表示されているコマンドを ボタンをクリックしてコピーし、PowerShellのウィンドウにCtrl＋Vキーで貼り付け、Enterキーを押す。以下のコマンドをPowerShellに直接入力して、Enterキーを押してもよい。

```
> npm install -g firebase-tools
```

結果 Firebaseのコマンドラインツール（Firebase CLI）がインストールされる。

12 ブラウザーの［Firebase Hostingの設定—Firebase CLIのインストール］画面に表示されている［次へ］ボタンをクリックする。［Firebase JavaScript SDKをウェブアプリに追加する手順も表示する］にはチェックを入れないでよい。

結果 ［Firebaseの設定—プロジェクトの初期化］画面が表示される。

13 ［Firebaseの設定—プロジェクトの初期化］画面の［「Googleへのログイン」］に表示されているコマンドをコピーし、PowerShellに貼り付けて、Enterキーを押す。以下のコマンドを直接入力して、Enterキーを押してもよい。

```
> firebase login
```

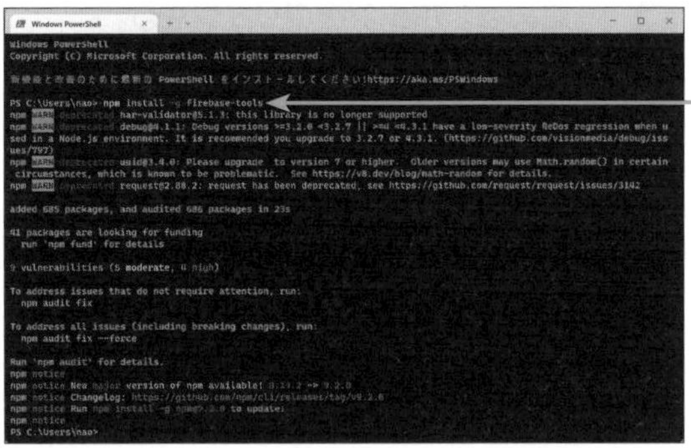

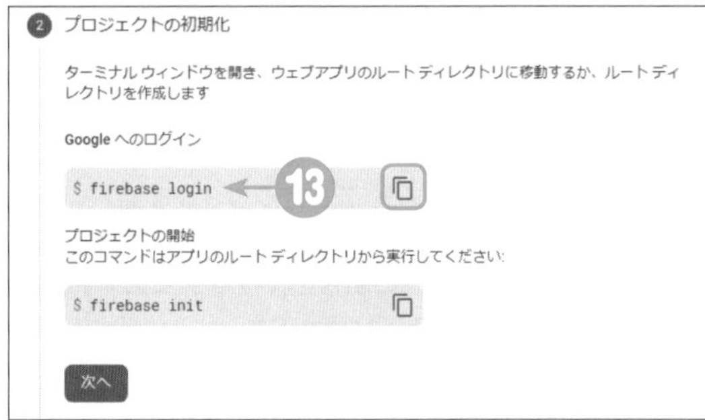

ヒント

Firebaseの操作

Firebaseの操作は、基本的にコマンドラインから行います。最初は難しく見えるかもしれませんが、決まりきった操作なので、繰り返し手を動かす中で慣れていきましょう。

ヒント

npm installコマンド

手順⑪で入力したコマンドの意味を簡単に紹介します。npmとはNode Package Managerの略で、Node.jsで作られたパッケージを管理するツールです。npm install <パッケージ名>でパッケージ（本書ではFirebaseのコマンドラインツール）をインストールできます。-gオプションを指定すると、パソコン全体でパッケージを利用できるようになります。

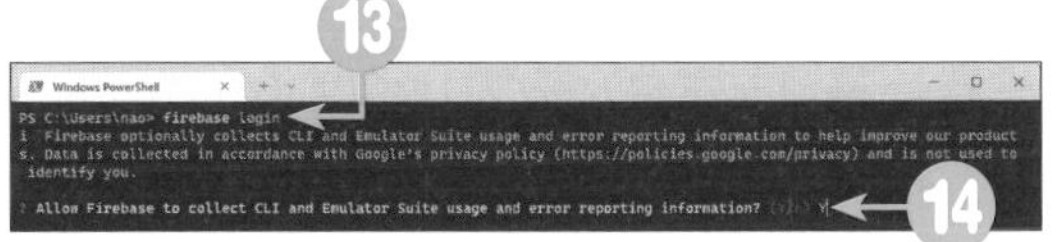

14 「Allow Firebase to collect CLI and Emulator Suite usage and error reporting information?」（動作に関して情報収集してもよいか）と聞かれるのでYを入力して、Enterキーを押す。nと入力しても構わない。

結果 ブラウザーに［アカウントの選択］画面が表示される。［Windowsセキュリティの重要な警告］ダイアログが表示された場合は、［アクセスを許可する］ボタンをクリックして進める。

15 使用するアカウントをクリックする。

結果 ［Firebase CLIがGoogleアカウントへのアクセスをリクエストしています］画面が表示される。

注意

プロキシ環境でエラーになるときは

お使いのパソコンが社内LANのように、プロキシサーバーを介してインターネット接続している場合、手順⓫や手順⓰でエラーになることがあります。この場合はプロキシの設定を行う必要があります。設定手順を説明するファイルを、本書のサンプルファイルに収録しています。この説明に従ってプロキシの設定を行ってから、エラーが起きた手順をもう一度やり直してください。

Windowsセキュリティの重要な警告が表示されるときは

PowerShellでのコマンドの実行時に、［Windowsセキュリティの重要な警告］ダイアログが表示されることがあります。これは、Node.jsによるインターネットアクセスが既定では制限されているためです。［アクセスを許可する］をクリックして、アクセスを許可してください。

PowerShellでセキュリティエラーとなるときは

PowerShellでのコマンドの実行時に、「firebase : このシステムではスクリプトの実行が無効になっているため、ファイルxxxx.ps1を読み込むことができません。」などと赤文字で表示されて実行できない場合があります。これは、PowerShellの初期状態では、スクリプトの実行はセキュリティエラーとなるためです。これを解決するには、P.20の手順⓬の画面で［ターミナル（管理者）］を選択してPowerShellを管理者として起動し、次のコマンドで未署名のローカルスクリプトの実行を許可してから、スクリプトを実行してください。このコマンドは紙面の都合で改行していますが、実際には1行で入力します。

```
> Set-ExecutionPolicy
-ExecutionPolicy RemoteSigned
```

16 ［許可］ボタンをクリックする。

結果 ブラウザーに「Firebase CLI Login Successful」と表示され、PowerShellにも「+ Success! Logged in as <ユーザー名>@gmail.com」と表示される。

Woohoo!
Firebase CLI Login Successful
You are logged in to the Firebase Command-Line interface. You can immediately close this window and continue using the CLI.

17 ブラウザーの［Firebase CLI］タブの［×］をクリックする。

結果 ［Firebase CLI］タブが閉じる。

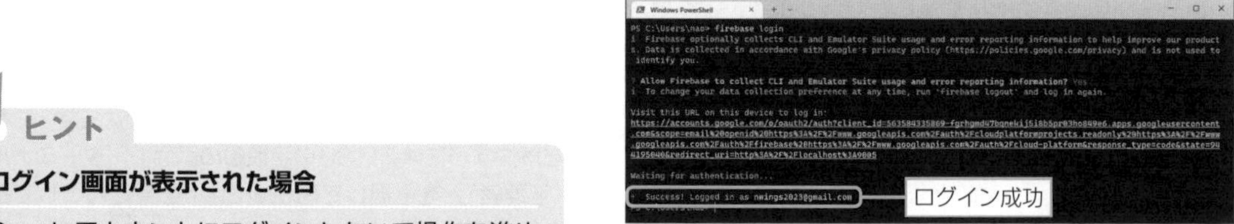

ヒント

ログイン画面が表示された場合

Googleアカウントにログインしないで操作を進めた場合、手順⑭でログイン画面が表示されます。その場合は、ログインして手順⑮に進んでください。

Googleアカウントの紐付け

手順⑬～⑯では、FirebaseにGoogleアカウントを関連付ける操作を行っています。このような操作のことを「紐付け（ひもづけ）」とも呼びます。

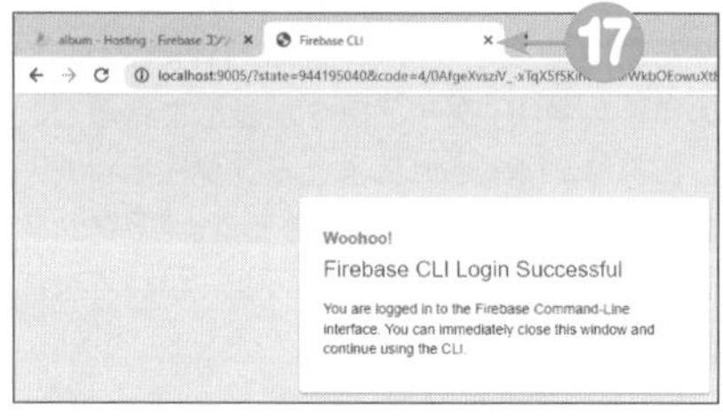

18 アプリを保存するための作業フォルダー「C:¥htmlls」を作成するために、PowerShellに以下のコマンドを入力する。

```
> mkdir C:¥htmlls
```

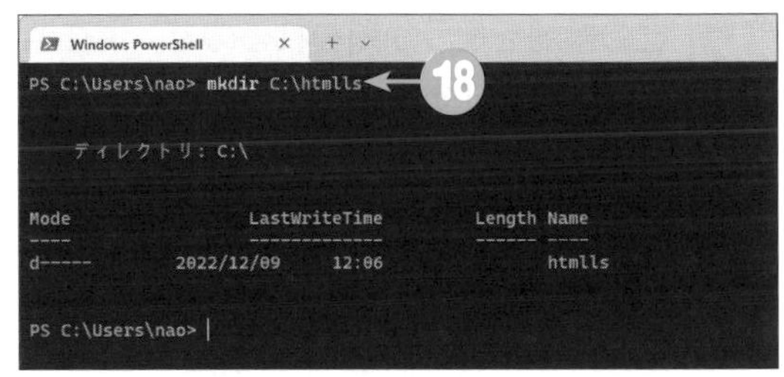

結果 フォルダーが作成される。

19 PowerShellに以下のコマンドを入力して、作業フォルダーに移動する。

```
> cd C:¥htmlls
```

結果 プロンプトが「PS C:¥htmlls>」に変わる。

20 ブラウザーの［Firebaseの設定―プロジェクトの初期化］画面の［プロジェクトを開始］に表示されているコマンドをコピーし、PowerShellに貼り付けて、Enterキーを押す。以下のコマンドを直接入力して、Enterキーを押してもよい。

```
> firebase init
```

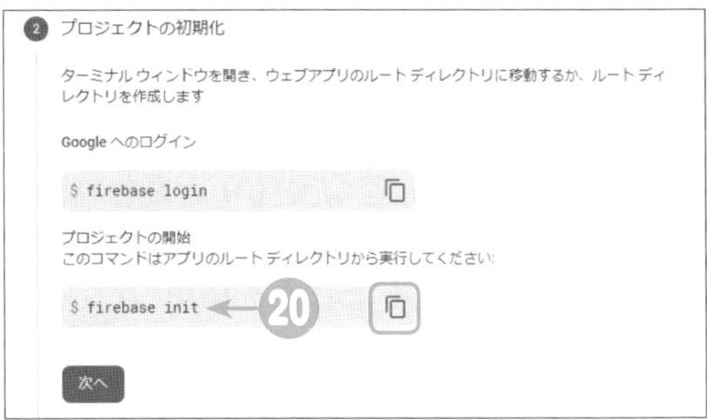

結果 「FIREBASE」と絵文字が表示され、セットアップが始まる。

21 「Are you ready to proceed?」（続行してよいか）と聞かれるので、Yを入力して、Enterキーを押す。

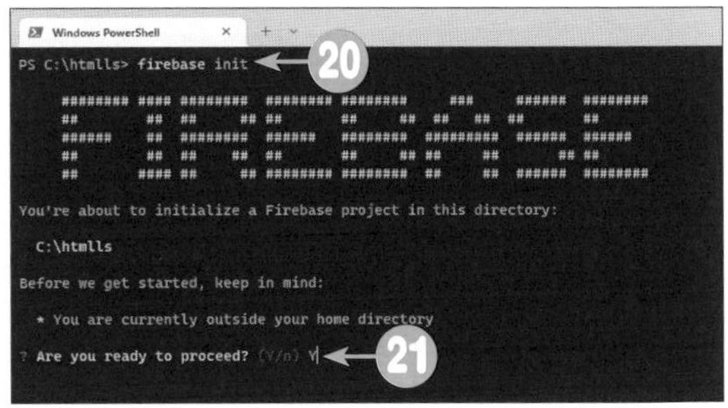

結果 機能の選択に関する質問が表示される。

ヒント

プロジェクトフォルダー

「C:¥htmlls」が、今後、Firebaseのプロジェクトに対応するフォルダーとなります（このフォルダーを本書では、便宜上、**プロジェクトフォルダー**と呼びます）。今後、Firebaseのコマンドを実行する際には、プロジェクトフォルダーに移動してから（つまり、プロンプトが「PS C:¥htmlls>」と表示されている状態で）行います。

22 どの機能を使うか問われるので、現在選択している行を表す［>］を［Hosting: Configure files for Firebase Hosting and (optionally) set up GitHub Action deploys］の行まで↓キーで移動し、spaceキーを押して選択する。［Hosting:Configure files for Firebase Hosting and (optionally) set up GitHub Action deploys］の行の先頭に(*)と表示されたことを確認して、Enterキーを押す。［Hosting: ～］の行は2つあるので注意する。

結果 プロジェクトの選択に関する質問が表示される。

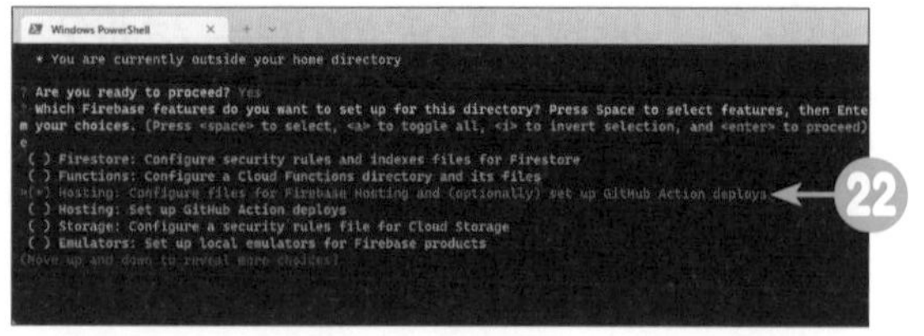

23 「? Please select an option:」（オプションを選択してください）と問われるので、既定の［Use an existing project］が選択されていることを確認して、Enterキーを押す。

結果 プロジェクトの選択に関する質問が表示される。

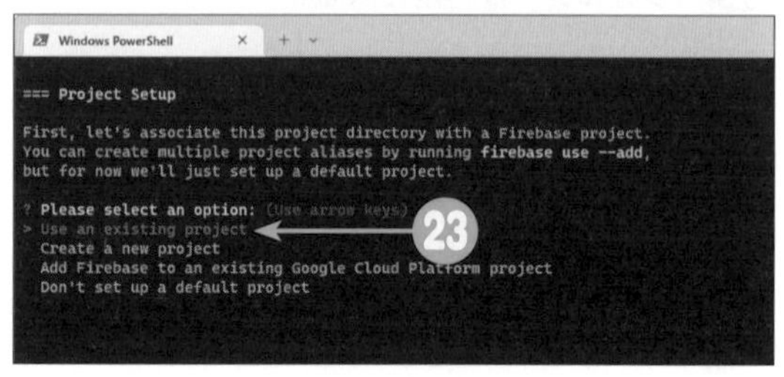

24 「? Select a default Firebase project for this directory:」（このフォルダーとFirebaseのどのプロジェクトを連携するか）と問われるので、「album-XXXXX」の行（「album」は手順④で入力したプロジェクト名）が選択されていることを確認して、Enterキーを押す。

結果 デプロイ対象のフォルダーに関する質問が表示される。

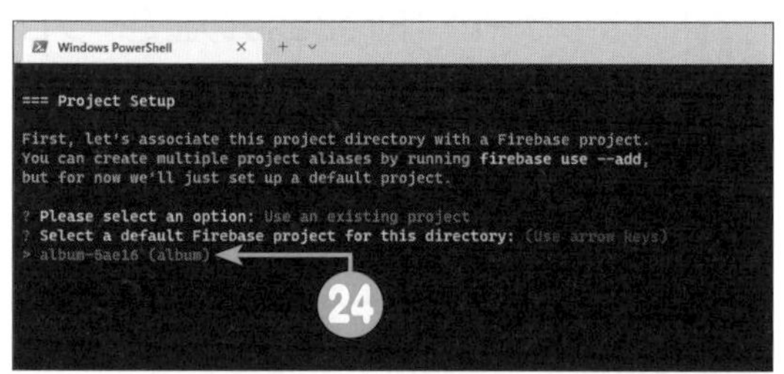

25 「What do you want to use as your public directory?」（どのフォルダーをデプロイ対象にするか）と問われるので、**album**と入力して、Enterキーを押す。

結果 URLパスの設定に関する質問が表示される。

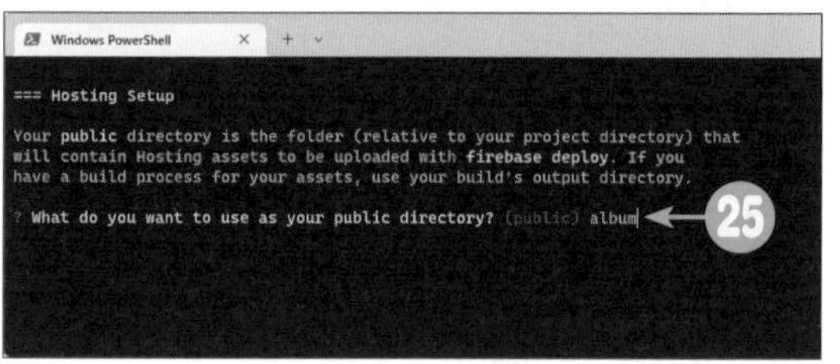

ヒント

プロジェクト名が表示されない場合

手順㉔で、手順④で作成したプロジェクト名が表示されない場合は、Ctrl＋Cキーを押して、いったんセットアップを中断します。そのあと手順⑲に戻り、以下のコマンドを実行してセットアップをやり直し、手順⑳以降を続けてください。

```
> firebase init --project <プロジェクトID>
```

26 「Configure as a single-page app (rewrite all urls to /index.html)?」(すべてのアクセスをindex.html経由に設定するか) と問われるので、Nと入力して、Enterキーを押す。

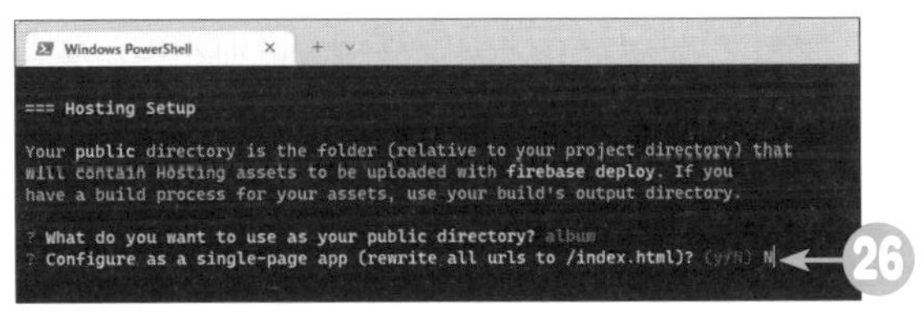

27 「? Set up automatic builds and deploys with GitHub?」(GitHubによる自動ビルドとデプロイをセットアップするか) と問われるので、Nと入力して、Enterキーを押す。

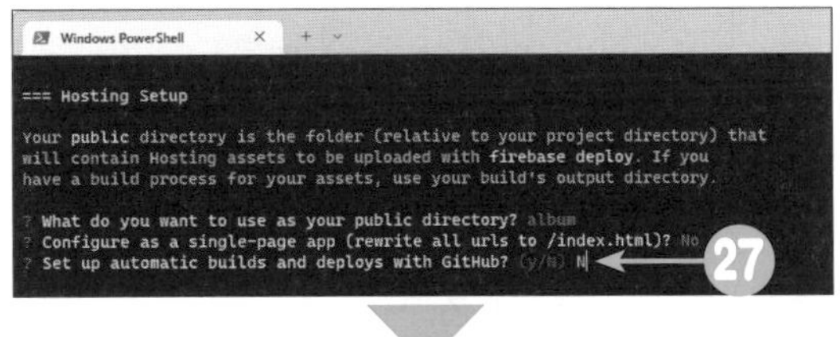

結果 PowerShellに「+ Firebase initialization complete!」と表示され、プロジェクトフォルダー (htmlls) 配下にフォルダー／ファイルが生成される。

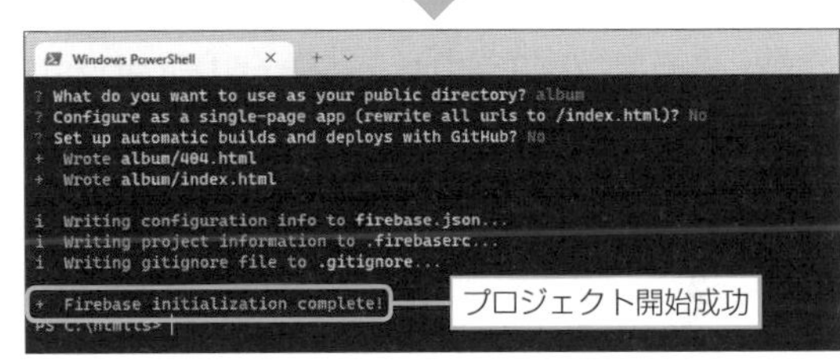

28 ブラウザーの［Firebase Hostingの設定−プロジェクトの初期化］画面に表示されている［次へ］ボタンをクリックする。

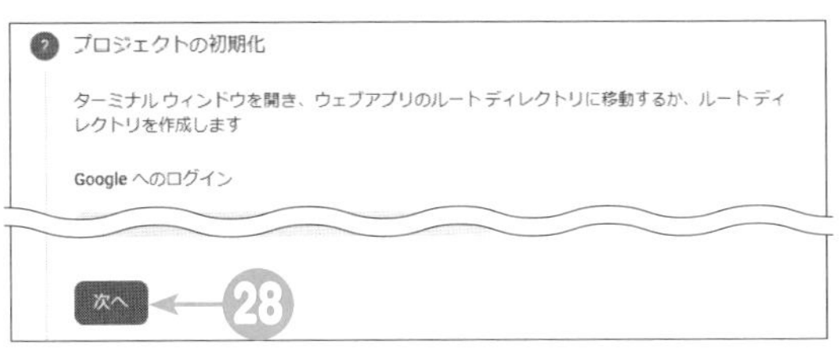

結果 ［Firebase Hostingの設定−Firebase Hostingへのデプロイ］画面が表示される。

29 ブラウザーの［Firebase Hostingの設定−Firebase Hostingへのデプロイ］画面の「準備ができたらウェブアプリをデプロイ」に表示されているコマンドをコピーし、PowerShellに貼り付けて、Enterキーを押す。以下のコマンドを入力して、Enterキーを押してもよい。

```
> firebase deploy
```

結果 デプロイが始まる。終了すると「Deploy complete!」と表示され、最終行に「Hosting URL: https://album-XXXXX.web.app」と表示される。

30 パソコンでブラウザー（Chrome）をもう1つ開き、ブラウザーのアドレスバーに、PowerShellの「Hosting URL:」に表示されているURL「https://album-XXXXX.web.app」をコピーして貼り付け、Enterキーを押す。

結果▶ Welcome画面が表示される。

31 前の手順で開いたブラウザーの右上の × [閉じる] ボタンをクリックする。

結果▶ Chromeが閉じる。

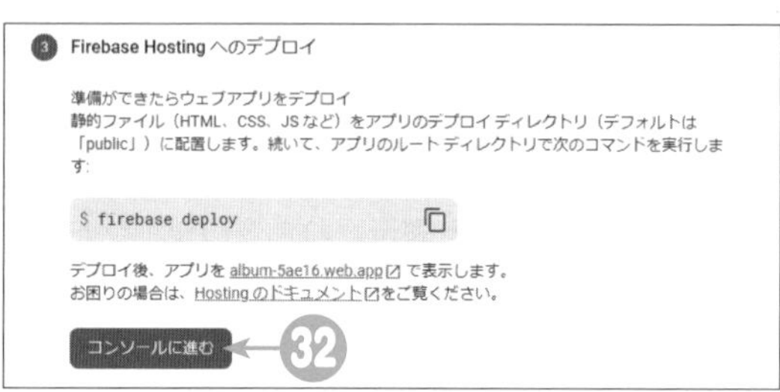

32 もう1つのブラウザーに戻り、[Firebase Hostingの設定－Firebase Hostingへのデプロイ]画面に表示されている[コンソールに進む] ボタンをクリックする。

結果▶ Firebaseコンソールに戻る。

33 ブラウザーの右上の × [閉じる] ボタンをクリックする。

結果▶ Chromeが閉じる。

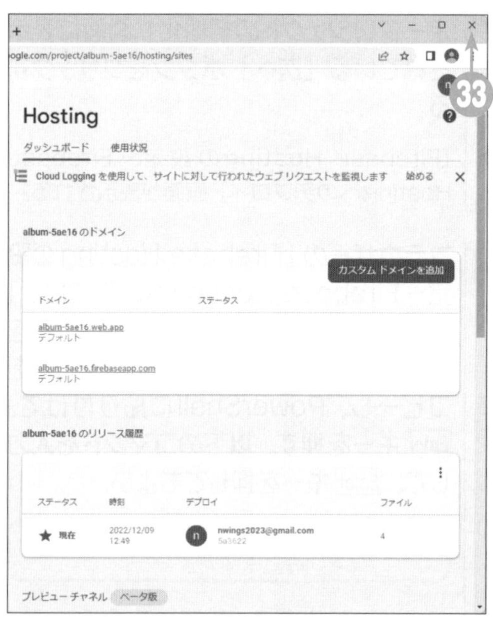

34 PowerShellの右上の × [閉じる] ボタンをクリックする。

結果▶ PowerShellが閉じる。

用語

デプロイ

作成したファイルやフォルダーをサーバーにアップロードして、ユーザーがアクセスできるように準備することを**デプロイ**と言います。

ヒント

URLは環境によって異なる

手順㉙の結果に表示されるURLで、https://album-XXXXX.web.appのXXXXXの部分は、Firebaseが自動生成するので、環境によって異なります。

ヒント

Hosting URL

今後もブラウザー（Chrome）からFirebase上のalbumプロジェクトにアクセスする場合は、手順㉚のように「Hosting URL:」に表示されているURLを使用します。どこかに控えておくか、ブックマークに加えておくと便利です。

Firebaseのプロジェクト

前の項でも説明したように、Firebaseでは、アプリを**プロジェクト**という単位で管理します。前の項の手順⑱で作成した「C:¥htmlls」は、Firebaseのプロジェクトに対応するフォルダーと考えればよいでしょう。以下は、firebase initコマンドを実行したあと、プロジェクトフォルダーの配下に作成されたフォルダー／ファイルを、Windowsのエクスプローラーで確認したものです。

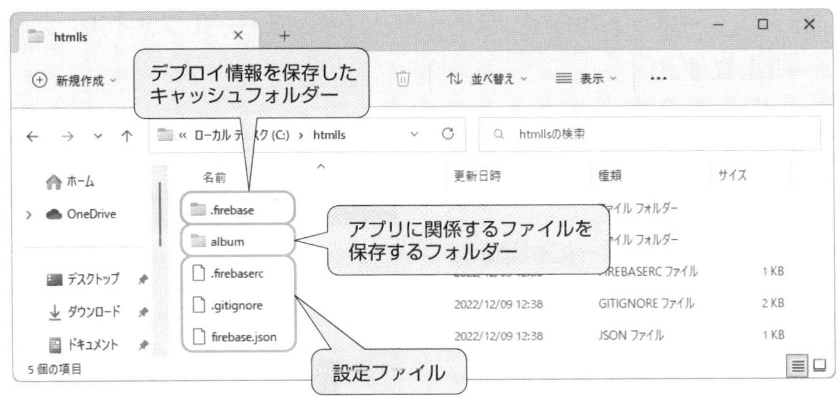

htmllsフォルダー配下の「.firebaserc」「.gitignore」「firebase.json」「.firebase（フォルダー）」は、Firebaseのための設定ファイル、キャッシュフォルダーです。既定で用意されたものをそのまま利用しますので、本書では触れることはありません（また、中身を理解していないうちは編集しないでください）。

そして、配下の「album」が、アプリに関係するファイル（HTML、CSS、JavaScriptのコード、画像ファイルなど）を保存するためのフォルダーです。以降の章では、主にこのフォルダーに対して、ファイルを作成したり、編集したりしていきます。

ヒント

拡張子を表示する

ファイルの拡張子は表示する設定にしておきます。Windows 11の場合は、エクスプローラーを起動し、ツールバーの［表示］－［表示］－［ファイル名拡張子］にチェックが入った状態にします。

Visual Studio Codeを準備しよう

この章の最後に、テキストエディターであるVisual Studio Code（以降、VSCode）をインストールし、環境を設定しておきます。

VSCodeをインストールしよう

VSCodeは、インターネットからインストーラー（インストールファイル）をダウンロードしてインストールします。

1 パソコンでブラウザー（Chrome）を開く。

2 ブラウザーのアドレスバーにhttps://code.visualstudio.com/downloadと入力してEnterキーを押す。

結果 Visual Studio Codeのダウンロードページが表示される。

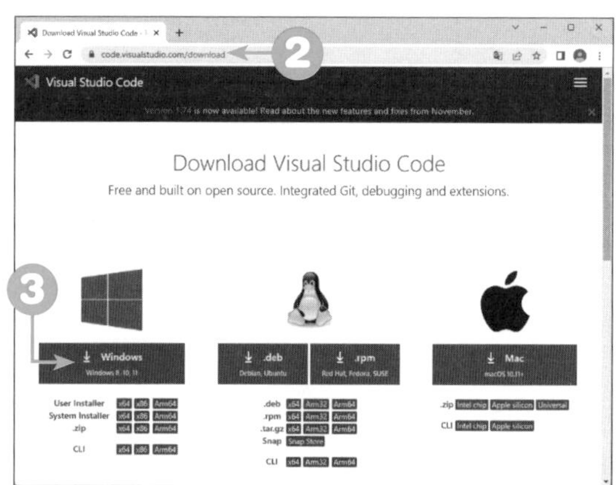

3 ［Windows］ボタンをクリックする。

結果 VSCodeのインストーラーがダウンロードされる。

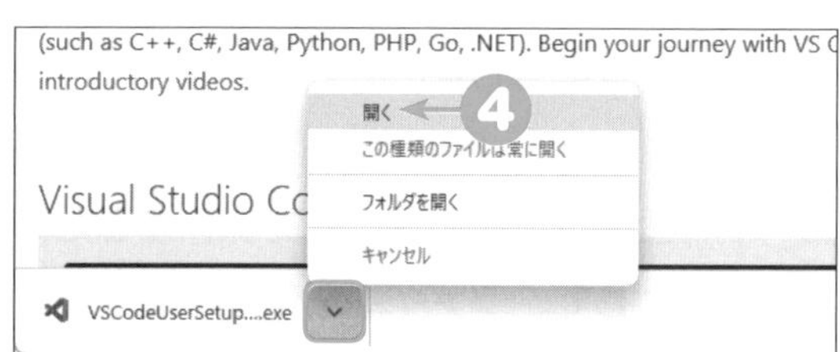

4 左下に表示された［VSCodeUserSetup....exe］の右にある▲（矢印）をクリックし、表示されたメニューから［開く］をクリックする。

結果 VSCodeのインストーラーが起動して使用許諾契約書のページが表示される。

5 使用許諾契約書を確認後、[同意する] を選択して、[次へ] ボタンをクリックする。

結果 [インストール先の指定] 画面が表示される。

6 既定の設定のまま、[次へ] ボタンをクリックする。

結果 [スタートメニューフォルダーの指定] 画面が表示される。

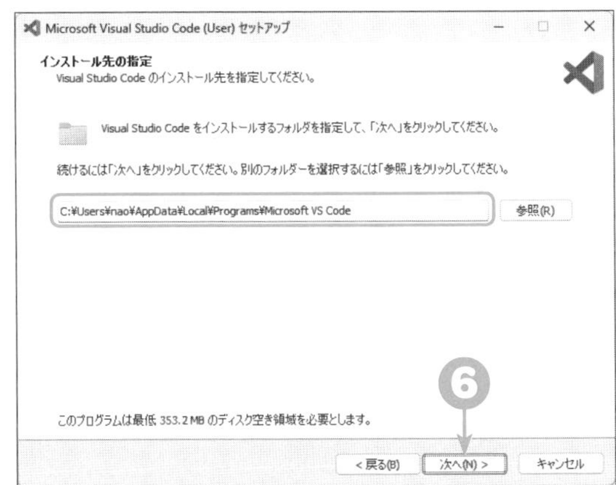

7 既定の設定のまま、[次へ] ボタンをクリックする。

結果 [追加タスクの選択] 画面が表示される。

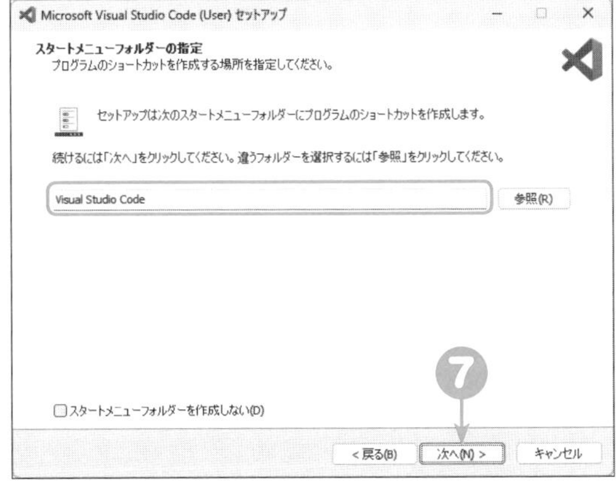

ヒント

ユーザーインストーラーとシステムインストーラー

手順4の実行で、以下のような画面が表示されることがあります。これは「ダウンロードしたインストーラーは全ユーザーで使うことを意図したものでないユーザーインストーラーなので、全ユーザーで使いたいなら別途システムインストーラーを使ってください」という意味です。基本的にはイントールしたユーザーのみが使えればよく、セキュリティ上も安全なので、[OK] をクリックしてそのままインストールすることをおすすめします。

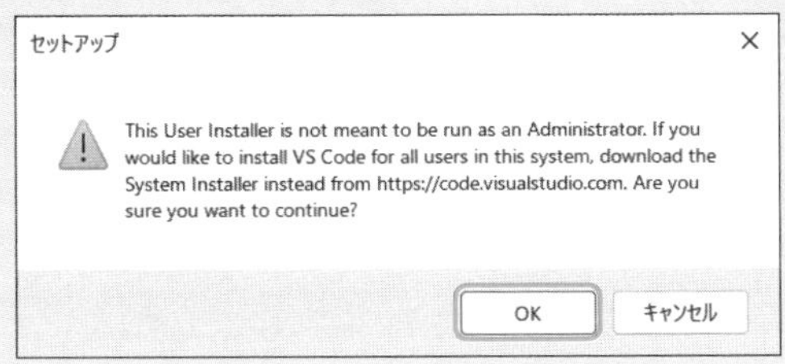

8 既定の設定のまま、［次へ］ボタンをクリックする。

結果 ［インストール準備完了］画面が表示される。

9 ［インストール］ボタンをクリックする。

結果 インストールが開始する。

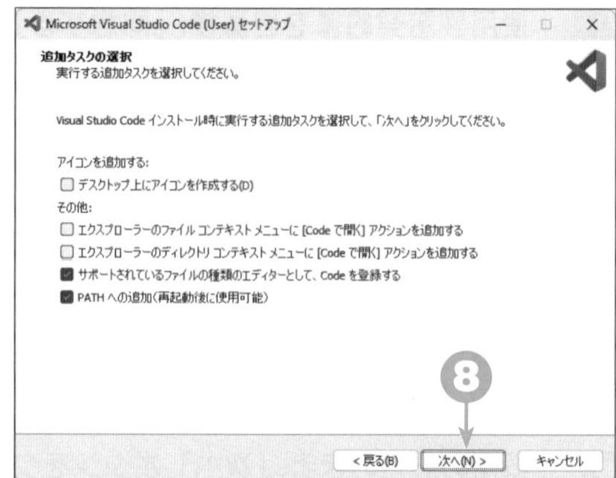

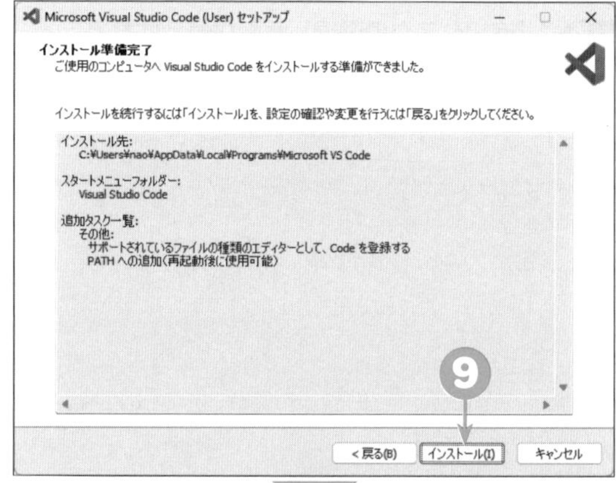

10 インストールが終了したら、[Visual Studio Codeを実行する] にチェックが入っていることを確認して、[完了] ボタンをクリックする。

結果 VSCodeが起動する。

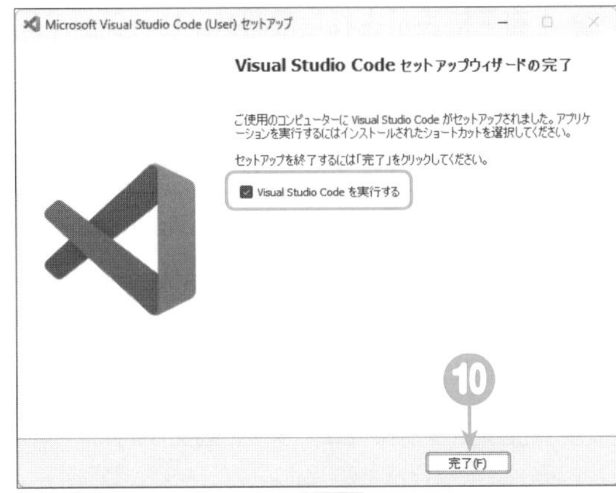

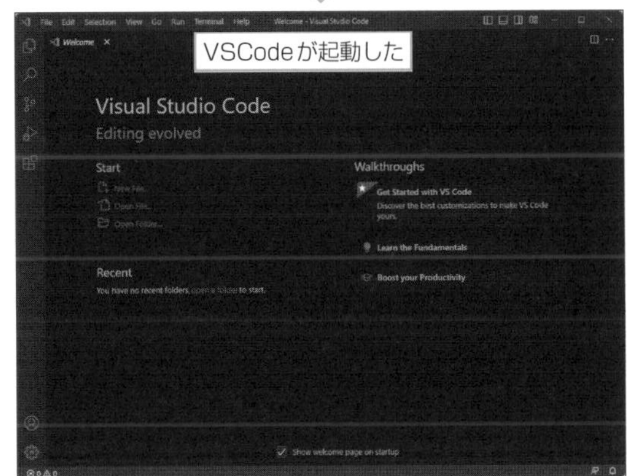

Chromeを閉じる

手順❶で開いたChromeが開いたままになっている場合は、ここで閉じておきます。

通知は閉じてよい

VSCodeをインストールしたあと、初めて起動すると、さまざまな通知が表示されたり、ブラウザーが起動してVSCodeのドキュメントが表示されたりすることがあります。いずれも、表示された通知やドキュメントはそのまま閉じて進めて構いません。

VSCodeを設定しよう

ここでは、VSCodeを日本語化するとともに、コードを書くときに便利な設定を行います。

1 [Extensions] ボタンをクリックして [EXTENSIONS] 画面を開き、検索ボックスに japanese と入力する。

結果 検索結果が表示される。

2 [Japanese Language Pack for ~] と書かれた言語パックの右下に表示されている [Install] ボタンをクリックする。

結果 インストールが開始され、終了すると右下にメッセージダイアログが表示される。

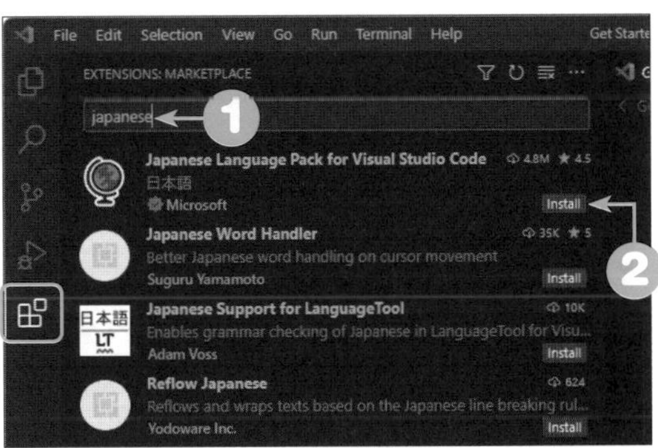

3 右下に表示された確認メッセージダイアログの［Change Language and Restart］ボタンをクリックする。

結果▶ VSCodeが再起動し、メニューなどが日本語で表示される。

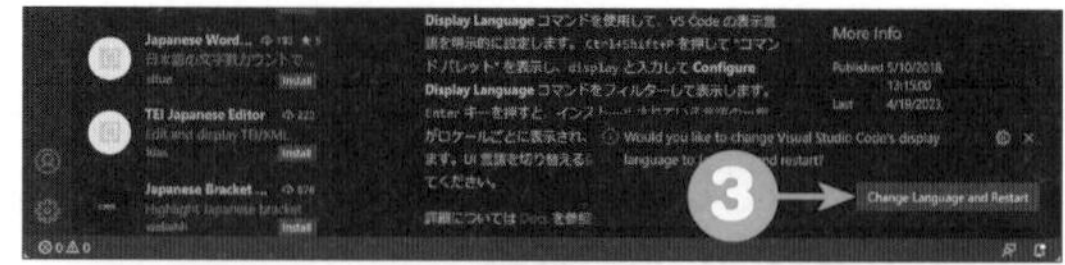

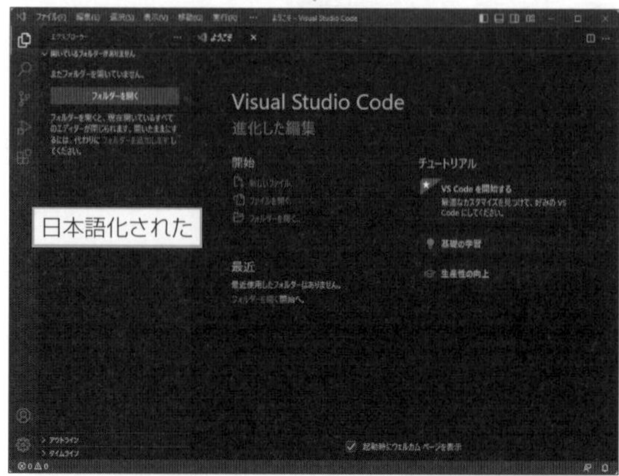

4 ［管理］ボタンをクリックし、表示されるメニューから［設定］をクリックする。

結果▶ ［設定］タブの［ユーザー］画面が開く。

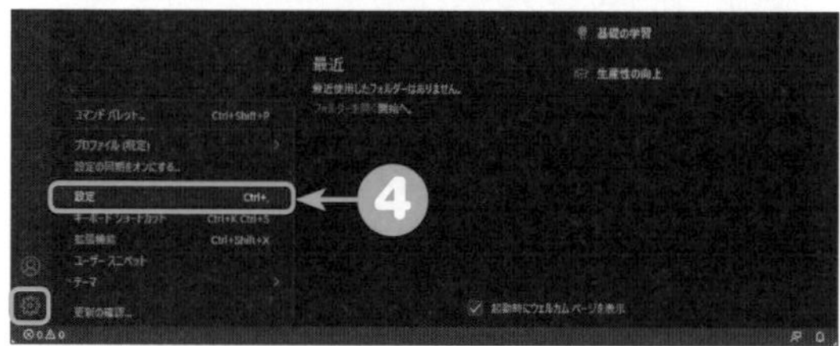

変更した設定は自動保存される

VSCodeで設定を初めて変更すると、「変更内容は編集時に自動的に保存されます」という通知が表示されることがあります。この通知はそのまま閉じて進めて構いません。

5 ［ユーザー］画面の左メニューに［よく使用するもの］が表示されていることを確認して、以下の表を参考に項目の設定値を変更する。

項目名	設定値
Editor: Tab Size	2
Editor: Render Whitespace	all
Editor: Word Wrap	on

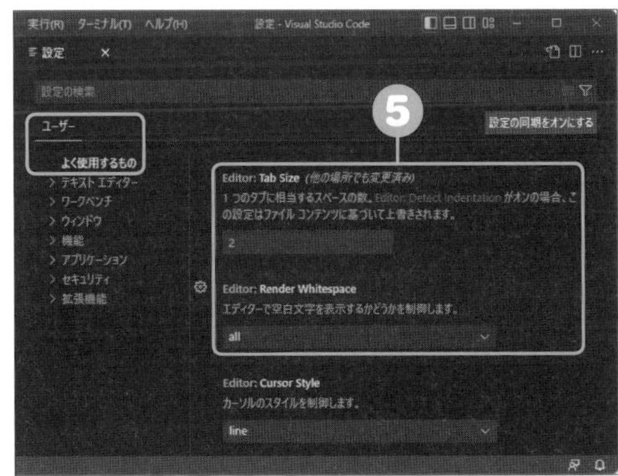

6 ［設定］タブの横にある［×］をクリックする。

結果 ［設定］タブが閉じる。

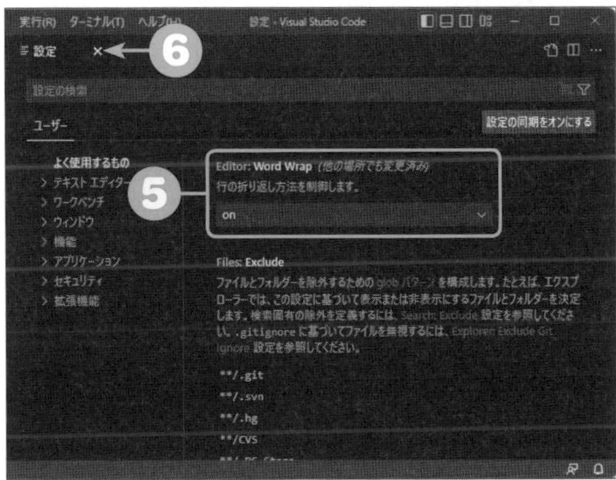

7 ［ファイル］メニューをクリックし、［終了］をクリックする。VSCodeの右上の × ［閉じる］ボタンをクリックしてもよい。

結果 VSCodeが閉じる。

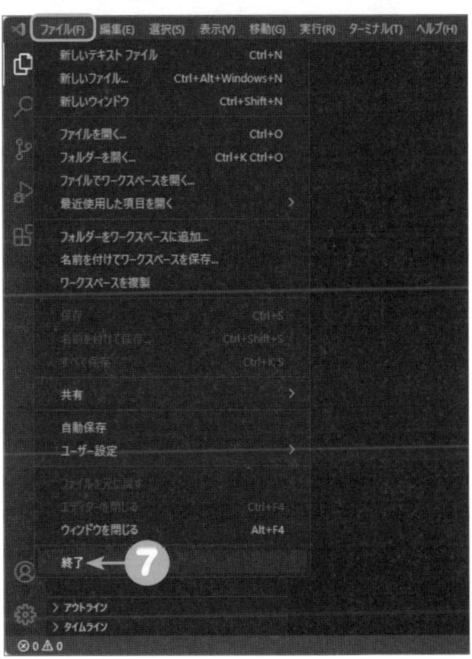

ヒント

項目を効率よく探すには

［よく使用するもの］だけでも設定項目はたくさんあります。これをすべて目視で探すのは大変なので、そのような場合には、上部の検索ボックスを活用しましょう。たとえば検索ボックスに「Tab Size」のように入力することで、目的の項目が絞り込まれます。

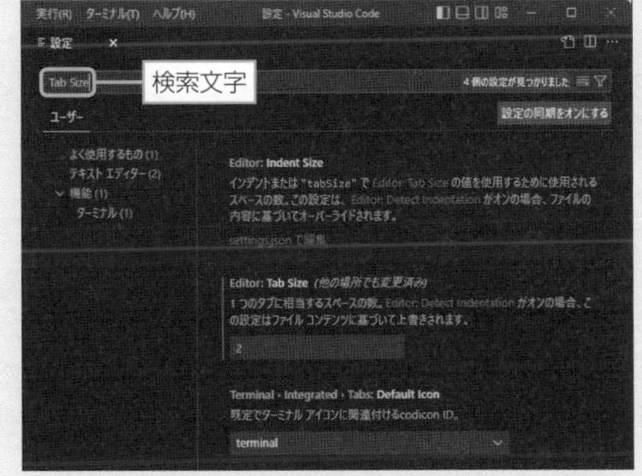

設定した項目を見てみよう

VSCodeの初期状態では、空白はエディター上に表示されません。しかし、インデント（字下げ）のずれなどを目視で確認する際は、空白が見えている方が便利です。そこで［Render Whitespace］を［all］に設定し、すべての空白を表示させるようにしています。

［Word Wrap］は、行を途中で折り返すかを決める項目です。初期状態では折り返しが［off］（無効）なので、長い行は横にスクロールしないと見えなくなってしまいます。そもそも長い行は避けるべきですが、エディター上でも自動折り返しを［on］（有効）にしておきます。

［Tab Size］は、タブによるスペースの数です。既定では［4］ですが、本書では紙面の都合上、横幅を節約するために、タブ１つ分の幅を半角スペース２つ分にしています。エディターの設定もこれに合わせて［2］に設定しています。

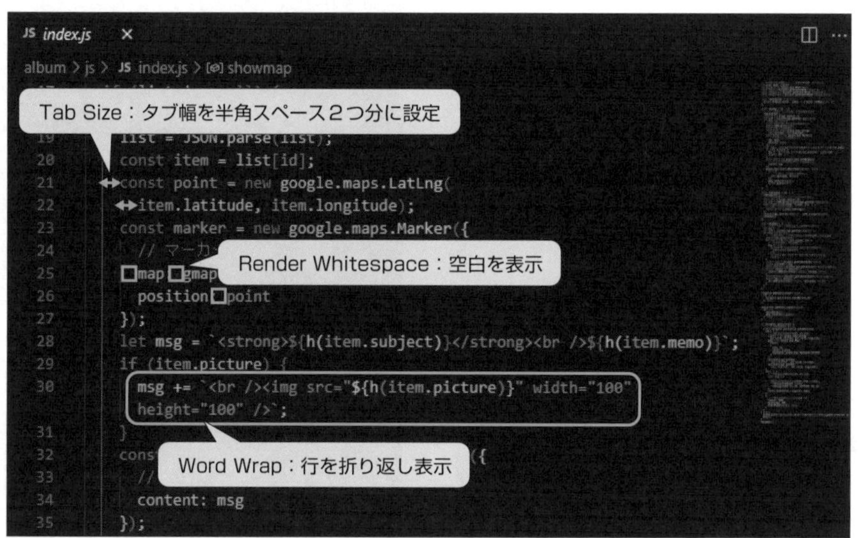

～もう一度確認しよう！～　チェック項目

□ Chromeはインストールできましたか？

□ 作業フォルダーは準備できましたか？

□ Firebaseの準備はできましたか？

□ FirebaseへデプロイしてWelcome画面が表示されましたか？

□ VSCodeはインストールできましたか？

□ VSCodeの設定はできましたか？

コラム サンプルファイルの使い方

本書のサンプルファイルには、章ごとの完成例が含まれています。これらの完成例を使って、動作を確認することができます。

完成例で動作を確認したい場合、まずは、第2章までの手順をすべて済ませてください。さらに、本書の説明に従って自分で作成したファイルがある場合は、その「album」フォルダーを別の場所へコピーして退避しておいてください。

そのうえで、ダウンロードしたサンプルファイルの各章のフォルダーの配下にある、使用したい「album」フォルダーを、まるごと「C:¥htmlls」フォルダーへ上書きコピーします。

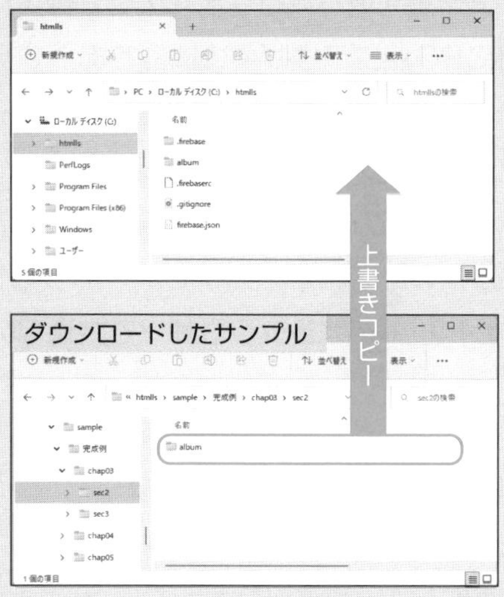

続いて、PowerShellまたはVSCodeのターミナルから以下のコマンドを入力します。これで、Firebaseに反映されます。

```
> cd C:¥htmlls
> firebase deploy
```

完成例で動作を確認したあと、自分が作成したファイルを再度使用するには、先ほどと同様、退避しておいた「album」フォルダーを、まるごと「C:¥htmlls」フォルダーへ上書きコピーしてください。

コラム　ブラウザーのハードリロード

本書では、細かな機能追加を繰り返してアプリを作成していきますが、ファイルを修正してデプロイしたのにブラウザーの画面が変化しない、C ボタンをクリックしたりF5キーを押したりしてリロード（再表示）しても同じページが表示されるだけ……そんなことが起きることもあります。このような場合には、ページのハードリロードやキャッシュのクリアを試してみましょう。ここでは、まずハードリロードについて紹介します。

ハードリロード（スーパーリロードともいいます）は、通常のリロード（ページの再読み込み）よりも強力な再読み込みを行うものです。キャッシュがあっても、これを無視してサーバーにファイルを取りに行きますので、確実に修正した内容を反映できます。ただし、基本的にPC版ブラウザーの機能であって、スマホ版のブラウザーでは利用できないことがほとんどなので、スマホ版ブラウザーでは第４章の章末のコラムで紹介するキャッシュのクリアを試してください。

以下の表に、各ブラウザーでのハードリロードの方法をまとめておきます（Windows版のみ）。この表のいずれかの操作でハードリロードが実行されますが、Ctrl＋F5キーとCtrl＋Shift＋Rキーは各ブラウザーで共通なので覚えておくとよいでしょう。

■主なブラウザーのハードリロード方法（Windows版）

ブラウザー	操作	
Google Chrome	Shift＋C Ctrl＋C Shift＋F5	Ctrl＋F5 Ctrl＋Shift＋R
Microsoft Edge	Shift＋C Ctrl＋C Shift＋F5	Ctrl＋F5 Ctrl＋Shift＋R
Mozilla Firefox	Shift＋C	Ctrl＋F5 Ctrl＋Shift＋R

第3章

アプリのトップ画面を作成しよう

この章からは、本書のテーマである「アルバムマップ」アプリを作成していきます。まずは手始めとして、アルバムマップのトップページをデザインする中で、HTMLとCSSの基本的な構文を理解しましょう。

この章で学ぶこと

この章では、「アルバムマップ」のトップ画面を作成していきます。

①画面に文字を表示する
②画面にメニューやリストを表示する
③背景や文字の色を変える
④背景に画像を使用する

その過程を通じて、この章では次の内容を学習していきます。

- **HTMLページの作り方**
- **HTMLページの基本構造や要素/属性の書き方**
- **HTMLページからスタイルシートを読み込む方法**
- **スタイルシートの基本的な書き方**
- **セレクターやプロパティを指定する方法**

この章では、以下のようなトップ画面を作ります。

アルバムマップのメイン画面

アルバムマップの動きを理解しておこう

まずは、これから作成する「アルバムマップ」アプリについて理解しておきましょう。

本書で作成する「アルバムマップ」は、現在位置の情報をメモとして記録し、あとから確認できるアプリです。主に、以下のような機能から構成されています。

(1) 現在位置を地図上に表示（トップ画面）

現在の位置情報に基づいて地図を表示する、「アルバムマップ」アプリの初期画面です。

Androidの場合

iPhoneの場合

(2) メモ情報を記録（メモ登録画面）

トップ画面の［現在位置にメモを登録する］をタップすると、現在位置に関連付いたメモを登録するための画面に移動します。この画面では、タイトルと件名、簡単な手書きイラストをメモとして記録できます。

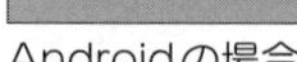
Androidの場合

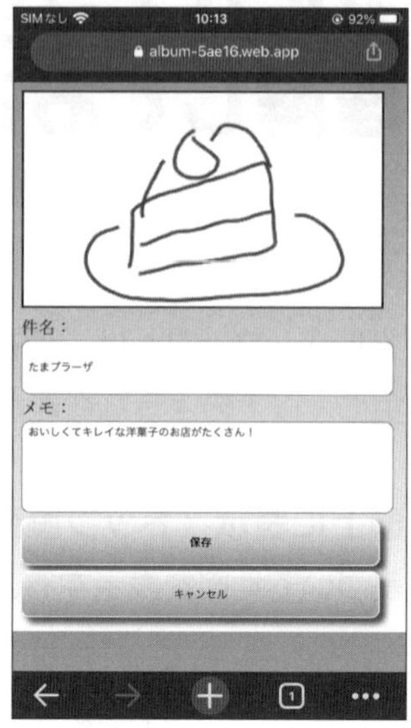

iPhoneの場合

(3) メモ情報を一覧表示（トップ画面）

トップ画面の下部には、メモ登録画面で記録したメモ情報を一覧表示します。リスト項目をタップすると、地図の表示もメモを記録したときの位置に移動します。地図上のマーカーをタップすると、メモの詳細（本文と手書きイラスト）を確認できます。

リスト上の × ボタンをタップすると、メモを削除できます。

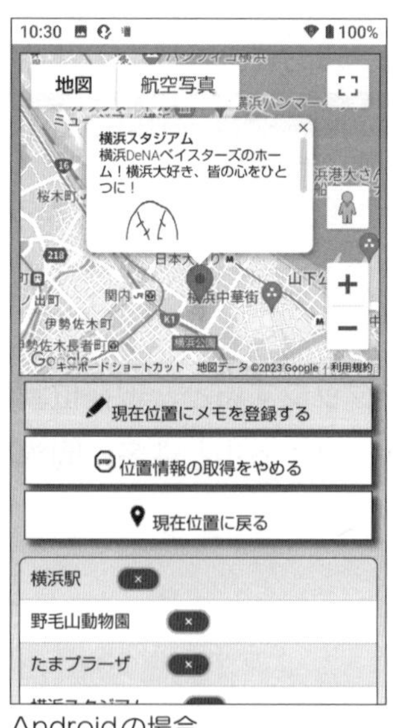

Androidの場合

iPhoneの場合

3.2 HTMLページの基本を理解しよう

アプリを開発する環境が整ったところで、環境の動作確認も含めて、カンタンなHTMLページを作成してみましょう。

HTMLページを作成しよう

1 Windowsの［スタート］メニューから［すべてのアプリ］をクリックし、［V］の見出しの下にある［Visual Studio Code］を選択する。

結果 VSCodeが起動する。

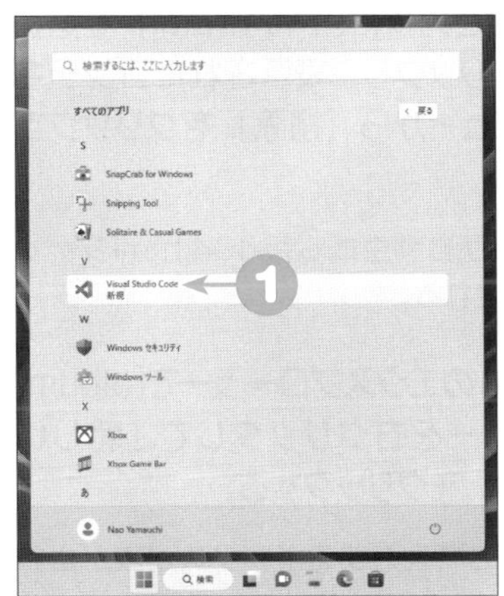

2 ［フォルダーを開く］ボタンをクリックする。

結果 ［フォルダーを開く］ダイアログが表示される。

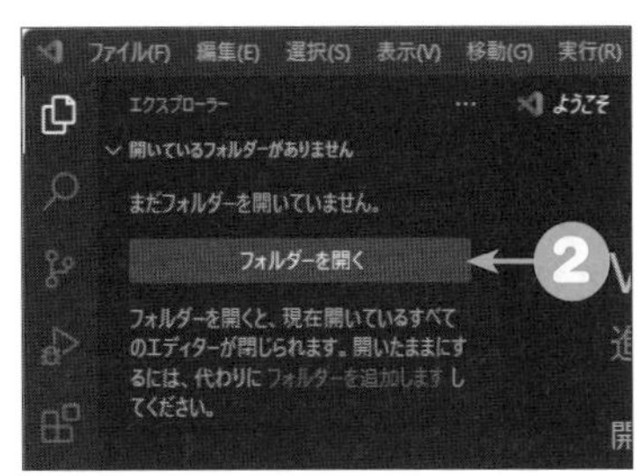

3 前の章で作成した「C:¥htmlls」フォルダーを選択して、［フォルダーの選択］ボタンをクリックする。

結果 VSCodeのエクスプローラーに「htmlls」フォルダー配下のフォルダー／ファイルが表示される。

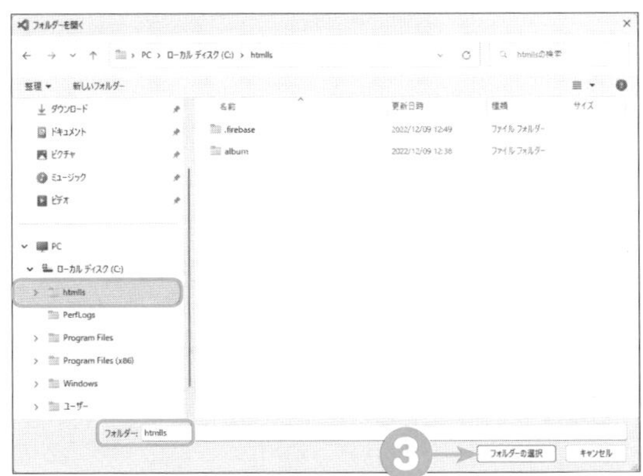

ヒント

信頼できる作成者

フォルダーを開く際に、「このフォルダー内のファイルの作成者を信頼しますか？」と尋ねるダイアログが表示されることがあります。自身に覚えがあって問題ない場合は「はい、作成者を信頼します」を、覚えがない場合は「いいえ、作成者を信頼しません」をそれぞれクリックしてください。今回は自身で作成したフォルダーなので、前者で構いません。後者の場合、制限モードでフォルダーが開かれます。

4 VSCodeのエクスプローラーで[album]フォルダーを展開し、[index.html] を選択して右クリックする。表示されたコンテキストメニューから［削除］をクリックする。削除を確認するダイアログが表示されたときは、［ごみ箱に移動］をクリックする。

結果 Firebaseが自動生成したindex.htmlファイルが削除される。

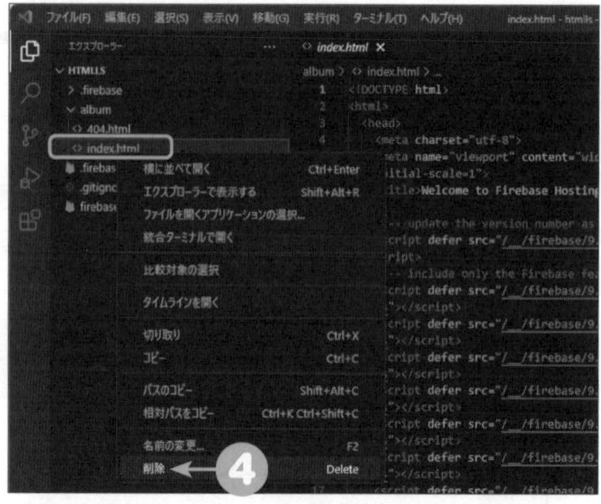

5 前の手順と同様に、［404.html］を選択して右クリックし、表示されたコンテキストメニューから［削除］をクリックする。

結果 Firebaseが自動生成した404.htmlファイルが削除される。

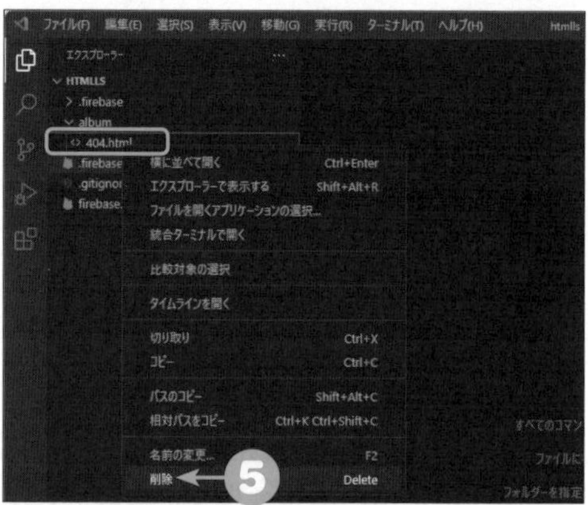

6 VSCodeのエクスプローラーで[album]フォルダーを右クリックして、［新しいファイル］をクリックする。

結果 ファイル名を入力するボックスが表示される。

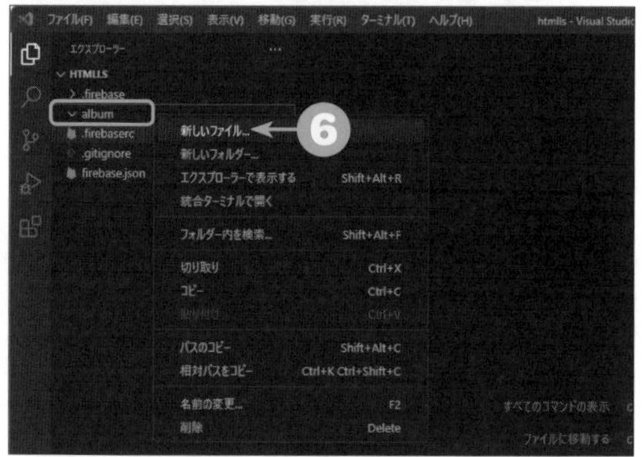

7 **index.html**と入力して Enter キーを押す。

結果 ［album］フォルダー配下にindex.htmlファイルが作成される。

ファイルの削除

ファイルの削除時に表示される確認ダイアログで、［今後このメッセージを表示しない］にチェックを入れてから［ごみ箱に移動］をクリックすると、以降は確認ダイアログが表示されずに、ただちにごみ箱へ移動するようになります。

8 作成したindex.htmlに以下のコードをすべて入力する（下線の部分は、自分で好きなテキストを入力してよい）。入力できたら、画面右下の文字コードがUTF-8になっていることを確認する。

```
<!DOCTYPE html>
<html>
<head>
<meta charset="UTF-8" />
<title>アルバムマップ</title>
</head>
<body>
<div id="result">
こんにちは、世界！<br />
本書のテーマである「アルバムマップ」アプリケーションを作成していきます。
</div>
</body>
</html>
```

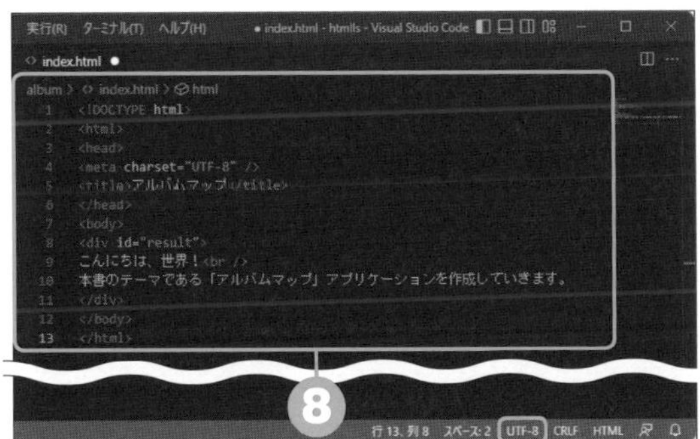

9 VSCodeのエクスプローラーで［開いているエディター］の部分をポイントし、表示された［すべて保存］ボタンをクリックする。

 ファイルが保存される。

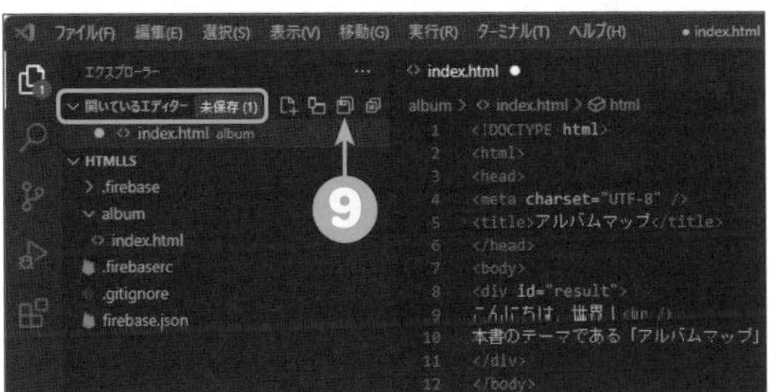

ヒント

開いているエディター

［開いているエディター］が表示されていない場合は、「エクスプローラー」の右にある［…］をクリックして表示されるメニューから［開いているエディター］をクリックしてチェックを入れてください。

未保存のファイル

ファイルの内容が更新された未保存のファイルは、ファイル名の横に●が表示されます。ファイルを保存すると●が消えます。

保存処理のショートカットキー

Ctrl＋Sキーを押すことで、編集中のファイルを保存することができます。

保存はこまめに

せっかく編集したコードを間違えて消してしまうようなトラブルを防ぐため、なるべく編集の都度、こまめにファイルを保存することをお勧めします。

10 ［ターミナル］メニューから［新しいターミナル］をクリックする。

結果 ターミナルが開く。

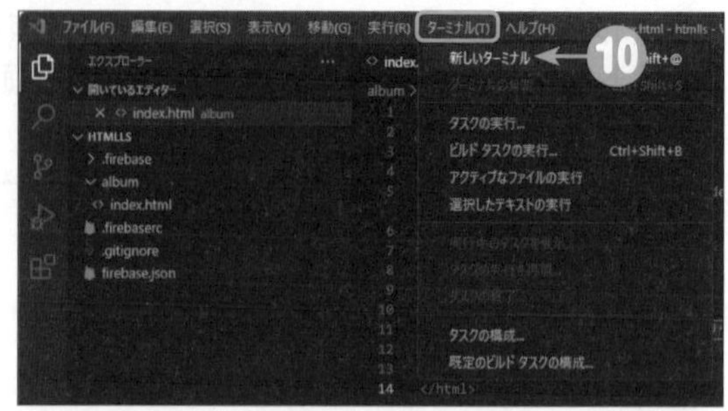

11 ターミナルから以下のコマンドを入力し、Enterキーを押してファイルをデプロイする。

```
> firebase deploy
```

結果 ターミナルに「Deploy complete!」と表示され、最終行に「Hosting URL: https://album-XXXXX.web.app」と表示される。

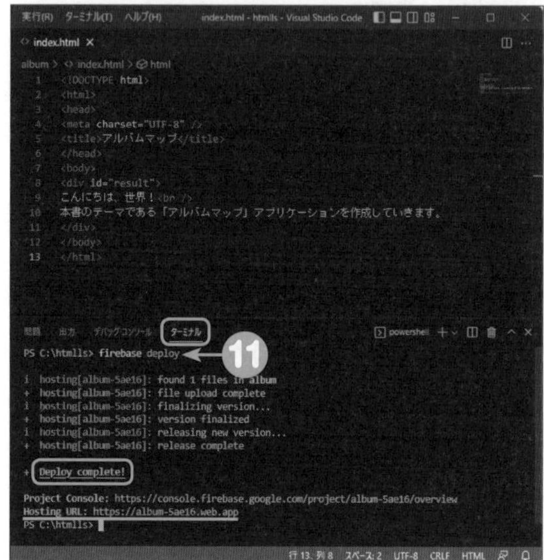

ヒント

VSCode右下の通知ダイアログ

手順10のあとなど、操作後にVSCodeに関する通知がダイアログで表示される場合があります。その場合は[×]をクリックしてダイアログを閉じてください。

信頼できる作成者

ターミナルを開く際に、「このフォルダー内のファイルの作成者を信頼しますか？」と尋ねるダイアログが表示されることがあります。この節の冒頭のヒント「信頼できる作成者」と同様に、自身に覚えがあれば［フォルダーを信頼して実行］をクリックしてください。

メニューの一部が消えてしまうとき

VSCodeのウィンドウ幅が狭い場合や、管理者権限で実行しているなどでウィンドウタイトルが長い場合、メニューの一部が「…」で省略されたり、ハンバーガーアイコン（≡）で表示されてしまうことがあります。このような場合には、ウィンドウ幅を手動で調整してください。

12 スマホ端末のブラウザーを起動し、Firebaseのホスティングサイトのurl「https://album-XXXXX.web.app/index.html」にアクセスする。

 画面のようなHTMLページが表示される。

ヒント

Firebaseのアップデート

firebase deployコマンドの実行後、「Update available …」のように囲みで表示されることがあります。この表示はアップデートが存在するという意味なので、「npm install -g firebase-tools」と実行してアップデートをインストールできます。

index.htmlは省略可能

手順⑫のURLは「https://album-XXXXX.web.app/」でも構いません。Firebaseでは、ファイル名を省略すると自動的にindex.htmlが表示されるようになっているからです。

パソコンのブラウザーでindex.htmlに簡単にアクセスするには

手順⑪の結果、ターミナルに表示される「Hosting URL: https://album-XXXXX.web.app」のURL部分をキーを押しながらクリックすると、パソコンのブラウザーが起動してindex.htmlのページが表示されます。

バックスラッシュの表示について

VSCodeでは、パスの区切り文字「¥」（円マーク）が「\」（バックスラッシュ）で表示されます。Windows環境では、バックスラッシュは円マークで表示されることが多いですが、環境によってはバックスラッシュで表示される場合もあります（たとえばPowerShellなど）。

用語

ホスティング／ホスティングサイト

ホスティング（ホスティングサービス）とは、プロバイダー業者がWebサーバーの領域を貸し出すことです。ここでのプロバイダーは、Firebaseです。
ホスティングサイトとは、ホスティングで実際に割り当てられた領域を表します。

VSCodeの画面構成を見てみよう

VSCodeで初めてのファイルを作成し、いろいろな画面が表示されています。ここで、VSCodeの画面構成と基本的な操作方法について見ていきましょう。

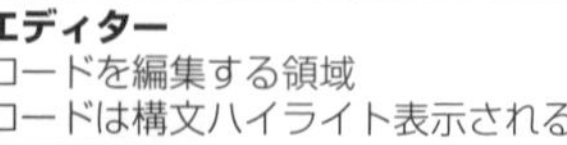

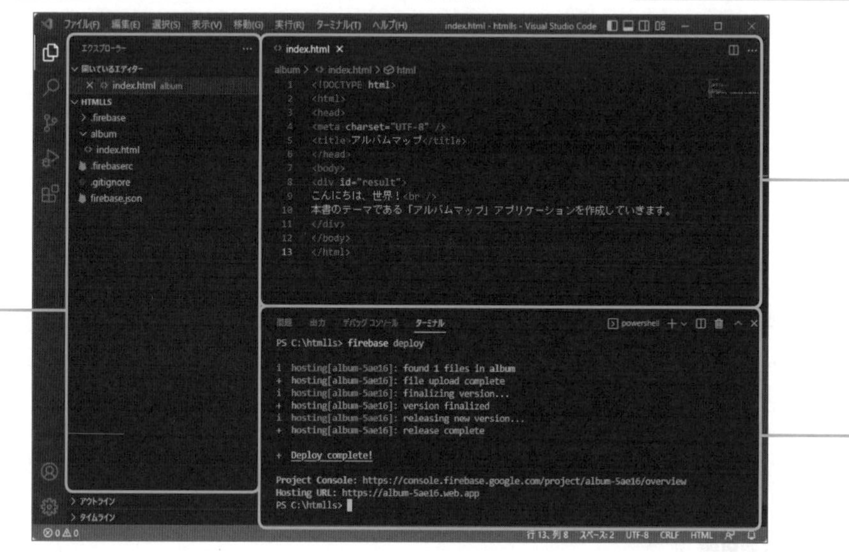

本書では第2章2.3節の「Firebaseのプロジェクト」で解説したとおり、アプリを**プロジェクト**という単位で管理しています。このプロジェクトに含まれるフォルダー/ファイルをツリー表示するのが、VSCodeの**エクスプローラー**の役割です。前の項の手順❸の結果、[C:¥htmlls] フォルダー配下のファイルがツリーで表示されています。

エクスプローラーに表示されているファイル名をクリックすると、ファイルの内容（コード）が**エディター**に表示されます。エディターでコードを編集していきます。

エディターでは、コードが構文の規則に応じて色分けして表示されます（**構文ハイライト**）。

また、エディターには**コード補完機能**も備わっています。たとえば、前の項の手順❽で「charset」の「c」を入力したところで、Ctrl＋spaceキーを押してみてください。入力候補の一覧が表示され、そこから入力すべき命令を選択できます。コード補完機能を利用することで、タイピングの量を減らせるだけでなく、命令などがうろ覚えでもプログラムを正確に書き進められます。この機能は**インテリセンス**（IntelliSense）とも呼ばれます。

ターミナルは、VSCodeからコマンドを実行できる領域で、既定ではPowerShellが動作します。これまでは独立してPowerShellを開いてきましたが、VSCodeを利用しているならば、ターミナルを優先して利用することで、VSCodeだけですべての作業が完結します。

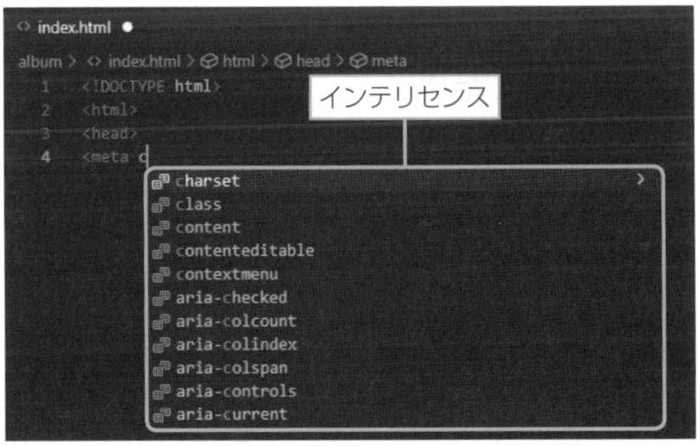

HTMLページの基本構造を理解しておこう

まずは、スマホ環境であるとパソコン環境であるとに関わらず、すべての環境で共通となるHTMLページの基本を理解しておきましょう。

以下は、もっとも基本的なHTMLページの例です。

```
<!DOCTYPE html>
<html>
<head>
<meta charset="UTF-8" />
<title>...ページタイトル...</title>
</head>
<body>
...ページ本体...
</body>
</html>
```

(1) 文書型宣言でHTMLページであることを表す

文書型宣言とは、現在のページがどのようなルールに則って書かれているかを示すものです。HTMLで書かれたコードであることを示すために、サンプルでは以下のように書きました。

```
<!DOCTYPE html>
```

(2) ページで利用している文字コードを宣言する

文字コードとは、コンピュータで文字を表すためのルールのことです。HTMLでは、UTF-8という文字コードを利用することが強く勧められています。その他の文字コードが使えないわけではありませんが、利用する機能によっては思わぬトラブルの原因にもなりますので、文字コードについて深い知識がないうちは（また、他に大きな理由がない限りは）、まずはUTF-8を利用してください。

VSCodeでは既定でUTF-8で保存する設定になっていますが、作成したファイルを保存する際には、手順❽のように文字コードを確認するのを忘れないようにしてください。

利用している文字コードを宣言しているのは、サンプルでは以下の部分です。

```
<meta charset="UTF-8" />
```

実際に利用している文字コードと、<meta>タグによる宣言とが食い違っている場合には、文字化けの原因にもなりますので、要注意です。

(3) 終了タグの省略はできるだけしない

HTMLでは、特定の条件下で終了タグを省略してもよいことになっています。たとえば、HTMLでは以下のどちらも正しいコードです。

終了タグを省略した例

```
<ul>
  <li>HTML
  <li>CSS
  <li>JavaScript
</ul>
```

終了タグを省略せずに記述した例

```
<ul>
  <li>HTML</li>
  <li>CSS</li>
  <li>JavaScript</li>
</ul>
```

左側の例では、<li>の終了タグが省略されています。しかし、終了タグはいつでも省略できるわけではありません。省略できる要素、条件は厳密に決まっていますし、これをすべて記憶するのは現実的でも、建設的でもありません。また、タグの終わりが見た目にも不明確になるのは、望ましい状態ではないでしょう。

わずかな入力の手間を惜しまず、終了タグはきちんと明記すべきです。

(4) 空要素は「～>」「～/>」のいずれで閉じてもよい

空要素とは、配下にコンテンツ（文字列）を持たない要素のことです。以下に、主な空要素をまとめます。

```
<area>    <base>    <br>    <col>    <embed>    <hr>
<img>     <input>   <link>  <meta>   <param>    <source>
```

これらの要素は、(たとえば)「
</br>」のように終了タグ付きで書いてはいけません。
、または、
のように書いてください。

のような書き方は、XHTML (eXtensible HTML) のルールに則ったもので、「開始タグだけで終了タグはない」という意味です。「XHTMLを書いたことがある人にとっては理解しやすい」「空要素であることを明確にする」というメリットもあり、筆者は「～/>」のような書き方を優先して利用しています(本書でも、その書き方に沿っています)。

用語

XHTML

XHTMLと は、XML (eXtensible Markup Language) のルールに則ったHTMLのことです。ごく大雑把に言ってしまうと、「タグ名は小文字で書く」「空要素は「～/>」で閉じる」など、いくつかの記法ルールが追加されたHTMLです。

(5) 属性値の囲み方は3種類

属性値は、シングルクォート (') またはダブルクォート (") で囲むか、クォートなしの裸の値として記述できます。よって、以下はいずれも同じ意味です。

```
<meta charset="UTF-8" />
<meta charset='UTF-8' />
<meta charset=UTF-8 />
```

ただし、以下の制約があります。

・ダブルクォートで囲んだ属性値に、ダブルクォートを含んではならない。
・シングルクォートで囲んだ属性値に、シングルクォートを含んではならない。
・クォートなしの属性値に「"」「'」「=」「<」「>」「`」を含んではならない。また、タグが「～/>」で終わる場合は、属性値との間を空白で区切らなければならない。

筆者は、少なくとも制限の多い「裸の値」、すなわちクォートなしの属性値は、利用すべきでないと考えています。あとは、アプリで統一されていればよいと思いますが、本書では、原則としてダブルクォートで囲むことで統一しています。

(6) 空属性の書き方は3種類

空属性とは、たとえばchecked（チェック済み）、selected（選択済み）、disabled（要素が無効）のように、属性が存在するかどうかだけで意味を持つ属性のことです。このような空属性は、以下のように表現できます。

```
<input type="text" disabled />
<input type="text" disabled="" />
<input type="text" disabled="disabled" />
```

属性名だけを記述するか、さもなくば、空の文字列、または属性名を値として指定するわけです。いずれの記法でも構いませんが、本書ではもっともシンプルな属性名だけの書き方を採用しています（空文字列や属性名を指定する方法は冗長なだけで、コードの誤りを少なくするなどの効果も望めないためです）。

HTML5以降の新しい要素を見ておこう

本書の目的は、具体的なアプリを開発しながらHTMLとCSS、JavaScriptを体験することにあります。そのため、個別の技術要素を網羅的に紹介することは本書の目的ではありません。

しかしながら、現在のWebページの多くは、HTML5以降の新しい機能を前提に成り立っています。このため、HTML5でどのような機能が追加されたのかを知ることは、現時点においてWebアプリを開発する上で有用と思われます。そこで、次にHTML5で追加された要素について簡単にまとめておきます。

わからない言葉や機能があっても構いません。まずは「こんな機能があるのか」ということを大づかみする目的で眺めてみてください。主要な要素については、アプリを作成していく中で改めて解説します。

HTML5以降の新しい要素

分類	要素	意味
構造化	<section>	一般的なセクション（章・節・項の単位）
	<header>	ヘッダー領域
	<footer>	フッター領域
	<hgroup>	見出し／小見出し（<h1>～<h6>タグ）のまとめ
	<nav>	ナビゲーションリンクなど
	<menu>	コマンドのグループ化
	<article>	独立したコンテンツ（記事）
	<aside>	補足記事や広告バナーなど記事本体とは関連の薄いコンテンツ
	<details>	折りたたみ可能なコンテンツ
	<summary>	折りたたみ可能なコンテンツの概要
	<dialog>	ポップアップ可能なダイアログ
	<figure>	図、表、コードなど
	<figcaption>	図、表、コードなどのキャプション
	<mark>	テキストをハイライト（他のコンテンツから参照されている）
	<ruby>	ルビを伴ったテキスト
	<time>	グレゴリオ暦による日付、時刻
	<slot>	Webコンポーネントを差し込むスロット
メディア	<canvas>	JavaScriptで図形を描画するキャンバス領域
	<video>	動画を再生
	<audio>	音声を再生
	<embed>	プラグインの組み込み
フォーム	<progress>	進捗状況の表示（プログレスバー）
	<meter>	ある範囲のゲージを表現
	<output>	フォームでの計算結果

ヒント

<hgroup>タグと<menu>タグ

<hgroup>タグと<menu>タグは、HTML LSと並行して規格策定されていたHTML5ではいったん廃止されました。HTML LSでは、ブラウザーのサポートもあって引き続き利用可能になっています。

アクセシビリティも理解しておこう

Webページにもユニバーサルデザインが求められる環境となってきたことから、HTMLで利用できるアクセシビリティのための属性が定められています。それがWAI-ARIA（Web Accessibility Initiative - Accessible Rich Internet Applications、ウェイ・アリア）です。

簡単に言うと、主に視覚に障害のある閲覧者に対して利便性を高めるための仕様が、WAI-ARIAと言えます。WAI-ARIAは、HTML5を策定していたW3Cによって仕様が勧告されています。HTML LSもWAI-ARIAに準拠しています。

WAI-ARIAはさまざまな仕様を定めていますが、まずは、次の属性をおさえておくとよいでしょう。

・コンテンツの役割を表すためのrole属性
・コンテンツの状態や、性質を表すためのaria属性

これらの属性を、タグの種類だけでは役割や状態を認識できない要素（<div>など）に付与して、役割や状態を明確にします。これをたとえばスクリーンリーダーなどの支援技術が認識することで、閲覧者に対する音声による適切なガイドの一助となるのです。主なrole属性とaria属性は次のとおりです。role属性のnavigationと<nav>のように、暗黙にrole属性が付与されているタグが多数あります。

■ 主なrole属性

分類	属性	意味
ランドマーク	banner	ヘッダー（<header>）
	complementary	補足コンテンツ
	contentinfo	ページやWebサイトについての情報（<footer>）
	form	フォーム（<form>）
	main	メインコンテンツ（<main>）
	navigation	ナビゲーション（<nav>）
	search	検索
ウイジェット	alert	アラート
	button	ボタン（<button>）
	link	リンク（<a>）
	progressbar	プログレスバー
	radio	ラジオボタン

分類	属性	意味
	searchbox	検索テキストボックス
	switch	チェックボックス
	tab	タブ
文書構造	application	アプリケーションとしてのコンテンツ
	article	文書、ページ
	image	画像（<img>）
	list、listitem	リスト（<ul>、<li>）
	none、presentation	意味をもたないことを示す
	table	テーブル（<table>）
	toolbar	ツールバー

■ 主なaria属性

分類	属性	意味
制御	aria-label	ラベルを付与
	aria-labelledby	ラベルとなる要素を指定
	aria-controls	制御対象の要素を指定
状態	aria-expanded	要素が展開されているか
	aria-hidden	非表示となっているか
	aria-checked	要素がチェックされているか
	aria-pressed	要素が押されているか
	aria-selected	要素が選択されているか

本書で作成していくアプリは、必ずしもアクセシビリティへの配慮が必要となるものではないですが、どの要素にどのような属性を与えるのか、雰囲気だけでも感じられるよう部分的にWAI-ARIAの属性を付与しています。

ページをスマホ対応させてみよう

ところでこの節の冒頭で作成したサンプルは、ページがずいぶんと小さく表示されていると思いませんか。ここでは、ページの表示をスマホ向けに最適化してみましょう。

1 VSCodeのエクスプローラーで作成済みのindex.htmlをクリックして開き、以下のように編集する（色文字部分を追加）。編集できたら、[すべて保存]ボタンをクリックする。

```
<!DOCTYPE html>
<html>
<head>
<meta charset="UTF-8" />
<meta name="viewport" content="width=device-width, initial-scale=1.0" />
<title>アルバムマップ</title>
</head>
...以下略...
```

2 ターミナルから以下のコマンドを入力し、Enterキーを押してファイルをデプロイする。

```
> firebase deploy
```

結果 ターミナルに「Deploy complete!」と表示され、最終行に「Hosting URL: https://album-XXXXX.web.app」と表示される。

3 スマホ端末のブラウザーを起動し、FirebaseのホスティングサイトのURL「https://album-XXXXX.web.app/index.html」にアクセスする。

結果 画面のように、ページが大きく表示される。

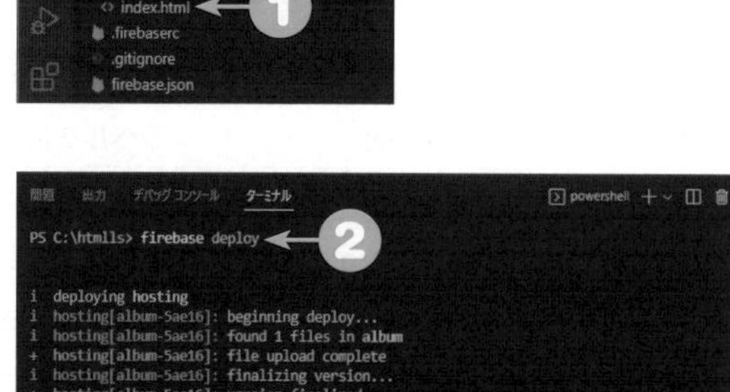

ヒント

コマンドの入力をラクにする方法

ターミナル上では、↑キーを押すたびに、前回、前々回……に入力したコマンドが表示されます。手順2では、↑キーを1回押してデプロイコマンドを表示させ、Enterキーで実行してもOKです。

パソコンでは表示が変わらない

この項では、表示をスマホ向けに最適化するためのビューポートの設定を行っています（詳しくは次の項で説明します）。そのため、パソコンのブラウザーで手順3を行うと、ページ表示が変わらないように見えます（使用しているブラウザー／バージョンによって異なります）。

ビューポートの設定とは

この節の冒頭のサンプルでページが小さく表示されていたのは、スマホでは既定でかなり大きめにビューポートが設定されているためです。

ビューポート（Viewport）とは、ブラウザーにおけるコンテンツの表示領域のことです。表示領域が大きくなればなるほど、相対的にページは小さく表示されるわけです。

もちろん、拡大率を上げてやれば読みやすい大きさに変更することはできますが、できれば既定で適切なサイズになっているのが望ましいでしょう。

そこで登場するのが、ビューポートの設定なのです。ビューポートは<meta>タグで以下のようにすることで設定できます。

構文 ビューポートの設定

```
<meta name="viewport" content="パラメーター名=値, ..." />
```

［例］

```
<meta name="viewport" content="width=device-width, initial-scale=1.0" />
```

content属性には、ビューポートに関する情報を「パラメーター名＝値,...」の形式で列挙できます。以下は、利用できる主なパラメーターです。

■ ビューポートの設定プロパティ

パラメーター名	概要	設定値	既定値
width	コンテンツの幅	ピクセル値。 または「device-width」指定でデバイスの幅	980px
user-scalable	ユーザーによる拡大縮小が可能か	yes ｜ no	yes
initial-scale	初回アクセス時の拡大率	minimum-scale～maximum-scaleの範囲	1
minimum-scale	最小の拡大率	0～10	0.25
maximum-scale	最大の拡大率	0～10	10

サンプルでは、表示幅をデバイスの幅に合わせ、初期の拡大率を1.0としています。一般には、ほぼこの指定に沿っていれば問題ないでしょう。

この節の冒頭と前ページの結果を比べてみるとわかるように、ビューポートを設定することで最初から読みやすい大きさでコンテンツが表示されています。スマホ対応とは言っても、まずはこれだけです。カンタンですね。

スタイルシートでページをデザインしよう

続いて、作成したHTMLページにスタイルシートでデザイン付けしてみましょう。背景／文字色、枠線などを設定する中で、スタイルシートの基本を理解します。

背景色や文字色を設定しよう

1 VSCodeのエクスプローラーで作成済みのindex.htmlをクリックして開き、以下のように編集する（色文字部分を追加し、網掛け部分を削除）。編集できたら、［すべて保存］ボタンをクリックする。

```
<!DOCTYPE html>
<html>
<head>
<meta charset="UTF-8" />
<meta name="viewport" content="width=device-width, initial-scale=1.0" />
<link rel="stylesheet" href="css/main.css" />
<title>アルバムマップ</title>
</head>
<body>
<div id="result">
こんにちは、世界！ <br />
本書のテーマである「アルバムマップ」アプリケーションを作成していきます。
</div>
<div id="menu" role="navigation">
  <a href="input.html" class="btnmenu" role="button">
    <img id="write" src="image/pen.png" />
    現在位置にメモを登録する</a>
  <a href="#" id="stopwatch" class="btnmenu" role="button">
    <img id="stop" src="image/stop.png" />
    位置情報の取得をやめる</a>
  <a href="#" id="showcurrent" class="btnmenu" role="button">
    <img id="location" src="image/location.png" />
    現在位置に戻る</a>
</div>
<ul id="list">
  <li><a href="#">メモダミー </a> <a href="#">×</a></li>
  <li><a href="#">メモダミー </a> <a href="#">×</a></li>
</ul>
</body>
</html>
```

2 VSCodeのエクスプローラーで[album]フォルダーを右クリックし、[新しいフォルダー] をクリックする。

結果 フォルダー名を入力するボックスが表示される。

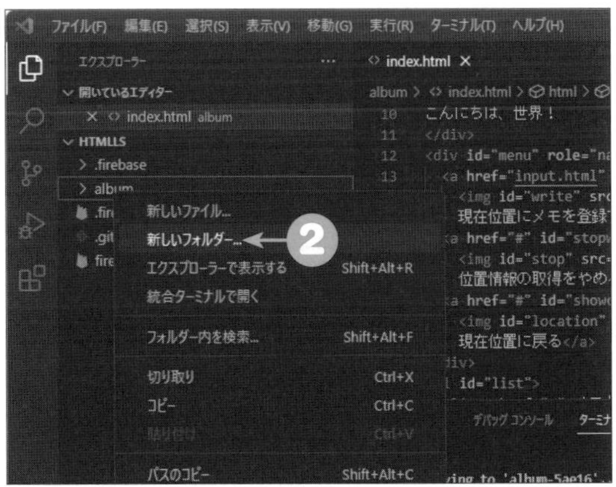

3 imageと入力してEnterキーを押す。

結果 [album] フォルダーの配下に [image] フォルダーが作成される。

4 Windowsのエクスプローラーを開き、サンプルファイルを保存したフォルダーに移動して［素材］フォルダーを開き、その中のlocation.png、pen.png、stop.pngの3つのファイルを、前の手順で作成した［image］フォルダーにコピーする。

参照ファイル

¥HTMLLS入門¥素材¥location.png
¥HTMLLS入門¥素材¥pen.png
¥HTMLLS入門¥素材¥stop.png

参照

サンプルファイルのダウンロード

→本書の「はじめに」

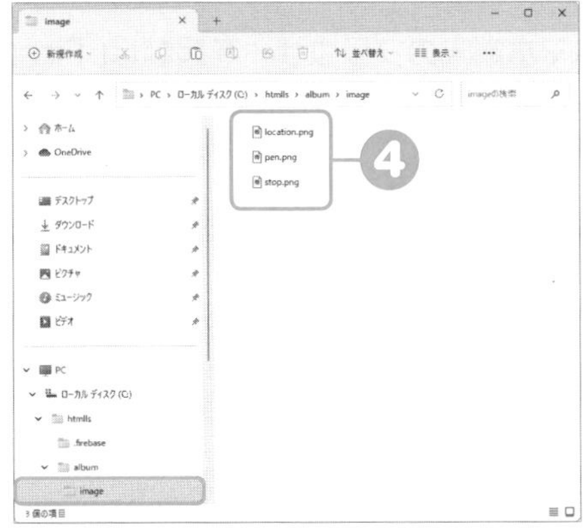

5 VSCodeに戻り、手順❷〜❸の要領で[album] フォルダーの配下に [css] フォルダーを作成し、その配下に、この章の3.2節の「HTMLページを作成しよう」の手順❻〜❼の要領でmain.cssファイルを作成する。

ヒント

VSCodeのエクスプローラーから Windowsのエクスプローラーを開く

VSCodeのエクスプローラーで該当のファイル／フォルダーを右クリックして、表示されたコンテキストメニューの [エクスプローラーで表示する] をクリックします。すると、そのファイル／フォルダーを格納したフォルダーがWindowsのエクスプローラーで開かれます。

6 作成したmain.cssファイルに、以下のコードをすべて入力する。入力できたら、画面右下の文字コードがUTF-8になっていることを確認して、[すべて保存] ボタンをクリックする。

```
body {
  background-color: #ccc;
}

#result {
  background-color: white;
  color: black;
}
```

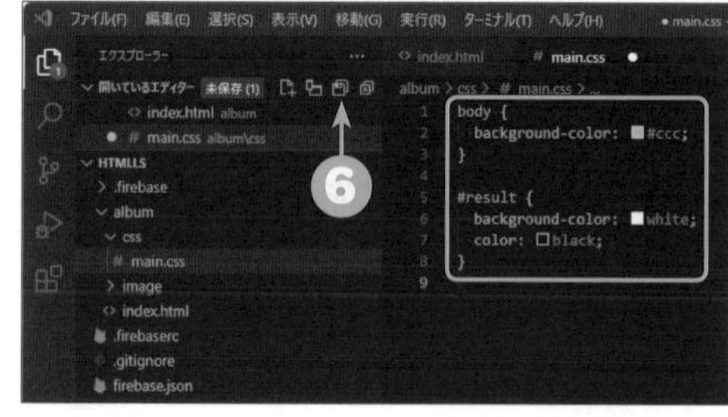

参照

文字コード

→この章の3.2節

7 ターミナルから以下のコマンドを実行して，ファイルをデプロイする。

```
> firebase deploy
```

結果 ターミナルに「Deploy complete!」と表示され、最終行に「Hosting URL: https://album-XXXXX.web.app」と表示される。

8 スマホ端末のブラウザーを起動し、Firebaseのホスティングサイトのurl「https://album-XXXXX.web.app/index.html」にアクセスする。

結果 画面のように、背景が灰色となり、ページ上部に背景が白のボックスが表示される。

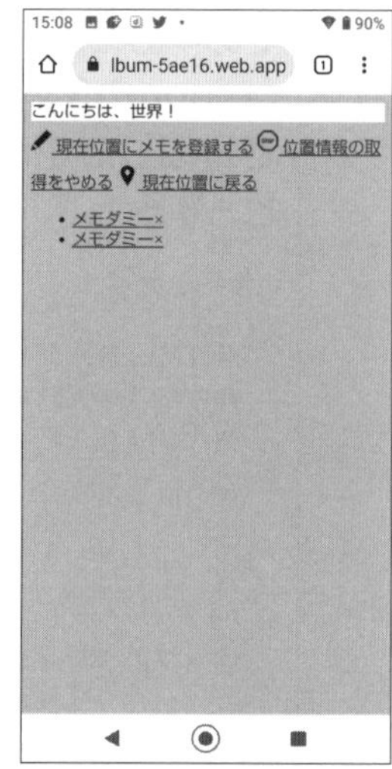

注意

リンクは動かない

手順❶で入力したコードは、まだ表示部分のみです。現時点では、リンクをクリックしてもエラーとなり、なにも動作しませんので、注意してください。

ヒント

VSCodeでの色指定

手順6でbackground-color（背景色）を指定していますが、VSCode上では#cccの左横に、指定した色の四角い枠が表示されます。

また、#cccの上にカーソルを乗せると、右の図のように色味を確認しながら指定することも可能です。RGB値についての詳細は、後述します。

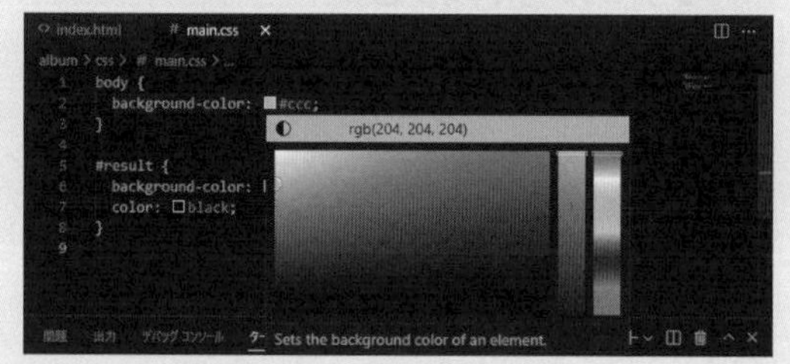

HTMLページにスタイルシートを適用する方法

HTMLページにスタイルシートを適用するには、

外部の.cssファイルとしてまとめ、HTMLページから呼び出す

のが基本です。

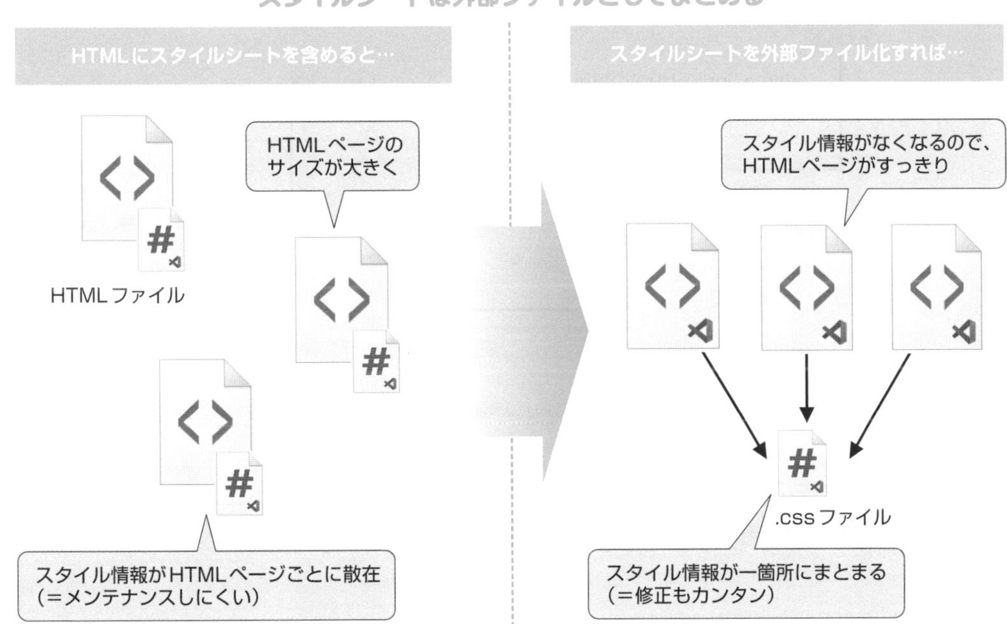

HTMLページの中にスタイルシートをまとめて記述することもできますが、それはあまり良い方法ではありません（よって、本書でも方法は説明しません）。HTMLページのサイズが膨らむ原因にもなりますし、なにより、スタイル情報がページごとに散在してしまうからです。

スタイルシートを別のファイルとして独立させることで、アプリ全体でデザインを修正したい場合にも、ひとつの.cssファイルだけを修正すればよいので、メンテナンスが簡単になります。HTMLページからスタイルが完全に取り除かれますので、見た目にもすっきりするというメリットもあるでしょう。

HTMLページから.cssファイルを呼び出すには、<head>タグの配下で<link>タグを呼び出すだけです。

```
<link rel="stylesheet" href="css/main.css" />
```

href属性には、呼び出したいスタイルシートへのパスを指定します。「css/main.css」とは、「現在のフォルダー配下のcssフォルダーの、そのまた下のmain.cssファイル」という意味です。「css/main.css」の部分は.cssファイルの実際の保存先／名前に応じて変更してください。

href属性に指定したパスの意味

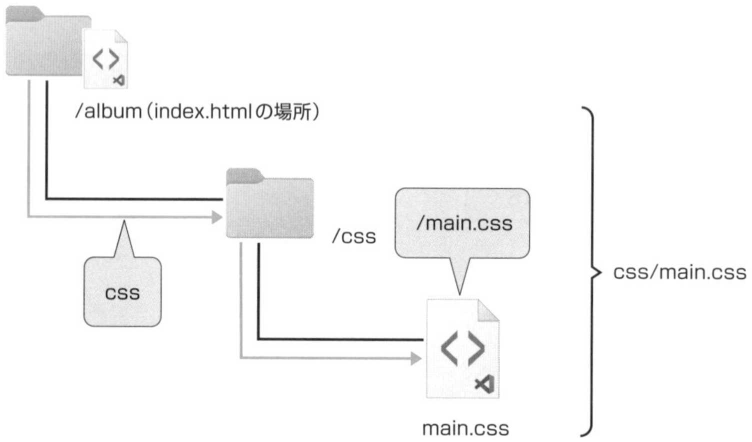

rel属性は、リンク先のファイルがスタイルシートであることを表しているだけなので、まずは変化することのない決まりごとだと思っておいて構いません。

ヒント

画像ファイルのパス

手順❶で追加した<img>タグのsrc属性（＝画像ファイルのパス）も同様です。「image/location.png」で、「現在のフォルダー配下のimageフォルダーの、そのまた下のlocation.pngファイル」を意味します。
なお、現在のフォルダーは「.」と表すこともできます。よって、「./image/location.png」と書いても同じ意味です。

用語

パス

フォルダー／ファイルの位置を示した文字列のことを**パス**と言います。その中でも、「css/main.css」のように、特定のファイル位置を基点に、そこからの道筋を示したパスを**相対パス**と呼びます。一方、「C:¥htmlls¥album¥index.html」のように、コンピュータの最上位階層から目的のファイルまでの道筋を示したパスを**絶対パス**と言います。

スタイルシートの基本的な書き方

スタイルシートの基本的な構造は、

どこの { なにを: どうする }

です。これを、もう少し専門用語を使って書き直したのが、以下の構文です。

構文 スタイルの定義

```
セレクター { プロパティ : 値; }
```

まず、**セレクター**でスタイルを適用する対象（タグ）を指定します。その上で、{...}の中で、設定するスタイルの種類（**プロパティ**）と、その設定値を、コロン（:）で区切って記述します。プロパティと設定値のセットのことを**宣言**とも言います。

たとえば、次ページは<div id="result">タグの背景色を白（white）に設定する例です。

スタイルシートの基本

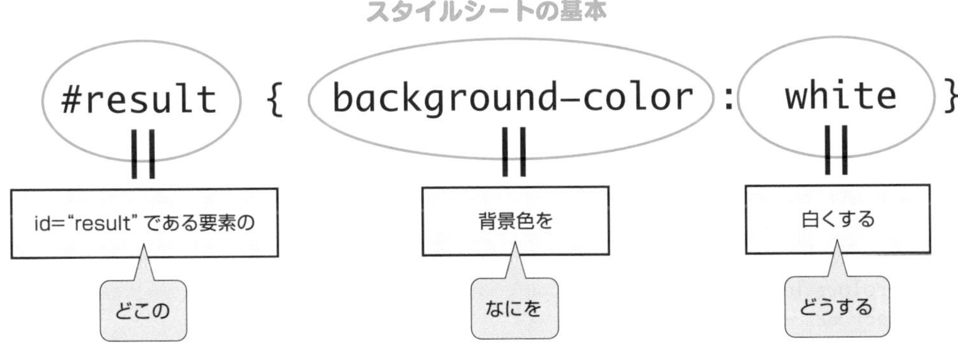

宣言をセミコロン（;）で区切ることで、複数の宣言をまとめて指定することもできます。たとえば、上の例に、文字色（color）を黒（black）にする指定も加えたいならば、以下のように書きます（これは、サンプルコードでの書き方ですね）。

複数の宣言を書く場合には

宣言ごとに改行とインデントを加えているのは、コードを読みやすくするためです。なくても間違いというわけではありませんが、宣言がいくつも続くケースでは、このように整形しておいた方が見た目にもすっきりし、入力ミスの防止にもつながります。

要素に枠線や背景、サイズを指定しよう

スタイルシートの基本を理解したところで、トップページ（index.html）のデザインをそれらしく整形してみましょう。

1 VSCodeのエクスプローラーで作成済みのmain.cssをクリックして開き、以下のように編集する（色文字部分を追加／変更）。編集できたら、［すべて保存］ボタンをクリックする。

```
body {
  background-color: #ccc;
}

#result {
  background-image: url(../image/bg.gif);
  background-color: white;
  color: black;
  border: solid 1px #000;
  width: 100%;
  height: 300px;
}

.btnmenu {
  margin: 5px;
  padding: 5px;
  color: black;
  display: block;
  text-align: center;
  text-decoration: none;
  border-width: 1px;
  border-style: solid;
  border-color: black;
  background-color: white;
}

#list {
  padding: 0px;
  border-width: 1px;
  border-style: solid;
  background-color: white;
}
```

```
#list > li {
  padding: 10px 5px 10px 10px;
  list-style: none;
  border-bottom-color: #ccc;
  border-bottom-width: 1px;
  border-bottom-style: solid;
}

#list a {
  color: black;
  text-decoration: none;
}
```

2 Windowsのエクスプローラーでサンプルファイルを保存したフォルダーに移動して［素材］フォルダーを開き、その中のbg.gifファイルを、［image］フォルダーにコピーする。

参照

サンプルファイルのダウンロード

→本書の「はじめに」

参照ファイル

¥HTMLLS入門¥素材¥bg.gif

3 VSCodeに戻り、ターミナルから以下のコマンドを実行して、ファイルをデプロイする。

```
> firebase deploy
```

結果 ターミナルに「Deploy complete!」と表示され、最終行に「Hosting URL: https://album-XXXXX.web.app」と表示される。

4 スマホ端末のブラウザーを起動し、FirebaseのホスティングサイトのURL「https://album-XXXXX.web.app/index.html」にアクセスする。

結果 画面のように、スタイルシートで指定されたデザインが適用される。

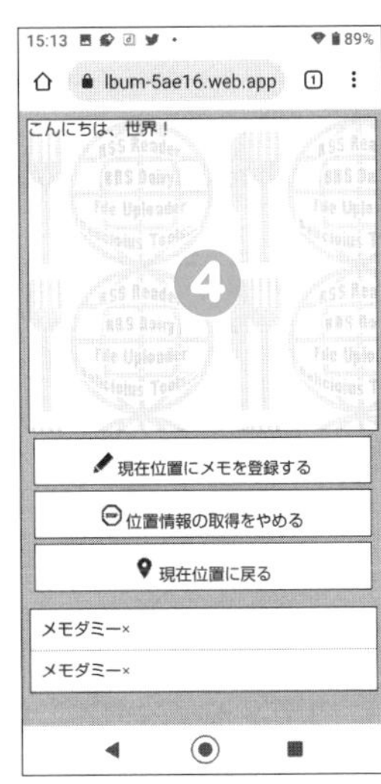

ヒント

ページの変更が反映されない場合

変更した結果が反映されない場合、まずはスマホ端末のブラウザーをリロード（更新）してみてください。それでも変更が反映されない場合は、キャッシュが残っている可能性があります。キャッシュをクリアする方法は、お使いのスマホやブラウザー／バージョンによって異なりますが、Android版Chromeの手順を第4章の章末のコラムで紹介しています。また、PC版ブラウザーに限られますが、ハードリロードという方法を第2章の章末のコラムで紹介しています。

5 VSCodeのエディターで、[main.css]タブの右端の［×］をクリックする。

結果 main.cssファイルが閉じる。

6 前の手順と同様に、VSCodeのエディターで、[index.html] タブの右端の［×］をクリックする。

結果 index.htmlファイルが閉じる。

```
実行(R)  ターミナル(T)  ヘルプ(H)      main.css - htmlls - Visual Studio Code
<> index.html   # main.css  ×  ←5
album > css > # main.css > #result
#list > li {
  padding: 10px 5px 10px 10px;
  list-style: none;
  border-bottom-color: #ccc;
  border-bottom-width: 1px;
  border-bottom-style: solid;
}

#list a {
  color: black;
  text-decoration: none;
```

セレクターを理解しよう

先ほどの繰り返しですが、スタイルシートの基本は

どこの { なにを : どうする }

です。このうち、「どこの」を表す**セレクター**（Selector）は、スタイルシートを理解する上で、最初の一歩と言えるでしょう。

セレクターにはさまざまな記法がありますが、本書では、まずよく利用すると思われるものを最初に紹介しておきます。

(1) タグ名で指定する

「タグ名 {...}」の形式で、特定のタグ（要素）に対してスタイル付けできます。たとえばサンプルでは以下のように、<body>タグの背景色（background-color）を指定しました。

```
body {
  background-color: #ccc;
}
```

タグ名には「*」も指定できる

「* { ... }」のように、タグ名にアスタリスク（*）を指定した場合は、「すべてのタグに対して、一律にスタイルを適用しなさい」という意味になります。

(2) id値で指定する

「#id値 { ... }」（先頭はハッシュ記号）の形式で、特定のid値を持ったタグに対してスタイル付けできます。id値は言うなれば、それぞれの要素に振られた背番号ですので、「#id値 { ... }」を利用するということは、特定の要素ひとつにだけスタイルを割り当てるという意味です。

たとえば、サンプルでは次のように、id値が"result"である要素に対してスタイルを適用しました。

```
#result {
  background-image: url(../image/bg.gif);
  background-color: white;
  ...中略...
}
```

(3) クラス名で指定する

「.クラス名 { ... }」（先頭はドット）の形式で、特定のクラス名（class属性の値）を持ったタグに対して、スタイル付けできます。特定の役割を持った、複数のタグに対して共通のスタイルを適用したい場合に利用します。そうした意味で、クラスとは、タグを意味的に分類するグループのようなものであると言ってもよいかもしれません。

たとえばボタン形状の要素に対しては、一律に、class属性の値をbtnmenuとしておくと、同じ役割を持つタグに同じスタイルを適用しやすくなります。サンプルでは、以下の部分が該当します。

```
.btnmenu {
  margin: 5px;
  padding: 5px;
  ...中略...
}
```

(4) (1)～(3) の組み合わせ

(1)～(3) のセレクターは、互いに組み合わせることもできます。組み合わせによって、より目的のタグを特定しやすくなりますので、主なものはおさえておきたいところです。

```
① a.btnmenu { ... }   … class属性がbtnmenuである<a>タグ（「要素.クラス名」の形式）
② ul a { ... }        … <ul>タグ配下の<a>タグ（セレクターを半角スペースで区切る）
③ #result > a { ... } … id="result"である要素直下の<a>タグ（セレクターを「>」で区切る）
④ div, p { ... }      … <div>タグ、または<p>タグ（セレクターをカンマ「,」で区切る）
```

②はある要素配下の子／孫要素をすべて検索しますが、③はある要素のすぐ下の子要素だけを検索対象にします。目的の要素が限定されている場合には、できるだけ③の書き方を利用した方がよいでしょう。

そのほかにも、セレクターにはさまざまな書き方がありますが、まずはここまでをきちんと理解しておけば、かなりの状況に対応できるはずです。CSS3のセレクターについては、第8章で改めて解説します。

スタイルシートで利用できるプロパティ

「どこの { なにを : どうする }」のうち、「どこの」(セレクター) について理解できたところで、「なにを : どうする」の部分を見ていきましょう。「なにを」の部分は、既に説明したように、**プロパティ**と呼ぶことを思い出してください。

スタイルシートで利用できるプロパティは、これまたたくさんありますので、まずは、本書で利用しているものを中心に、よく利用すると思われるものをまとめておきます。

(1) テキスト関連のプロパティ

テキストの表示に関わるプロパティには、以下のようなものがあります。

■ テキスト関連のプロパティ

プロパティ	概要	例
font-family	フォントの種類	p { font-family: '游ゴシック', sans-serif; }
font-style	斜体の指定 (normal、italic)	div { font-style: italic; }
font-weight	太字の指定 (normal、bold)	div { font-weight: bold; }
font-size	フォントサイズ (数値、またはx-small、small、medium、large、x-large)	td { font-size: large; }
color	文字色	p { color: blue; }
text-decoration	文字の修飾 (none、underline、line-throughなど)	td { text-decoration: underline; }

font-familyプロパティには、カンマ (,) 区切りで複数のフォントを指定できます。その場合、ユーザーの環境に応じて、より前で指定されているものが優先して適用されます。

colorプロパティには、while、black、red、blue……のようなカラー名のほか、RGB値も指定できます。**RGB値**とは、ハッシュ記号 (#) に続けて、赤 (R)、緑 (G)、青 (B) の強弱 (0～255) を16進数で表したものです。たとえば黄色であれば#ffff00のように表します。

色指定の考え方

緑(Green)
0〜255
255(=ff)

赤(Red)
0〜255
255(=ff)

青(Blue)
0〜255
0(=00)

混ぜると…

黄色
#ffff00(=#ff0)

#ffff00のように、R、G、Bの各桁が同じ値の場合には、#ff0のようにまとめても構いません。

(2) ボックス関連のプロパティ

ボックスとは、ざっくりと言ってしまうならば、要素を表示する領域です。

ボックスという考え方

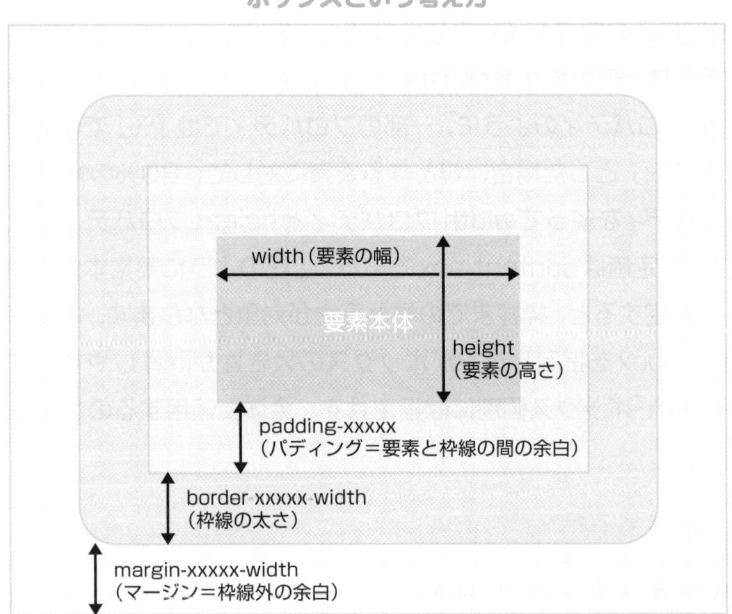

要素の表示サイズは、内側から「要素本体→パディング→枠線の太さ→マージン（余白）」によって決まるわけです。対応するプロパティは、それぞれ以下のとおりです。xxxxxの部分には、top（上）、bottom（下）、left（左）、right（右）のいずれかを指定します。

■ ボックス関連のプロパティ

プロパティ	概要	例
width	要素本体の幅	div { width: 180px; }
height	要素本体の高さ	div { height: 250px; }
padding-xxxxx	上下左右のパディング	p { padding-left: 30px; }
border-xxxxx-width	上下左右の枠線の太さ	p { border-top-width: 5px; }
border-xxxxx-style	上下左右の枠線のスタイル （solid、double、groove、ridge、inset、outset）	p { border-top-style: double; }
border-xxxxx-color	上下左右の枠線の色	p { border-left-color: red; }
margin-xxxxx	上下左右のマージン	div { margin-left: 20px; }
box-sizing	ボックスの幅と高さの計算対象 （content-box、border-box）	div { box-sizing: border-box; }

width、height、padding-xxxxx、margin-xxxxxのような数値を受け取るプロパティでは、単位を指定しなければならない点に注意してください。

よく利用される単位は**ピクセル**（px）で、HTMLでもwidth／heightなどの属性を指定した場合には、暗黙的にこの単位が使われています。そのほか、mm（ミリメートル）、pt（ポイント）、in（インチ）などの単位があります。

width／heightプロパティのように、一部のプロパティでは「%」で値を指定することもできます。「width: 80%;」とした場合、親となる要素に対して、80%の幅が設定されます。

box-sizingプロパティを使ってwidthプロパティとheightプロパティの示す対象を変更することができます。既定値はcontent-boxであり、上記のように要素本体の幅と高さとなります。border-boxを指定すると、枠線までの幅と高さが対象となります。本書では既定値のままとしますが、border-boxを指定した方がボックスの大きさが計算しやすくなるときもあります。混乱を避けるため、ボックス個別には指定せず、全体に適用するのが無難です。

用語

ピクセル

デジタル画像を構成する最小の点のことを言います。たとえば、50×30ピクセルの図であれば横50個、縦30個の点で表現されます。

(3) 背景関連のプロパティ

背景に関するプロパティには、以下のようなものがあります。

■ 背景関連のプロパティ

プロパティ	概要	例
background-color	背景色	p { background-color: pink; }
background-image	背景の画像	div { background-image: url(../image/bg.gif); }
background-position	背景画像の位置	div { background-position: center; }
background-repeat	背景画像の繰り返し方向	div { background-repeat: repeat-x; }

background-imageプロパティのように、URLを受け取るプロパティでは、値は「url(パス)」のようにかっこ( )で囲む必要があります。たとえば、サンプルでは以下のようなコードを書きました。

```
background-image: url(../image/bg.gif);
```

パスの基点は、(.htmlファイルではなく) .cssファイルが存在するフォルダーである点に注意してください。サンプルでは、それぞれのファイルの関係は以下のとおりです。

パスは.cssファイルを基点に指定する

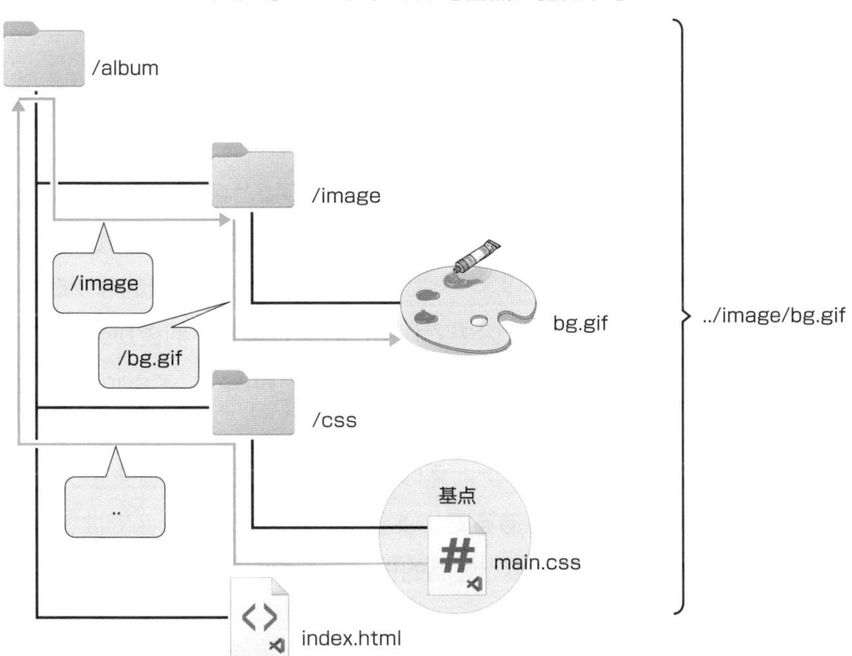

よって、パスは「../images/bg.gif」のようになるわけです。「../」は「ひとつ上のフォルダー」という意味です。この節の冒頭の手順❶では、HTMLファイルを起点としているので「image/pen.png」、または「./image/pen.png」のように指定していました。

```
<a href="input.html" class="btnmenu">
  <img id="write" src="image/pen.png" />
  現在位置にメモを登録する</a>
```

(4) その他のプロパティ

(1)～(3) に分類できないプロパティとして、以下のようなものもあります。

■ その他のプロパティ

プロパティ	概要	例
list-style-image	箇条書きリストのマークとして表示する画像	ul.g1 { list-style-image: url(../images/list.jpg); }
list-style-type	箇条書きリストのマーク（disc、square、circleなど）	ul.g2 { list-style-type: circle; }
display	要素の表示形式（block、inline）	.g2 { display: block; }
visibility	要素の可視状態（visible、hidden）	.hide { visibility: hidden; }
cursor	カーソルの形状（pointer、wait、move、textなど）	div { cursor: pointer; }

displayプロパティについて理解するには、まずブロック要素とインライン要素の知識が欠かせません。

ざっくりと言ってしまうならば、ブロック要素はひとつのまとまり（＝ブロック）として表せる要素で、一般的なブラウザーでは前後に改行を伴って表示されます。たとえば、<h1>～<h6>、<p>、<table>、<form>、<ul> ／ <ol>、<div>などが代表的なブロック要素です。

一方、インライン要素とは、ブロックの中で利用される要素で、前後が改行されることもありません。<a>、<img>、<input>、<select>、<textarea>、<span>などが代表的なインライン要素です。

もっとも、これは基本的なルールで、たとえば「ハイパーリンクや画像をブロック要素として表示したい」というようなケースもあるでしょう。そのようなケースでは、displayプロパティを利用することで、インライン要素を強制的にブロック要素とすることもできます。

サンプルでは、次の部分が該当します。

```
.btmmenu {
  ...中略...
  display: block;  ← ハイパーリンクをブロック要素にしている
  ...中略...
}
```

ちなみに、displayプロパティを取り除いた場合の結果は、以下のようになります。

displayプロパティを除去した場合の結果

サンプルでは、インライン要素からブロック要素への変換を行いましたが、「display: inline;」とすることで、ブロック要素からインライン要素への変換も可能です。

ヒント

ブロック要素とインライン要素

正確には、ブロック要素／インライン要素という区分は、HTML 4.01までの仕様です。現在のHTMLでは、より細分化されたコンテンツカテゴリーという区分に置き換えられています。ただし、本書では取り掛かりのわかりやすさを優先して、まずはブロック要素／インライン要素という概念で、要素の分類を大づかみするにとどめます。

(5) 複数のプロパティをまとめるプロパティ

また、複数のプロパティをまとめて設定するためのプロパティもあります。

■ 複合的な値を指定するプロパティ

プロパティ	概要	例
font	フォント（style、weight、size、familyの順）	th{ font: italic bold small '游ゴシック' sans-serif; }
border	枠線（width、style、colorの順）	th{ border: 2px solid blue; }
border-xxxxx	上下左右の枠線（width、style、colorの順）	div{ border-left: 3px solid pink; }
margin	マージン（上下左右、上下／左右、上／右／下／左のセット）	p{ margin: 20px 10px; }
padding	パディング（上下左右、上下／左右、上／右／下／左のセット）	div{ padding: 20px 10px 30px 15px; }

たとえばborder、border-xxxxxプロパティであれば、幅（border-width）、線の形状（border-style）、色（border-color）をバラバラに指定しても構いませんが、まとめて書いた方がコードは格段にシンプルになります。

よって、サンプルのコードは、以下のようにも書き換えることができます。

```
#list > li {
  ...中略...
  border-bottom: #ccc;
  border-bottom-width: 1px;
  border-bottom-style: solid;
}
```

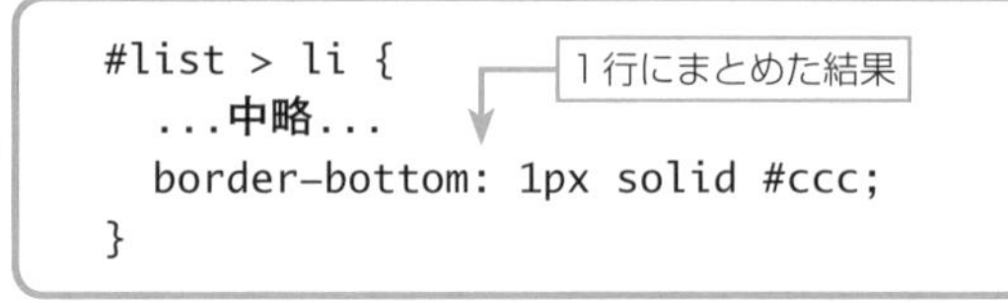


```
#list > li {
  ...中略...
  border-bottom: 1px solid #ccc;
}
```

～もう一度確認しよう！～　チェック項目

- □ HTMLページでの文書型と文字コードを宣言できるようになりましたか？
- □ HTMLでの要素と属性の書き方について理解できましたか？
- □ HTMLページからスタイルシートを読み込めるようになりましたか？
- □ スタイルシートでのセレクターについて理解できましたか？
- □ スタイルシートを使って、サイズや枠線、色などを指定できるようになりましたか？

第4章

アプリの見た目を完成させよう

この章では、前の章に引き続いて、「アルバムマップ」アプリの見た目の作成を進めていきます。章の中盤を終える頃には、アプリのひととおりの外観が完成します。
また、この章の後半では、簡単な機能の実装も始めます。ごくシンプルなコードで、JavaScriptの基本を理解しましょう。

この章では前の章に続いて、ユーザーインターフェイスの作成を進めます。

①メモ登録画面を作成する
②警告ダイアログを表示する
③ボタンをタップしたときの処理を記述する

その過程を通じて、この章では次の内容を学習していきます。

- **HTMLのフォーム機能（検証機能／入力補助機能）**
- **HTMLにJavaScriptを組み込む方法**
- **JavaScriptの基本文法**
- **変数の使い方**
- **イベントドリブンモデルの基礎**
- **制御命令（条件分岐）の書き方**

この章では、以下のような機能を実装します。

HTMLだけで定型的な検証機能を実装できる

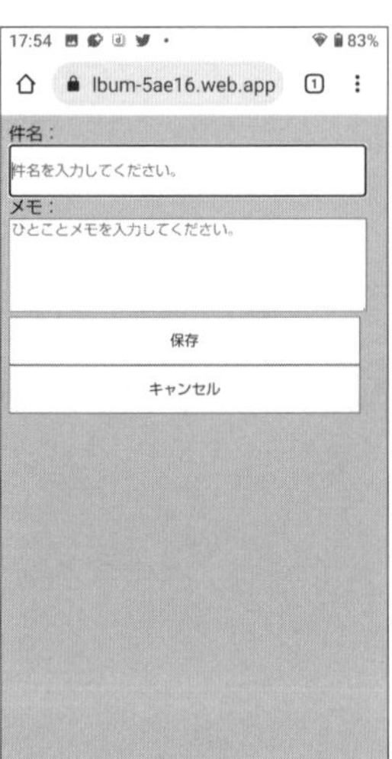

ダイアログの表示

メモ登録画面を作成しよう

アルバムマップのもうひとつの画面である「メモ登録画面」を作成します。

メモ登録画面をデザインしよう

1 VSCodeで、[album] フォルダーの配下に「input.html」という名前で新しいファイルを作成して、以下のコードをすべて入力する。入力できたら、右下の文字コードがUTF-8になっていることを確認して、[すべて保存] ボタンをクリックする。

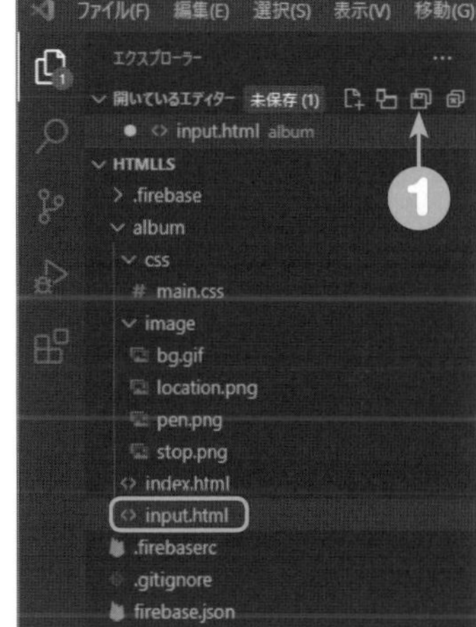

注意

以降の操作について

以降の操作は、特に明記していなければ、VSCodeで行います。

参照

文字コード

→第3章の3.2節

```
<!DOCTYPE html>
<html>
<head>
<meta charset="UTF-8" />
<meta name="viewport" content="width=device-width, initial-scale=1.0" />
<title>アルバムマップ</title>
<link rel="stylesheet" href="css/main.css" />
</head>
<body>
<form role="form">
<div class="field">
  <label>件名：<br />
    <input id="subject" type="text" size="30"
      autofocus required placeholder="件名を入力してください。" /></label>
</div>
<div class="field">
  <label>メモ：<br />
  <textarea id="memo" cols="30" row="25" required
    placeholder="ひとことメモを入力してください。"></textarea></label>
</div>
```

```
<div class="field">
  <input id="save" type="submit" class="btn" value="保存" /><br />
  <input id="cancel" type="reset" class="btn" value="キャンセル" />
</div>
</form>
</body>
</html>
```

2 作成済みのmain.cssを開いて、以下のように編集する（色文字部分を追加）。編集できたら、［すべて保存］ボタンをクリックする。

```
#list a {
  color: black;
  text-decoration: none;
}

input, textarea {
  border-width: 1px;
  border-style: solid;
  background-color: white;
  color: black;
  width: 95%;
  height: 44px;
  -webkit-appearance: none;
}

textarea {
  height: 80px;
}
```

エディター上で波線が表示されても無視してよい（次ページのヒントを参照）

3 ターミナルから以下のコマンドを実行して、ファイルをデプロイする。

```
> firebase deploy
```

結果 ターミナルに「Deploy complete!」と表示され、最終行に「Hosting URL: https://album-XXXXX.web.app」と表示される。

4 スマホ端末のブラウザーを起動し、「https://album-XXXXX.web.app/input.html」にアクセスする。

結果 画面のようなHTMLページが表示される。

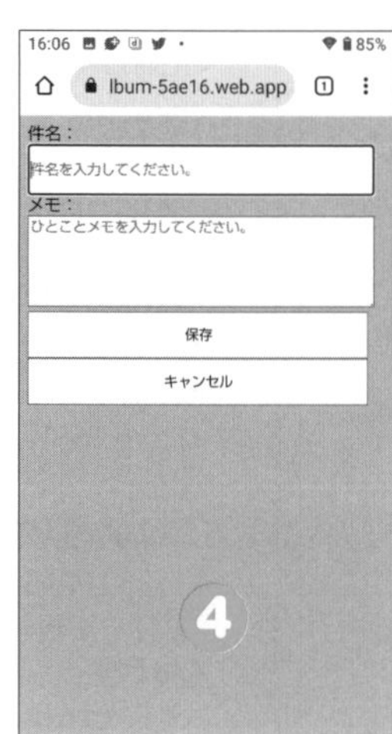

注意

アクセスするファイル

先ほどまではindex.htmlにアクセスしていましたが、ここではinput.htmlにアクセスしています。どのファイルにアクセスするのか、注意してください。

ヒント

-webkit-appearanceプロパティ

iOSのブラウザーでは、WebKitというAppleの開発したエンジンが使用されています（SafariでもChromeでも同じ）。WebKitには、独特のスタイルが既定で設定されており、標準的なスタイル指定ではAndroidと見た目が大きく異なってしまいます。これを-webkit-appearanceプロパティにnoneを指定することで標準のスタイルを無効にし、見た目ができるだけ近くなるようにしています。VSCodeのエディター画面ではエラーや警告を示す波線が引かれて表示されますが、動作上は問題ありません。

HTML5からの新しいフォーム機能を見てみよう

HTML5以降は、フォーム（<form>要素と、その配下で利用できるフォーム要素）が、格段に進化しました。本書のサンプルでも活用していますので、主なものを順に見ていきましょう。

(1) 種類も豊富になったフォーム要素

HTML 4.01からあったテキストボックスやラジオボタン、チェックボックス、選択ボックスなどに加えて、以下の表に示すようなフォーム要素が利用できるようになっています。目的に即したフォーム要素を配置することで、入力生産性を改善できます。

フォーム要素の切り替えには、<input>要素のtype属性にそれぞれ決められた値を指定するだけです。

```
<input id="hoge" type="値" ... />
```

以下に、主なtype属性の値と、表示されるUI例を示します。結果は、Chrome（デスクトップ）の場合を示しています。

■ 主なtype属性

type属性	概要
number	数値入力ボックス（①）
range	数値入力のためのスライダー（②）
datetime-local	日付時刻入力ボックス（③）
date	日付入力ボックス（④）
month	月入力ボックス（⑤）
week	週入力ボックス（⑥）

type属性	概要
time	時刻入力ボックス（⑦）
color	色選択ボックス（⑧）
search	検索ボックス
url	URL入力ボックス
email	メールアドレス入力ボックス
tel	電話番号入力ボックス

主なtype属性のUI例

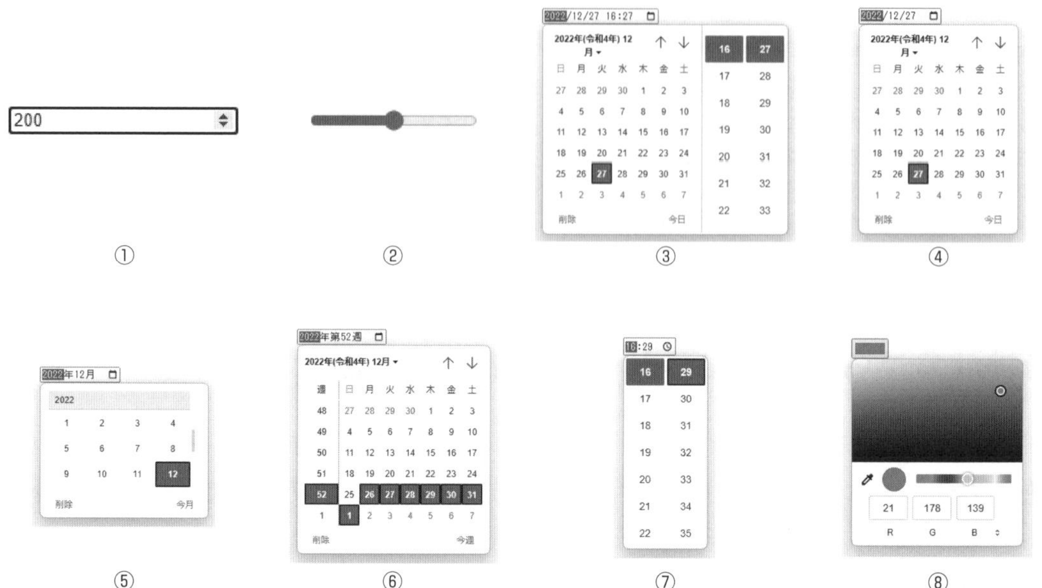

Chrome環境では、search、url、email、telは単なるテキストボックスが表示されるのみで、見かけ上の変化はありません。

iPhone環境では、url（URL入力ボックス）、email（メールアドレス入力ボックス）、tel（電話番号入力ボックス）で、それぞれの入力内容に適したソフトウェアキーボードが表示されます。

入力内容に適したソフトウェアキーボードが表示

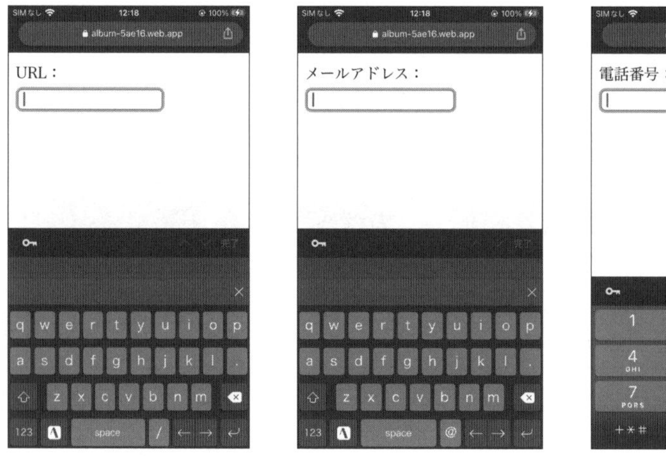

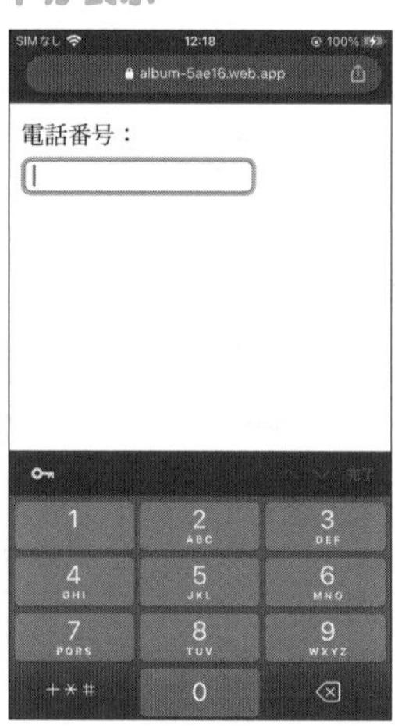

(2) 定型的な入力チェックを属性だけで実装できる

現在のHTMLは、フォームからの入力値をチェック（検証）する機能を標準で備えています。この機能の利用にはチェックのためのコードが不要なので、定型的なチェックでしたら簡単に実装することができます。

検証に関わる指定は、以下のとおりです。

■ 検証に関わる属性

指定内容	検証内容
required属性を指定	入力値が空でないかをチェック
pattern属性を指定	入力値が指定の形式に則っているかをチェック
min／max属性を指定	数値の最小／最大値をチェック（日付、数値入力で有効）
minlength／maxlength属性を指定	文字列長の最小／最大値をチェック
type属性にurlを指定	入力値がURLの形式であるかをチェック
type属性にemailを指定	入力値がメールアドレスの形式であるかをチェック

メモ登録画面を表示し、（たとえば）件名、本文を入力せずに［保存］ボタンをクリックすると、以下のようなバルーンが表示されます（図はChromeの例）。

検証エラーが発生した場合

また、pattern属性では正規表現（後述のコラムを参照）を利用することで、文字列が特定のパターンに沿っているかどうかをチェックできます。たとえば、郵便番号や電話番号のように、一定のルールに則っている値を入力させたい場合に利用します。

以下は、郵便番号の入力を想定したテキストボックスの例です。

```
<input id="txtZip" type="text" pattern="[0-9]{3}-[0-9]{4}" />
```

郵便番号の形式に沿っていない場合

郵便番号：

abc

指定されている形式で入力してください。

[0-9]{3}、[0-9]{4}で、それぞれ3桁、4桁の数字（0～9）、間の「-」は固定値でハイフンを意味します。よって、pattern属性全体で「999-9999」というパターンの文字列を表しているのです。

正規表現の意味

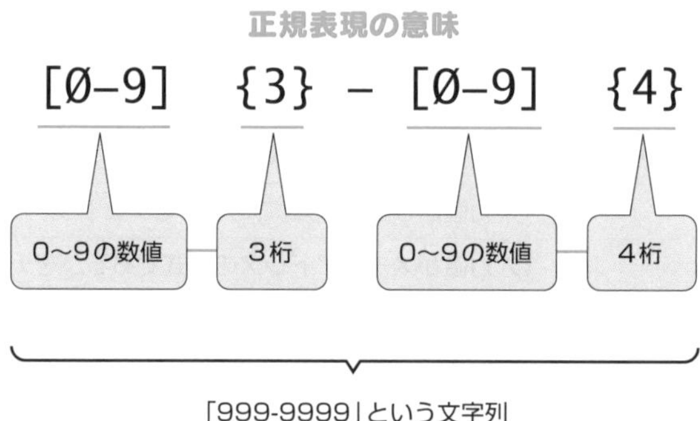

(3) 入力補助機能でよりユーザーフレンドリなフォームを

その他、以下のような入力補助機能も追加されています。

■ 入力補助に関わる属性

属性	概要
autofocus	ページのロード（読み込み）時に自動で入力欄にフォーカス
autocomplete	オートコンプリート機能を追加
placeholder	入力ヒント（透かし文字）を表示

本書では、autofocus属性とplaceholder属性を指定していますので、ページを開くと、

- 既定で件名にフォーカスがセットされ、
- それぞれの入力ボックスに、入力ヒントが表示されている

ことが確認できます。placeholder属性は、表示領域が限定されたスマホ環境で有用です。

iPhone環境におけるautofocus属性

iPhone環境のWebブラウザー（Safari、Chrome）では、autofocus属性の付いた入力ボックスにフォーカスがセットされると、自動的にズームとスクロールが行われて文字入力がしやすい状態となります。ピンチインすれば、本来の表示倍率に戻せます。

正規表現

正規表現とは、文字列のパターンを表現するためのしくみのことです。ファイル検索などで「*.docx」のようにすることで、「拡張子が.docxであるファイル」を検索することはよくあるでしょう。ここで利用している「*」(0文字以上の文字列)を**ワイルドカード**と言いますが、正規表現はこれをもっと自由に表現できるようにしたもの、と考えてもよいでしょう(あくまでイメージとしては、です)。

よく利用する正規表現を以下にまとめておきます。詳細は本書では割愛しますので、まずはサンプルコードがどのようなことを表しているか、という点を中心に理解してください。詳しくは、山田祥寛著『改訂3版JavaScript本格入門』(技術評論社)のような専門書を参照することをお勧めします。

■ よく利用する正規表現

正規表現	概要	正規表現	概要
[xyz]	x、y、zのいずれか	X+	1文字以上のX
[^xyz]	x、y、z以外の文字	X{n}	n個のX([0-9]{4}で4桁の数字)
[0-9]	数字(0〜9)	X{n,}	n個以上のX([0-9]{4,}で4桁以上の数字)
[a-zA-Z]	アルファベット(a〜z、A〜Z)	X{m,n}	m〜n個のX([0-9]{4,6}で4〜6桁の数字)
X*	0文字以上のX	¥d	数字([0-9]と同じ)
X?	0文字または1文字のX	¥s	空白文字

4.2 JavaScriptの簡単なコードを実行しよう

画面デザインがひととおりできたところで、ここからは徐々にJavaScriptの話題に入っていきましょう。まずは、トップ画面にダイアログを表示してみます。

JavaScriptで警告ダイアログを表示しよう

1 作成済みのindex.htmlを開いて、以下のように編集する（色文字部分を追加）。編集できたら、［すべて保存］ボタンをクリックする。

```
<!DOCTYPE html>
<html>
<head>
<meta charset="UTF-8" />
<meta name="viewport" content="width=device-width, initial-scale=1.0" />
<title>アルバムマップ</title>
<link rel="stylesheet" href="css/main.css" />
<script src="js/index.js" defer></script>
</head>
...以下略...
```

2 ［album］フォルダーの配下に［js］フォルダーを作成し、その配下に「index.js」ファイルを作成する。以下のコードを入力する。

```
// (1) ページ本体が読み込まれたタイミングで実行するコード
```

3 手順❷で作成したコードの（1）の部分に、以下のコードを追加する（色文字部分）。入力できたら、［すべて保存］ボタンをクリックする。保存に際しては、右下の文字コードがUTF-8になっていることを確認する。

```
// (1) ページ本体が読み込まれたタイミングで実行するコード
let result = 'こんにちは、JavaScript！';
window.alert(result);
```

参照

文字コード

→第3章の3.2節

4 ターミナルから以下のコマンドを実行して、ファイルをデプロイする。

```
> firebase deploy
```

結果 ターミナルに「Deploy complete!」と表示され、最終行に「Hosting URL: https://album-XXXXX.web.app」と表示される。

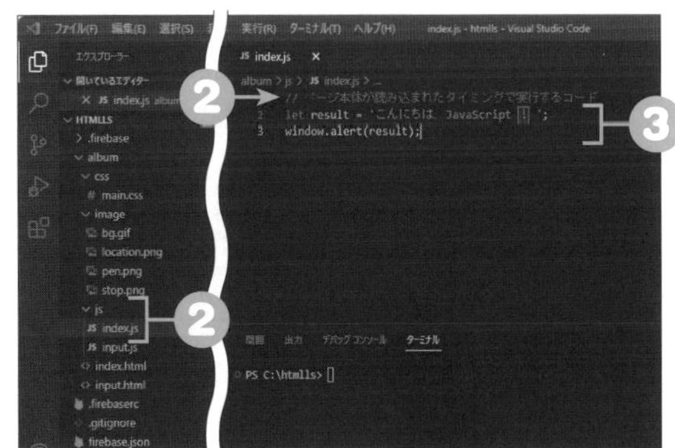

5 スマホ端末のブラウザーを起動し、「https://album-XXXXX.web.app/index.html」にアクセスする。

結果 ページを開くと、ダイアログが表示される。

HTMLページにJavaScriptを組み込むには

HTMLページにJavaScriptのコードを組み込む方法は、さまざまです。しかし、原則は

外部の.jsファイルとしてまとめ、HTMLページから呼び出す

のが基本と考えてください。

考え方はスタイルシートのときと同じで、その方が

・HTMLとJavaScriptとが明確に分離され、HTMLページがすっきりする
・共通したコードをひとつの.jsファイルにまとめられる

というメリットがあります。

用語

.jsファイル

JavaScriptのコードを収めたファイルのことです。「index.js」のように、拡張子が「.js」であることから、このように呼びます。同じように、HTMLページを「.htmlファイル」、CSSのスタイルシートを「.cssファイル」と呼ぶこともあります。

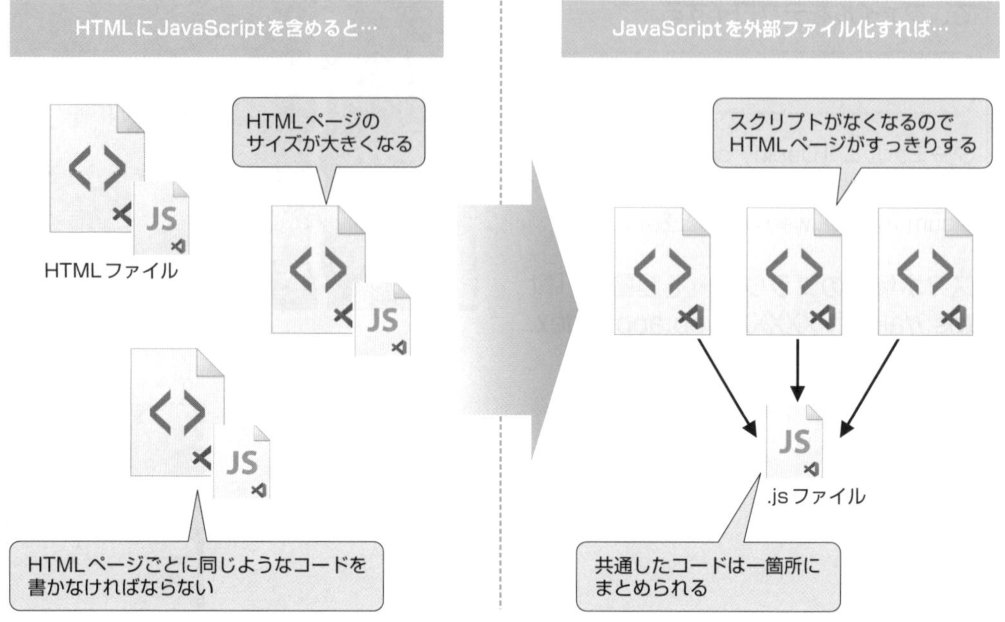

HTMLページの中にJavaScriptのコードをまとめて記述することもできますが、本書では、まずは基本とすべき「HTMLとJavaScriptの分離」を前提に進めていきます。

HTMLページから.jsファイルを呼び出すには、<head>タグの配下で<script>タグを使います。

```
<head>
...中略...
<script src="js/index.js" defer></script>
</head>
```

ヒント

<script>タグの位置

</body>閉じタグの直前に<script>タグを記述するという流儀もあります。これは、JavaScriptのコードをコンテンツそのものよりもあとに読み込むことで、ブラウザーがコンテンツの表示を優先して行えるためです。しかし、次の「defer属性」で示すように、明示的にコンテンツの読み込み後にコードを読み込むようにすることもできます。

defer属性

ここでは、<script>要素にdefer属性を追加しました。defer属性を利用することで、スクリプトのロードを非同期に実行し、ページの解析を終えたところで実行することができます。これにより、例えばDOMContentLoadedイベントリスナーの設定が不要になり、スクリプトがシンプルになります。

src属性には、組み込みたい.jsファイルへのパスを指定します。「js/index.js」の部分は、.jsファイルの実際の保存先／名前に応じて変更してください。

JavaScriptの基本文法を理解しよう

続いて、index.jsのコードをもとに、JavaScriptの基本的な文法を理解していきましょう。

JavaScriptの基本文法

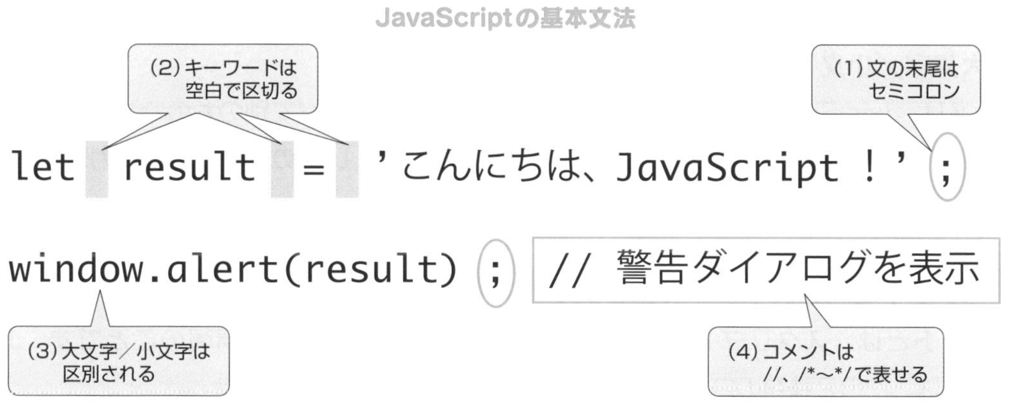

(1) 文の末尾は必ずセミコロン

スクリプトとは、言うなれば、「これをこうしなさい」「あれをああしなさい」といった処理と、その手順（順序）をまとめたものです。そして、スクリプトの中でひとつひとつの処理を表す単位が**文**です。

サンプルでは「let result = 'こんにちは、JavaScript！';」と「window.alert(result);」がそれぞれ文で、index.jsの本体は、2つの文からなるスクリプトであるといえます。

JavaScriptでは、文は必ずセミコロン（;）で終わらなければなりません。

(2) キーワードは空白で区切る

キーワードとは、文を構成する意味ある単語のことです。キーワードとキーワードの間は、英語と同じく**空白**で区切ります。

ただし、JavaScriptの世界では、空白は半角スペースだけではありません。タブ文字、改行も空白です（全角スペースは空白とは見なされません）。また、複数の空白を置いても間違いではありません。要は、キーワードの区切りを明確に表せればよいのです。

改行をうまく利用すれば、長すぎる文を途中で区切ることもできますし、半角スペースやタブでインデント（段落）を付けることで、コードの意味あるかたまりを視覚的に表せます。空白をうまく利用して、読みやすいコードにすることを心がけましょう。

(3) 大文字／小文字は区別される

たとえば、JavaScriptでは「let」と「LET」と「Let」はすべて別のものです。大文字／小文字の違いは、あとからチェックしてもなかなか見つけにくいものですので、入力時から十分に気を付けるようにしてください。

(4) コメントは「//」、「/*～*/」で表す

コメントとは、スクリプトの動作そのものには影響しないメモ情報のことです。JavaScriptでは、次の2種類のコメントを利用できます。

・「//」から行末まで（単一行コメント）
・「/*」から「*/」まで（複数行コメント）

本書のサンプルでは、主に単一行コメントがよく登場しますので、きちんと覚えておいてください。

注意

全角／半角の違いにも要注意

JavaScriptに限らず、一般的なプログラム（スクリプト）言語は半角文字でコードを記述します。たとえば「ｌｅｔ」のような全角文字は不可ですので、要注意です。全角／半角の違いは、大文字／小文字の違い以上に誤りを見つけにくいところですので、入力に際しては、入力モードがＡ（半角英数）になっていることを確認してください。

ヒント

セミコロンの省略

JavaScriptでは、文の末尾はセミコロン（;）で終了させることになっていますが、このセミコロンは省略できます。ですので、「window.alert(result)」と記述しても動作します。しかし、この記法は意図しない動作のもとになることもあります。最終的には、JavaScriptのコンパイラがセミコロンを自動的に挿入していることを踏まえて、本書ではセミコロンを省略しない記述で統一します。

変数は「データの入れ物」

変数とは、言うなれば「データの入れ物」です。スクリプトが最終的な結果を求めるための「データのやりとり」を表すものとすれば、やりとりされる途中経過のデータを保存しておくのが変数の役割です。

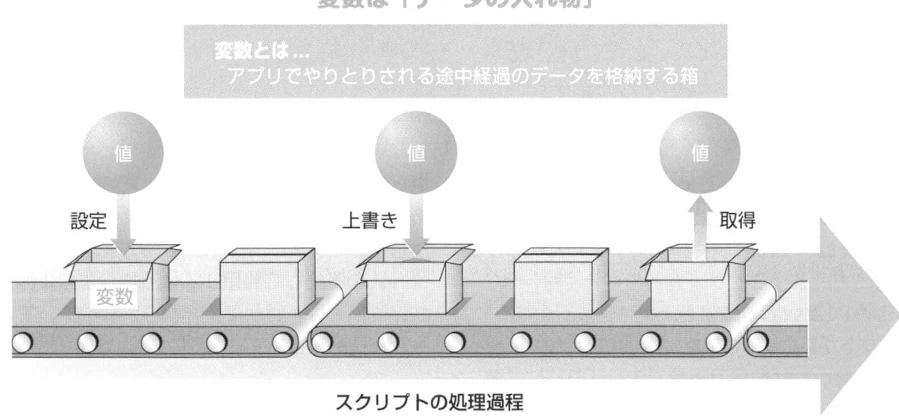

変数を利用するには、まず**let命令**を使って、変数を**宣言**します。宣言とは、JavaScriptに対して、「これからこの変数を使うからね！」と伝えておくことです。

構文 let命令

```
let 変数名 [= 値]
```

サンプルでは、以下のコードで変数を宣言しました。

```
let result = 'こんにちは、JavaScript！';
```

この宣言は、変数resultを準備し、「こんにちは、JavaScript！」という文字列を値としてセットしなさい、という意味です。「=」は、算数の世界であれば「左辺と右辺は等しい」という意味ですが、JavaScriptでは「左辺に、右辺の値をセットしなさい」という意味になります。

変数は宣言だけしておいて、あとから値を設定することもできます。たとえば、次ページに示すのは上と同じ意味のコードです。

```
let result; ← 変数resultを宣言
result = 'こんにちは、JavaScript！'; ← resultの値を設定
```

準備した変数から値を取り出すには、以下のように変数の名前を指定するだけです。window.alertは、まずは「ダイアログを表示するための命令」と理解しておいてください。

```
window.alert(result);
```

ヒント

変数宣言の命令

ここでは変数宣言の命令としてletを紹介しました。letは2010年代中盤ごろに追加された比較的新しい命令で、以前はvarという命令が使われていました。しかし、let命令を利用することで、「変数の有効範囲を細かく管理できる」「変数名の重複をチェックしてくれる」などのメリットがあります。また、初期化後に値が変更されない変数をconst命令で宣言でき、これには「変更しない変数を明示できる」という安全上のメリットもあります。現在のブラウザーはlet命令とconst命令に対応していますし、今後はvarよりもletを、letよりもconstを優先して利用するようにしましょう。以降のサンプルでは、値が変更されない変数は、できるだけconst命令で宣言するようにしています。

変数に格納する値を表現するには

JavaScriptの変数はとても柔軟で、文字列や数値はもちろん、日付や値の集合（配列）、そして断片的なコードすらも、保存できてしまいます。

JavaScriptの変数にはなんでも保存できる

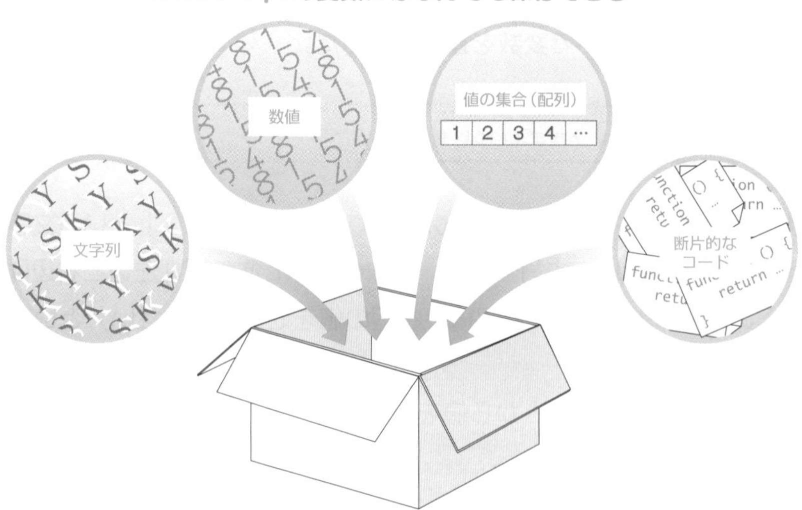

ただし、その値を表現する方法には、要注意です。それぞれの値の種類によって、書き方に違いがあるからです。たとえば、以下のコードを比べてみましょう。

```
let count = 0;
let msg = 'こんにちは、世界！';
```

数値「0」はそのまま指定できますが、文字列はクォートで囲まなければいけないのです。サンプルではシングルクォート（'）を利用していますが、ダブルクォート（"）でも構いません。

また、変数に複数の値をセットするならば、以下のように値同士をカンマ（,）で区切って、全体をブラケット（[...]）で囲みます。

```
let data = ['HTML', 'CSS', 'JavaScript'];
```

配列は値の集合

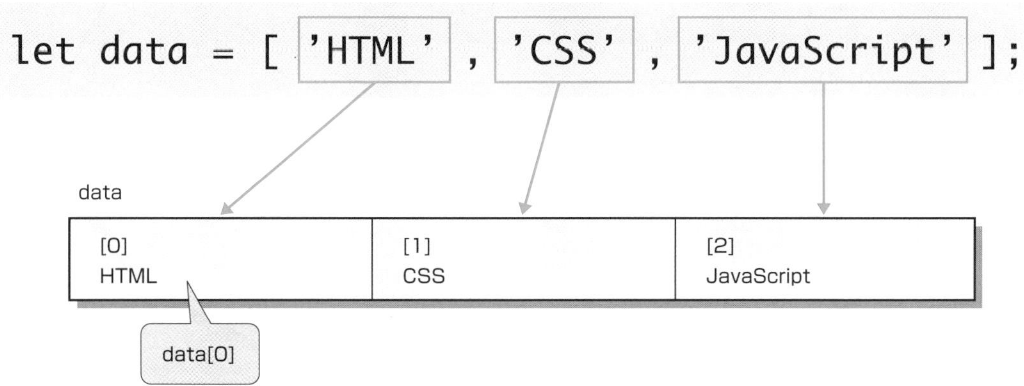

このような値の集合のことを**配列**と言います。関連する値をひとつの変数で管理したい場合に利用する表現です。配列には、先頭から順番に0、1、2……と番号が振られており、「変数名[番号]」の形式で値を取り出せます。

```
window.alert(data[0]);
```

もちろん、ここで紹介したのはJavaScriptで利用できる値の一部にすぎませんが、まずは「値の種類によって書き方も違う」とだけ理解しておきましょう。

オブジェクトとは？

JavaScriptの世界では、スクリプトから操作できる対象（モノ）のことを、**オブジェクト**と言います。たとえば、文字列や数値、配列も、その正体はそれぞれString、Number、Arrayというオブジェクトです。

また、ブラウザーがあらかじめ用意しているオブジェクトもあります。ブラウザーのウィンドウを表すwindowオブジェクト、ページのアドレスを表すlocationオブジェクト、ブラウザー情報を表すnavigatorオブジェクト、あるいは、ブラウザーに表示されたページ（文書）を表すdocumentオブジェクトなどがそれです。

オブジェクトとは？

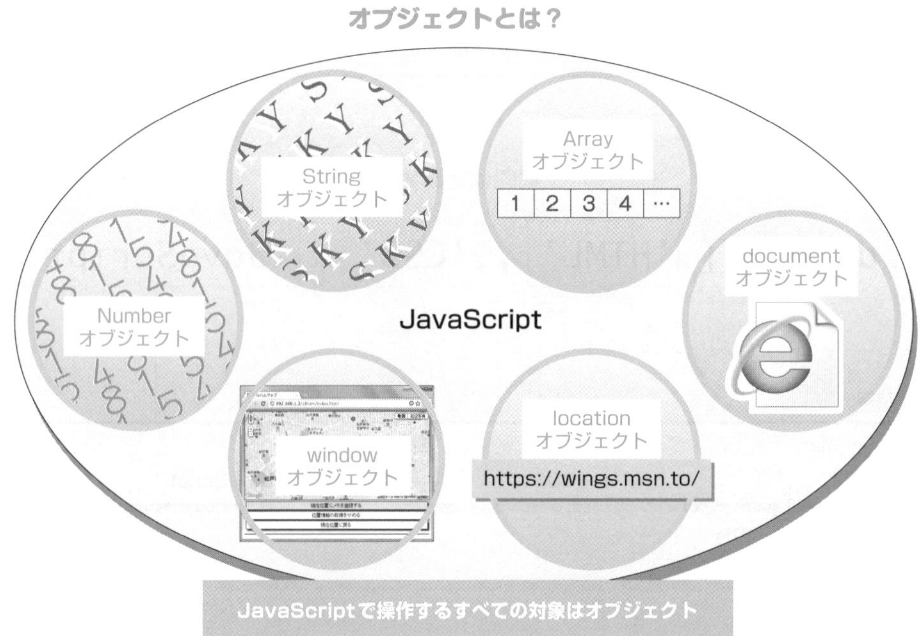

JavaScriptで操作するすべての対象はオブジェクト

これらのオブジェクトには、それぞれ

・モノの状態や性質を表すパラメーター情報（**プロパティ**）
・モノを操作するための道具（**メソッド**）

が備わっています。

たとえば、windowオブジェクトであれば、「ウィンドウの横幅」「高さ」などの情報がプロパティで、「ウィンドウを閉じる」「ウィンドウ上でダイアログを表示する」などの命令がメソッドということになります。

オブジェクトとは、スクリプトで操作するモノを表すというだけでなく、自分自身を操作するための機能を備えた「高機能なモノ」でもあるといってよいでしょう。

オブジェクトとメソッド／プロパティ

プロパティやメソッドを呼び出すには、以下のように書きます。

プロパティ／メソッドを呼び出すには？

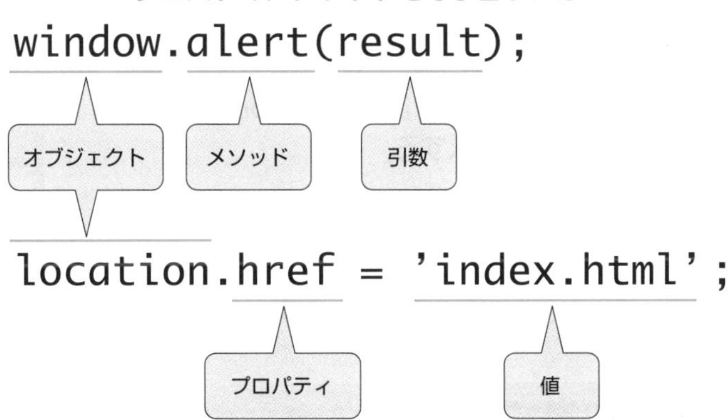

対象のオブジェクトを指定して、そのプロパティ／メソッドを呼び出しなさい、という意味です。ドット (.) は「オブジェクトのプロパティ／メソッド」の「の」に相当するわけですね。

メソッドのうしろの(...)は、メソッドを実行するために必要な情報で、**引数**（ひきすう）、または**パラメーター**と呼ばれます。たとえば、ダイアログを表示するwindow.alertメソッドでは、ダイアログに表示すべき文字列を引数として受け取ります。

プロパティにも、メソッドと同じく値を渡せますが、こちらは変数に値をセットするのと同じ要領で「= 値」の形式で書きます。

ページ上の要素を取得／操作しよう

ページ上の<div>要素を取得し、その中のテキストを書き換えてみましょう。動的にページ内容を更新する場合の典型的な手段を学びます。

1 作成済みのindex.jsを開いて、以下のように編集する（色文字部分を追加／変更し、網掛け部分を削除）。編集できたら、［すべて保存］ボタンをクリックする。

```
// (1) ページ本体が読み込まれたタイミングで実行するコード
const result = document.getElementById('result');
result.textContent = 'Hello, JavaScript!!';
window.alert(result);
```

2 ターミナルから以下のコマンドを実行して、ファイルをデプロイする。

```
> firebase deploy
```

結果 ターミナルに「Deploy complete!」と表示され、最終行に「Hosting URL: https://album-XXXXX.web.app」と表示される。

3 スマホ端末のブラウザーを起動し、「https://album-XXXXX.web.app/index.html」にアクセスする。

結果 ボックス（ページ上部）の文字列が書き換わる。

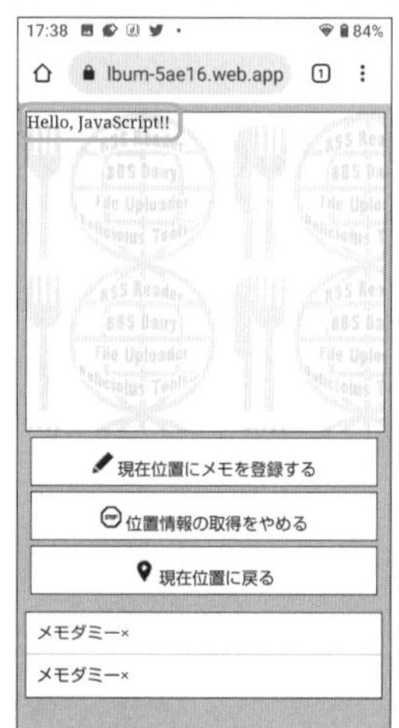

ページ上の要素を取得するには

ページ上の要素（タグ）を操作するには、まず操作対象の要素を取得する必要があります。これを行うのが、documentオブジェクトの**getElementById メソッド**です。

構文 getElementByIdメソッド

```
document.getElementById(id値)
```

[例]

```
const result = document.getElementById('result');
```

getElementByIdメソッドは、「ById」という名前のとおり、タグに付いたid値で要素を取得します。id値は、いわば要素の背番号（＝一意に特定する値）なので、取得できる要素もひとつとなるはずです。

要素を取得するメソッドには、他にも以下のようなものがありますが、getElementByIdは最も基本的で、高速なメソッドです。id値で要素を特定できる場合には、積極的に活用していきましょう。より高度な検索を可能にするquerySelector／querySelectorAllメソッドについては、第7章7.3節の「複数の要素に対してまとめてイベント処理を登録するには」で改めて解説します。

■ 要素を取得するメソッド

メソッド	概要
getElementsByTagName(タグ名)	タグ名をキーに検索
getElementsByName(名前)	名前（name属性）をキーに検索
getElementsByClassName(クラス名)	クラス名をキーに検索
querySelector(セレクター)	セレクター式で検索（単一の要素を取得）
querySelectorAll(セレクター)	セレクター式で検索（複数の要素を取得）

要素の内容を書き換えるには

目的の要素が取得できてしまえば、あとはカンタンで、得られた要素オブジェクトのtextContentプロパティに、表示したいテキストをセットするだけです。

なお、テキストにタグを含めることはできません（正しくは、含めてもタグとして認識されず、そのまま表示されてしまいます）。値にHTMLのタグを含めたい場合は、代わりにinnerHTMLプロパティを使用してください。詳しくは第5章5.1節の「タグを含んだ文字列を設定するには」で改めて説明します。

```
result.textContent = 'Hello, JavaScript!!';
```

JavaScriptのイベント処理を理解しよう

JavaScriptの基本を理解したところで、本格的なアプリ開発には欠かせない「イベント処理」について理解していきましょう。

[キャンセル] ボタンをタップしたときの処理を記述しよう

メモ登録画面（input.html）で［キャンセル］ボタンをタップしたら、トップページ（index.html）に戻るようにしてみましょう。

1 作成済みのinput.htmlを開いて、以下のように編集する（色文字部分を追加）。編集できたら、［すべて保存］ボタンをクリックする。

```
<!DOCTYPE html>
<html>
<head>
<meta charset="UTF-8" />
<meta name="viewport" content="width=device-width, initial-scale=1.0" />
<title>アルバムマップ</title>
<link rel="stylesheet" href="css/main.css" />
<script src="js/input.js" defer></script>
</head>
...以下略...
```

2 [js] フォルダーに「input.js」という名前でファイルを作成して、以下のコードを入力する。

```
// (1) ページ本体が読み込まれたタイミングで実行するコード
```

VSCodeのフォーマット機能

だんだんコード量も増えてきました。インデントが崩れてしまったときなどは、エディター上で該当のコードを範囲選択して右クリックします。コンテキストメニューが表示されたら［選択範囲のフォーマット］をクリックすると、コードを自動で整形してくれます。

3 手順❷で作成したコードの（1）の部分に、以下のコードを追加する（色文字部分）。

```
// (1) ページ本体が読み込まれたタイミングで実行するコード
const cancel = document.getElementById('cancel');

cancel.addEventListener('click',
  function() {
    // (2) [キャンセル] ボタンのクリック時に実行するコード
  }, false
);
```

4 手順❸で作成したコードの（2）の部分に、以下のコードを追加する（色文字部分）。

```
function() {
  // (2) [キャンセル] ボタンのクリック時に実行するコード
  location.href = 'index.html';
}, false
```

5 入力を終え、以下のようなコードが完成していることを確認できたら、［すべて保存］ボタンをクリックする。保存に際しては、右下の文字コードがUTF-8になっていることを確認する。

参照

文字コード

→第3章の3.2節

```
// (1) ページ本体が読み込まれたタイミングで実行するコード
const cancel = document.getElementById('cancel');

cancel.addEventListener('click',
  function() {
    // (2) [キャンセル] ボタンのクリック時に実行するコード
    location.href = 'index.html';
  }, false
);
```

6 ターミナルから以下のコマンドを実行して、ファイルをデプロイする。

```
> firebase deploy
```

結果 ターミナルに「Deploy complete!」と表示され、最終行に「Hosting URL: https://album-XXXXX.web.app」と表示される。

7 スマホ端末のブラウザーを起動し、「https://album-XXXXX.web.app/input.html」にアクセスする。

結果 空の入力フォームが表示される。

8 ページ下の［キャンセル］ボタンをタップする。

結果 トップページに移動する。

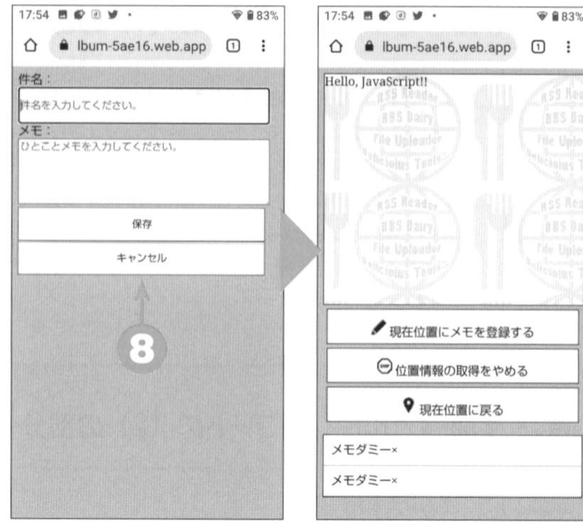

イベントとは？

イベントとは、ブラウザーに表示されたページ上で発生するさまざまな出来事のことです。たとえば「ボタンがタップ（クリック）された」「テキストボックスにフォーカスが移動した」「要素の上を指が移動した／外れた」などは、すべてイベントと呼ばれます。

JavaScriptでは、これらのイベントに応じて実行すべきコード（=**イベントリスナー**）を記述するのが特徴です。このようなプログラムの方法のことを**イベントドリブンモデル（イベント駆動モデル）**と言います。

イベントによってスクリプトが動かされる（driven）というわけですね。

イベントドリブンモデル

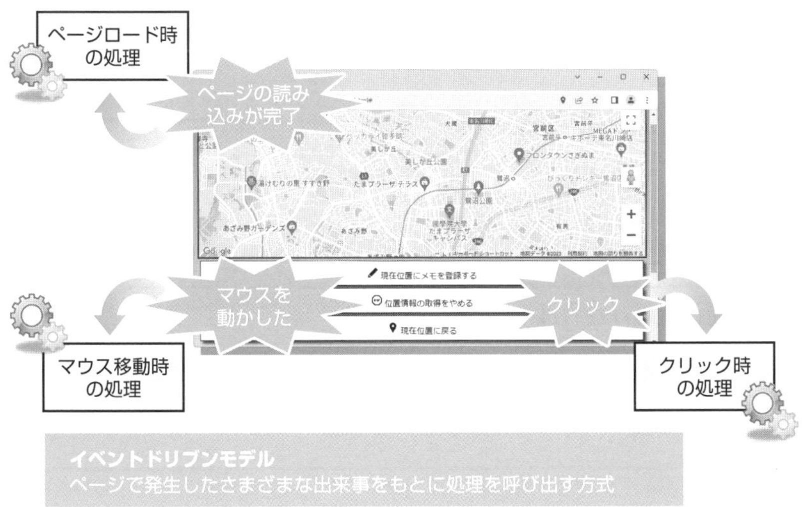

イベントドリブンモデル
ページで発生したさまざまな出来事をもとに処理を呼び出す方式

たとえば、以下はマウスによるドラッグ＆ドロップで配置替えできるウィンドウの例です。この例では、「マウスボタンを押した（mousedown）」タイミングで、ウィンドウをキャプチャし、「マウスポインターが移動中（mousemove）」のときは半透明になったウィンドウをマウスポインターに合わせて移動します。そして、「マウスボタンを離した（mouseup）」タイミングで、その場所にウィンドウを移動させます。

ドラッグ＆ドロップによるウィンドウ移動の例

イベントに対応する処理を記述するには

イベントに対応する処理を定義するには、**addEventListener**というメソッドを利用します。

構文 addEventListenerメソッド

```
要素オブジェクト.addEventListener(イベント名,
  function() {
    ...イベントが発生したときに実行すべき処理...
  }, false
);
```

[例]

```
cancel.addEventListener('click',
  function() {
    ...中略...
  }, false
);
```

「要素オブジェクト」で表される要素でイベントが発生した場合に、function() {...}で表された処理を実行しなさい、という意味です。function() {...}は、JavaScriptで処理のかたまりを表す場合の決まりごとです。**関数**と呼ばれることもあります。

この節の例であれば、[キャンセル] ボタン（cancel）をクリック（click）したタイミングで、function() {...}の処理を実行しなさい、というわけですね。

なお、イベントリスナーに渡す関数は、function {…}よりもシンプルな記法を用いることができます。たとえば上記の例は、次のように記述することも可能です。

[例]

```
cancel.addEventListener('click',
  () => {
    ...中略...
  }, false
);
```

functionキーワードが省略されて、その代わりに「=>」が追加されています。このような関数宣言の記法を、**アロー関数**といいます（アローとは「矢」のこと）。イベントリスナーのように、関数の名前が必要ない場合にはfunctionキーワードごと省略できるので便利です。以降のサンプルでは、アロー関数を積極的に使っています。

用語

ブロック

{...}のことを**ブロック**とも言います。ブロックは、ある命令（群）をまとめるための記号です。

イベントリスナー

イベントに対応して呼び出される処理のことを、イベントを待ち受けるもの（聞きつけるもの＝Listener）という意味で、**イベントリスナー**（Event Listener）、または**リスナー関数**とも言います。

ヒント

最後のfalseの意味

addEventListenerメソッドの引数の最後のfalseは、イベントをどのように受け取るか（受け取る順序）を表します。イベントに関する理解が浅いうちは、まずはfalseで固定と覚えておいて構いません。

利用できるイベントはさまざまですが、本書で登場するイベントを、次の表に示します。まずは「こんなものがあるんだな」という程度で眺めておいてください。具体的な用法は、このあとの章で順番に解説していきます。

■ 利用できるイベントの名前

イベント名	概要
load	ページや画像が読み込まれたときに発生
click	要素をクリック（タップ）したときに発生
mousedown	マウスボタンが押されたときに発生
mousemove	マウスポインターが移動したときに発生
mouseup	マウスボタンを離したときに発生
touchdown	指をパネルに付けたときに発生（スマホのみ）
touchmove	指をパネル上で動かしたときに発生（スマホのみ）
touchup	指をパネルから離したときに発生（スマホのみ）

JavaScriptでページを移動する方法

サンプルでは、[キャンセル] ボタンをクリックするとトップページ（index.html）に移動します。単なるリンクなので、アンカータグで作成して、あとからスタイルシートでボタン風にデザインしてもよいのですが、よく利用するコードなので、ここで紹介しておきます。

もっとも、方法はカンタンで、locationオブジェクトのhrefプロパティに対してリンク先のURL（ファイル名）を設定するだけです。

```
location.href = 'index.html';
```

location.hrefプロパティによく似たメソッドとして、location.replaceメソッドもあります。

```
location.replace('index.html');
```

location.hrefプロパティもreplaceメソッドも見かけ上の動作は同じですが、前者が移動の履歴を残すのに対して、後者は残さないという違いがあります。言い換えれば、replaceメソッドで移動した場合には、ブラウザーの［戻る］ボタンでは前のページに戻れないということです。

[保存] ボタンをタップしたときの処理を記述しよう

メモ登録画面（input.html）で［保存］ボタンをタップしたら、件名が入力されているかをチェックし、入力されていない場合にはダイアログでエラーを表示します。

1 **作成済みのinput.htmlを開いて、以下のように編集する（色文字部分を追加）。編集できたら、［すべて保存］ボタンをクリックする。**

```
<body>
<form role="form" novalidate>
<div class="field">
...中略...
</form>
</body>
```

2 作成済みのinput.jsを開いて、以下のように編集する（色文字部分を追加）。

```
// ページ本体が読み込まれたタイミングで実行するコード
const subject = document.getElementById('subject');
const memo = document.getElementById('memo');
const save = document.getElementById('save');
const cancel = document.getElementById('cancel');

save.addEventListener('click',
  (e) => {
    // (1) [保存] ボタンのクリック時に実行するコード
  }, false
);

cancel.addEventListener('click',
  ...中略...
);
```

3 手順❶で作成したコードの（1）の部分に、以下のコードを追加する（色文字部分）。

```
save.addEventListener('click',
  (e) => {
    // (1) [保存] ボタンのクリック時に実行するコード
    e.preventDefault();
    if (subject.validity.valid === false ||
        memo.validity.valid === false) {
      // (2) 件名、メモが入力されていないときに実行するコード
    }
  }, false
);
```

4 手順❷で作成したコードの（2）の部分に、以下のコードを追加する（色文字部分）。

```
if (subject.validity.valid === false ||
    memo.validity.valid === false) {
  // (2) 件名、メモが入力されていないときに実行するコード
  window.alert('件名、メモはいずれも必須です。');
  return;
}
```

5 入力を終え、以下のようなコードが完成していることを確認できたら、［すべて保存］ボタンをクリックする。

```
// ページ本体が読み込まれたタイミングで実行するコード
const subject = document.getElementById('subject');
const memo = document.getElementById('memo');
const save = document.getElementById('save');
const cancel = document.getElementById('cancel');

save.addEventListener('click',
  (e) => {
    // (1) ［保存］ボタンのクリック時に実行するコード
    e.preventDefault();
    if (subject.validity.valid === false ||
        memo.validity.valid === false) {
      // (2) 件名、メモが入力されていないときに実行するコード
      window.alert('件名、メモはいずれも必須です。');
      return;
    }
  }, false
);

cancel.addEventListener('click',
  ...中略...
);
```

6 ターミナルから以下のコマンドを実行して、ファイルをデプロイする。

```
> firebase deploy
```

結果 ターミナルに「Deploy complete!」と表示され、最終行に「Hosting URL: https://album-XXXXX.web.app」と表示される。

7 スマホ端末のブラウザーを起動し、「https://album-XXXXX.web.app/input.html」にアクセスする。

結果 空の入力フォームが表示される。

8 フォームになにも入力せずに、ページ下の［保存］ボタンをタップする。

結果 画面のようなエラーダイアログが表示される。

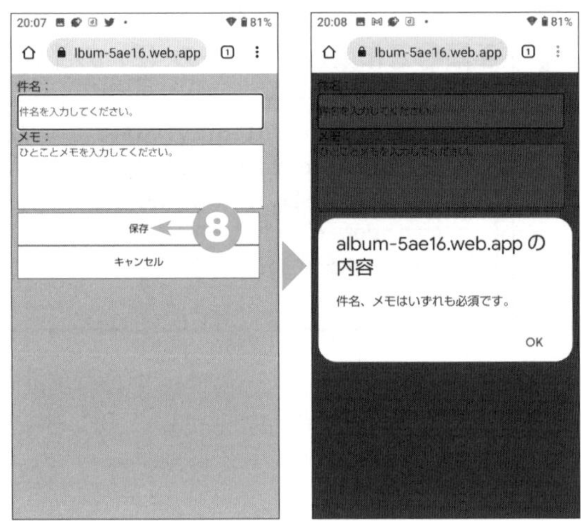

入力検証の機能を無効化する

第４章の4.1節でも見たように、現在のHTMLでは属性を指定するだけで、定型的な入力値チェック（検証）を実施し、エラー時にはメッセージをバルーン表示できます。しかし、メッセージの内容／表示方法をアプリの側でカスタマイズしたいということもあります。この例でも、エラーメッセージをダイアログ表示するように改めています。

このような場合には、HTML標準の検証機能は邪魔になってくるので、無効化しておきましょう。これには、<form>要素にnovalidate属性を追加するだけです。

```
<form role="form" novalidate>
```

イベントの情報を管理するイベントオブジェクト

イベント処理を表す、以下のコードに注目してみましょう。

```
save.addEventListener('click',
  (e) => {
    ...中略...
  }, false
);
```

ポイントとなるのは、イベント処理を表す(e) => {...}で、引数として「e」を受け取っている点です。これは**イベントオブジェクト**と呼ばれるもので、イベントが発生したときのさまざまな情報を含んでいます。また、イベントに関わるさまざまな操作も、このイベントオブジェクトから行えます。

情報そのものは、イベントが発生したときにブラウザーが自動的に情報を収集して、イベントオブジェクトにセットしてくれますので、プログラマが特別な準備をする必要はありません。

イベントオブジェクトとは？

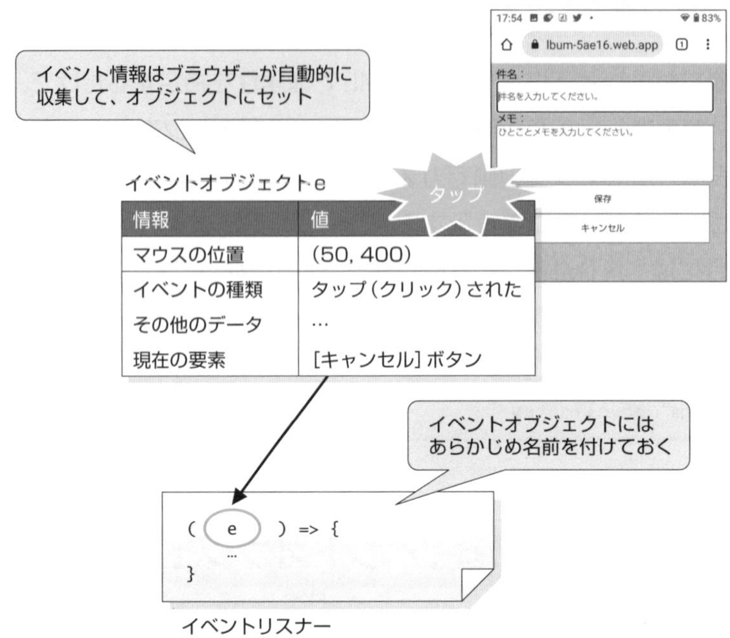

あえて必要なことといえば、イベント処理を記述する際に、イベントオブジェクトにアクセスするための引数を宣言しておくことだけです。サンプルでは「e」が、これに当たります。

ブラウザーがイベントオブジェクトを用意してくれるとはいっても、名前がないと、スクリプトの中でアクセスできませんので、名前付けをしているわけです。構文ルールではありませんが、イベントオブジェクトの名前はeventの頭文字をとって「e」、または「ev」などとするのが一般的です。ぱっと見、コードの内容を理解しやすくするという意味でも、名前付けはできるだけ慣例に沿っておいた方がよいでしょう。

イベントオブジェクトは、これからさまざまな状況でお世話になりますので、ここできちんと基礎を理解しておいてください。

ヒント

イベントオブジェクトは省略可能

イベント処理の中でアクセスの必要がなければ、イベントオブジェクトを表す「e」は省略しても構いません。たとえば、この節の冒頭の［キャンセル］ボタンに対するイベント処理では「e」は書いていませんでした。

標準のイベント動作をキャンセルする

イベントオブジェクトを利用した典型的な例のひとつです。イベントオブジェクトの**preventDefaultメソッド**を呼び出すことで、ブラウザー標準のイベント動作をキャンセルできます。

```
e.preventDefault();
```

「ブラウザー標準のイベント動作」はイベントによって異なりますが、サブミットボタン（<input type="submit">）のclickイベントであれば、フォームのデータを送信することです。本書のサンプルは、フォームの処理をJavaScriptで行いますので、勝手にデータが送信されてしまうと困ります。よって、あらかじめpreventDefaultメソッドでデータが送信されないようにしているのです。

条件によって処理を分岐する － if命令

スクリプトは、前から順番に実行していくばかりではありません。特定の条件で実行する／しないを分けたり、ある命令（群）を何度も実行したり、といったこともあります。このように、処理の流れを決める命令のことを**制御命令**と言います。

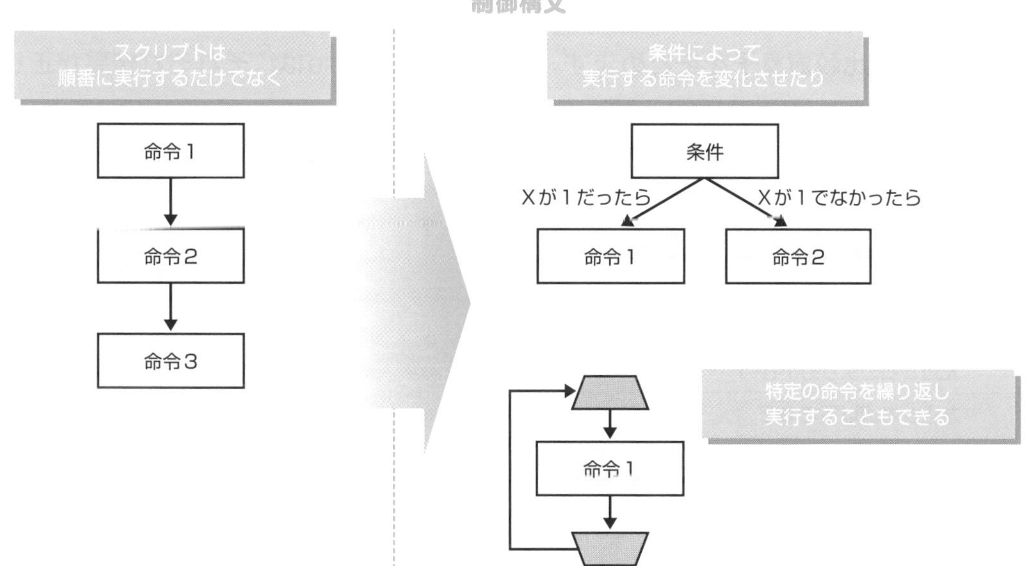

たとえばこの節のサンプルでは、条件によって実行すべき処理を決める**if**という命令を利用しています。条件とは、「もし○○ならば××せよ」という表現です。

構文 if命令

```
if (条件) {
  ...条件が正しい場合に実行する命令...
}
```

条件は、比較演算子と論理演算子を使って表すのが一般的です。

比較演算子は、左辺と右辺の値を比べて、それが正しいか正しくないかを調べる演算子です。

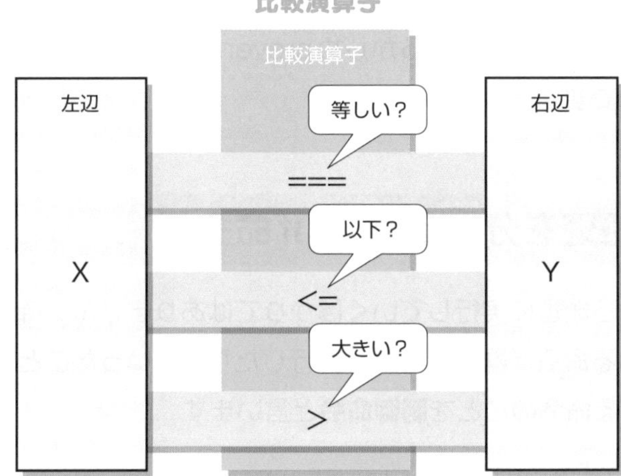

以下に、主な比較演算子をまとめます。結果のtrue、falseは、それぞれ結果が正しい(true)、正しくない（false）という意味です。

主な比較演算子

演算子	意味	例
===	左辺と右辺とが等しい	1 === 1 → true
!==	左辺と右辺とが等しくない	1 !== 1 → false
<	左辺が右辺よりも小さい	1 < 1 → false
<=	左辺が右辺以下である	1 <= 1 → true
>	左辺が右辺よりも大きい	5 > 3 → true
>=	左辺が右辺以上である	5 >= 10 → false

論理演算子は、比較演算子で表された条件を組み合わせるための演算子です。「&&」は左右の条件の両方に一致するかを、「||」は左右の条件のいずれかに一致するかを、それぞれ判定します。

論理演算子

&&演算子

条件1	条件2	結果
○	○	○
○	×	×
×	○	×
×	×	×

両方が正しい場合だけ○

||演算子

条件1	条件2	結果
○	○	○
○	×	○
×	○	○
×	×	×

両方、またはどちらかが正しい場合だけ○

以上の理解に基づいて、サンプルの条件式を読み解いてみましょう。以下の部分です。

```
if (subject.validity.valid === false ||
    memo.validity.valid === false) {
```

まず、条件式を論理演算子で分解すると、「subject.validity.valid === false」「memo.validity.valid === false」となります。要素オブジェクト.validity.validプロパティは、要素への入力値が正しいかを判定し、その結果をtrue（正しい）／false（正しくない）で返します。

この章の4.1節で、件名（subject）とメモ（memo）欄にはそれぞれrequired（必須検証）が設定されていますので、この場合は、それぞれの項目に値がセットされているかが確認されます。

入力値が正しい（＝項目が空でない）場合、validプロパティはtrueを、正しくない場合はfalseを返します。よって、「subject.validity.

> **ヒント**
>
> **「=== false」は省略も可**
>
> 「subject.validity.valid === false」は「!subject.validity.valid」と書いても同じ意味です。「!」は「でない」を表すからです。同じく「subject.validity.valid === true」であれば「subject.validity.valid」とも書けます。
> 「=== true」「=== false」は、一般的に省略するのがJavaScript的ですので、このような書き方も覚えておきましょう。

valid === false」「memo.validity.valid === false」は、それぞれ「件名が空であるか」「メモ欄が空であるか」という条件を表しているわけです。

これを論理演算子「||」でつないでいますので、条件式全体では「件名、またはメモ欄が空である場合」という意味になります（もしも「&&」でつないでいたら、「件名、メモ欄両方が空の場合」という意味になります）。

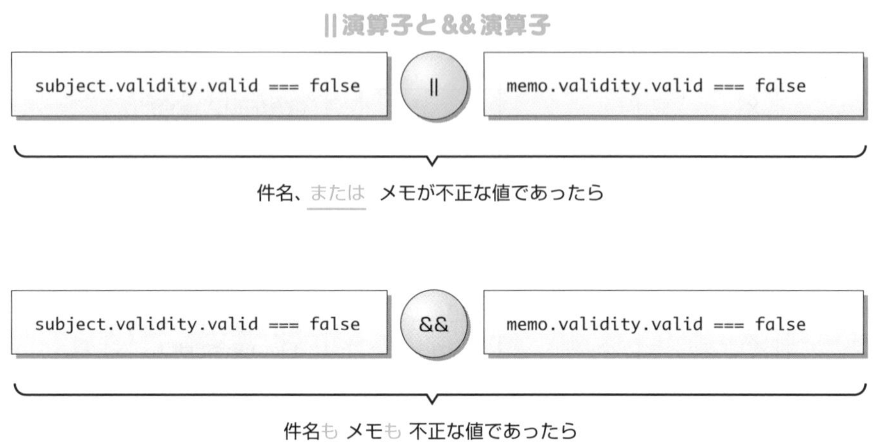

あとは、{...}で囲まれた部分に、条件式が正しい場合に実行する命令（群）を記述するだけです。サンプルでは、以下の部分です。

```
window.alert('件名、メモはいずれも必須です。');
return;
```

window.alertメソッドは、先ほども登場したダイアログ表示のための命令です。既定では、それぞれの項目ごとにエラーバルーンが表示されますが（この章の4.1節）、ここではエラーをまとめたいので、自前でエラーメッセージを表示しています。

return命令は、「ここで() => {...}の処理を終了しなさい」という意味です。検証に失敗した場合、これ以降に行うであろうデータの保存処理などは行うべきではありませんので、強制的に処理を終了させているのです。

ヒント

もし○○ならば××せよ、さもなくば△△せよ

条件に合致する場合だけでなく、合致しない場合にも処理を行わせることができます。
この場合、ifブロックの末尾に、elseブロックを追加してください（具体的な例は、次の章でも登場します）。

```
if (条件) {
  ...条件が正しい場合に実行する命令...
} else {
  ...条件が正しくない場合に実行する命令...
}
```

算術演算子

演算子には、比較演算子／論理演算子の他にもさまざまなものがありますが、最低でも算術演算子だけは理解しておきたいところです。算術演算子は、いわゆる算数で利用する四則演算です。
ただし、+演算子を文字列に対して使った場合、「文字列を連結しなさい」という意味にもなります。たとえば「'こんにちは、' + '世界！'」は「こんにちは、世界！」となります。

■ 算術演算子

演算子	意味	例
+	足し算	1 + 3 → 4
-	引き算	1 - 3 → -2
*	掛け算	2 * 3 → 6
/	割り算	4 / 2 → 2

演算子	意味	例
%	割り算の余り	5 % 2 → 1
++	値を1増やす	x++ → x = x + 1と同じ意味
--	値を1減らす	x-- → x = x - 1と同じ意味

～もう一度確認しよう！～ チェック項目

- □ HTMLのフォーム機能について理解できましたか？
- □ HTMLページにJavaScriptのコードを組み込めるようになりましたか？
- □ JavaScriptの基本文法について理解できましたか？
- □ 変数について理解できましたか？
- □ オブジェクトと、プロパティ／メソッドについて理解できましたか？
- □ ページ上の要素を取得／操作できるようになりましたか？
- □ イベントに応じて処理を実行できるようになりましたか？
- □ 入力値の検証結果に応じて、JavaScriptでエラーを表示できましたか？

コラム キャッシュのクリア

第2章の章末のコラムではブラウザーのハードリロード（強制再読み込み）について紹介しました。ただし、この方法はスマホ版ブラウザーでは使えないので、ページの表示が変わらない場合には、ここで紹介するキャッシュのクリアを試してください。以下の手順は本書の動作確認環境であるAndroid版Google Chrome 112での例を紹介しています。Windows版、iOS版でもほとんど同様です。

1. Chromeの ⋮ アイコンをタップする。
2. 表示されたメニューから［設定］をタップする。
3. ［プライバシーとセキュリティ］をタップする。
4. ［閲覧履歴データの削除］をタップする。
5. ［基本設定］タブで消去する期間を選択する。
6. ［閲覧履歴］と［Cookieとサイトデータ］のチェックを外し、［キャッシュされた画像とファイル］のみにチェックが入った状態にして［データを削除］をタップする。
7. 「これらのサイトのデータも削除しますか？以下のサイトは重要な可能性があります。」と表示されるので、［削除］をタップする。

［Cookieとサイトデータ］にはローカルストレージ（第6章で紹介）のデータも含まれるので、これにチェックを入れたままだとせっかく保存したデータも消えてしまうので注意しましょう。

第5章

アプリで位置情報を取得しよう

この章からは、いよいよ本格的に「アルバムマップ」アプリの機能を実装していきます。まずは、Geolocation API＋Google Maps APIを利用して、アルバムマップのトップページに現在地の地図を表示してみます。

この章で学ぶこと

この章では、「アルバムマップ」に現在地の取得と地図の表示機能を実装していきます。

①画面に現在位置（経度／緯度など）を表示する
②位置情報の取得に失敗した場合の処理を設定する
③場所を移動しても定期的に現在地を取得するように設定する
④画面に現在地の地図を表示する

その過程を通じて、この章では次の内容を学習していきます。

- **Geolocation APIで現在の位置情報を取得する方法**
- **コールバック関数の書き方**
- **ハッシュ（連想配列）の使い方**
- **Geolocation APIで位置情報を定期的に取得する方法**
- **Geolocation APIとGoogle Maps APIを連携し、現在位置を地図に表示する方法**

この章では、以下のような画面を表示させます。

現在の位置情報をテキストで表示

現在位置を地図として表示

現在位置の情報を取得しよう

この章の目的は、現在位置を地図上に表示することです。しかし、いきなり地図を表示するのは大変なので、ここではまず、Geolocation API を使ってユーザーの現在位置を取得してみましょう。

Geolocation APIでユーザーの現在位置を取得しよう

1 作成済みのindex.htmlを開いて、以下のように編集する（網掛け部分を削除）。編集できたら、［すべて保存］ボタンをクリックする。

```
<div id="result">
こんにちは、世界！
</div>
```

2 作成済みのindex.jsを開いて、以下のように編集する（色文字部分を追加、網掛け部分を削除）。

```
// ページ本体が読み込まれたタイミングで実行するコード
const result = document.getElementById('result');
if (navigator.geolocation) {
  // (1) 現在位置を取得するコード
} else {
  window.alert('Geolocation APIに対応しているブラウザーでアクセスしてください。');
}
result.innerHTML = 'Hello, JavaScript!!';
```

3 手順❷で作成したコードの（1）の部分に、以下のコードを追加する（色文字部分）。

```
if (navigator.geolocation) {
  // (1) 現在位置を取得するコード
  navigator.geolocation.getCurrentPosition(
    (pos) => {
      // (2) 位置情報の取得に成功した時の処理
    }
  );
} else {
```

4 手順❸で作成したコードの（2）の部分に、以下のコードを追加する（色文字部分）。

```
(pos) => {
  // (2) 位置情報の取得に成功した時の処理
  msg = `緯度：${pos.coords.latitude}<br />
    経度：${pos.coords.longitude}<br />
    方角：${pos.coords.heading}`;
  result.innerHTML = msg;
}
```

5 入力を終え、以下のようなコードが完成していることを確認できたら、［すべて保存］ボタンをクリックする。

```
// ページ本体が読み込まれたタイミングで実行するコード
const result = document.getElementById('result');
if (navigator.geolocation) {
  // (1) 現在位置を取得するコード
  navigator.geolocation.getCurrentPosition(
    (pos) => {
      // (2) 位置情報の取得に成功した時の処理
      msg = `緯度：${pos.coords.latitude}<br />
        経度：${pos.coords.longitude}<br />
        方角：${pos.coords.heading}`;
      result.innerHTML = msg;
    }
  );
} else {
  window.alert('Geolocation APIに対応しているブラウザーでアクセスしてください。');
}
```

6 ターミナルから以下のコマンドを実行して、ファイルをデプロイする。

```
> firebase deploy
```

結果 ターミナルに「Deploy complete!」と表示され、最終行に「Hosting URL: https://album-XXXXX.web.app」と表示される。

7 スマホ端末のブラウザーを起動し、「https://album-XXXXX.web.app/index.html」にアクセスする。

 位置情報を取得してよいか確認するダイアログが表示される。

8 ［許可］をタップする。

 現在のユーザーの位置に応じて緯度／経度が表示される。

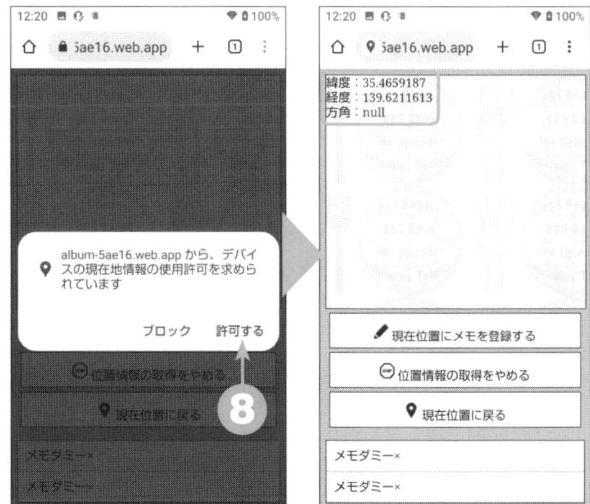

注意

位置情報を有効にしておく

アプリで位置情報を取得するには、端末において位置情報を有効にしておく必要があります。Androidでは［設定］の［位置情報］から［位置情報の使用］を、iOSでは［設定］の［プライバシーとセキュリティ］から［位置情報サービス］を、それぞれオンにしておきます。オフの場合、手順❼のダイアログは表示されず位置情報も表示されません。

ヒント

位置情報は勝手には収集されない

位置情報の取得に際しては、最初に確認ダイアログが表示されます。勝手に位置情報が流出することはありません。ただし［許可］をタップした場合、次回以降、同じサイトでのアクセスでは確認がスキップされます。もしも許可をあとから取り消したい場合には、ブラウザーの設定で［サイトの設定］－［現在地］などから許可情報をクリアできます（設定を変更／削除する方法は、使用しているブラウザー／バージョンによって異なります）。

桁数が異なってもよい

緯度／経度に表示される数字の桁数は、使用しているブラウザー／バージョンによって異なります。画面どおりに表示されなくても問題ありません。

Geolocation APIとは？

Geolocation API（ジオロケーションAPI）は、ブラウザーを実行しているデバイス（スマホ）の現在位置を取得するための命令群です。

Geolocation APIを利用することで、デバイスによらず同じコードで位置情報を扱うことができるようになります。スマホ固有の機能ではありませんが、持ち運ぶことが前提となるスマホ端末では特に有用な機能となるでしょう。

Geolocation APIとは？

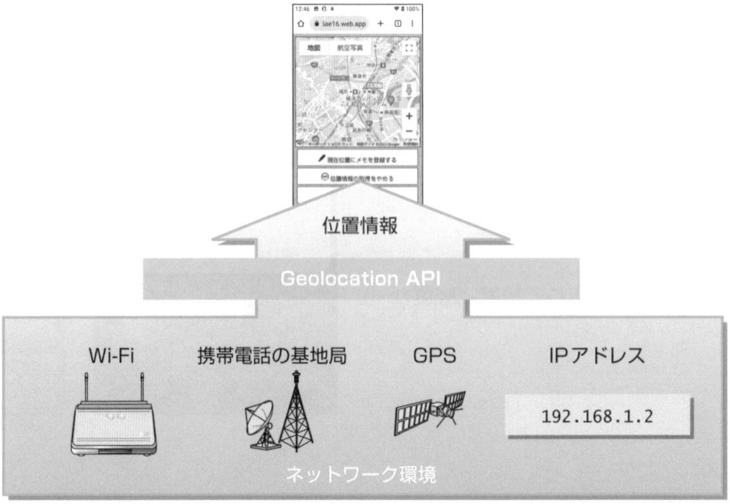

Geolocation APIは、GPS（全地球測位システム）、Wi-Fi、IPアドレス、携帯電話の基地局などから位置情報を割り出しています。ネットワーク環境によっては、取得できる位置情報の精度が変わってきますので、要注意です。

ブラウザーのGeolocation API対応をチェックするには

ブラウザーが最新であるとは限らないので、まずは「そもそもブラウザーがGeolocation APIに対応しているのか」をチェックしておくのが安全です。これを行っているのが、手順❷で書いたコードです。

```
if (navigator.geolocation) {
  // (1) 現在位置を取得するコード
} else {
  window.alert('Geolocation APIに対応しているブラウザーでアクセスしてください。');
}
```

Geolocation APIには、navigatorオブジェクトのgeolocationプロパティでアクセスできます。上のコードでは、実際にプロパティにアクセスしてみて、アクセスできた場合にのみ以降の処理を行っているわけです。

このようにプロパティ／メソッドが存在するかどうかで機能の有無をチェックする方法を**機能テスト**と言います。よく利用する方法ですので、ぜひ覚えておきましょう。

機能テストに失敗した場合、ここではダイアログでエラーメッセージを表示しています。

ヒント

より冗長に表すと……

条件式「navigator.geolocation」を、わかりやすくするためにあえて冗長に表すと、「navigator.geolocation !== undefined」となります。navigator.geolocationプロパティがundefined（未定義値）でないかを調べているわけです。しかし、undefinedは条件式ではfalse（偽）の意味も表しますので、「!== undefined」（否定の否定）で、短縮形として「navigator.geolocation」とだけ記述できるのです。

現在の位置情報を取得するには ― 成功コールバック関数

現在位置を取得するには、**navigator.geolocation.getCurrentPosition**というメソッドを使います。Geolocation APIの中核とも言うべきメソッドです。

構文 getCurrentPositionメソッド（1）

```
getCurrentPosition(
  (位置情報) => {
    ...位置情報の取得に成功した場合の処理...
  }
);
```

() => {...}の部分は、位置情報の取得に成功した場合に呼び出される処理のかたまり（関数）です。**成功コールバック関数**とも呼ばれます。今後も**コールバック**という言葉が出てきたら、

　なんらかの処理が終了したあと、呼び出されるべき処理

を表しますので、用語としてもしっかり覚えておきましょう。

getCurrentPositionメソッドの枠組みは、手順❸でも示していますが、重要なので以下に再掲します（関数の範囲がわかりやすいように改行しています）。

```
navigator.geolocation.getCurrentPosition(
  (pos) => {
    ...              ← 成功コールバック関数
  }
);
```

成功コールバック関数の引数posには、Geolocation APIが取得した位置情報（Positionオブジェクト）が自動的に渡されます。成功コールバック関数の中では、このPositionオブジェクトを利用して、以降の処理を行うことになります。

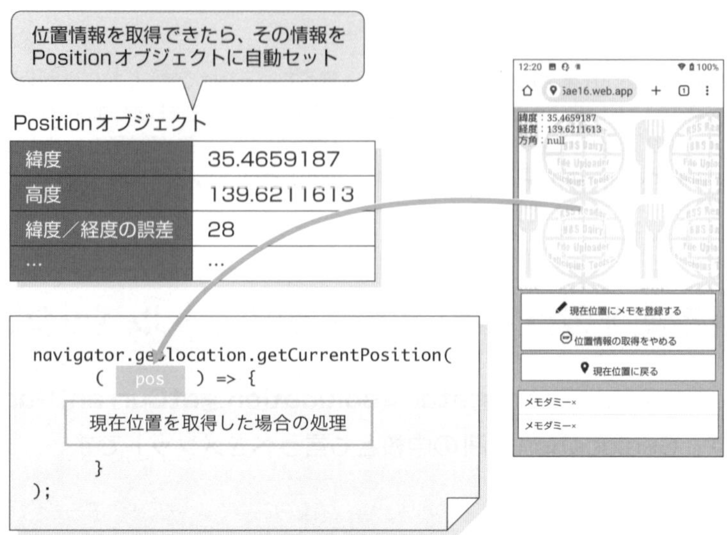

Positionオブジェクトでアクセスできる主なプロパティは、以下のとおりです。

■ Positionオブジェクトの主なプロパティ

プロパティ名	概要	
coords	位置情報（Coordinatesオブジェクト。主なプロパティは以下）	
	プロパティ	**概要**
	latitude	緯度
	longitude	経度
	altitude	高度
	accuracy	緯度／経度の誤差（m）
	altitudeAccuracy	高度の誤差（m）
	heading	方角（度）
	speed	速度（m/秒）
timestamp	取得日時（1970年からの経過ミリ秒）	

ほとんどの位置情報には、coordsプロパティ（Coordinatesオブジェクト）経由でアクセスします。たとえば、現在の緯度にアクセスしたいならば「pos.coords.latitude」、経度にアクセスしたいならば「pos.coords.longitude」のように書きます。

注意

対応していないデバイスもある

利用しているデバイスによっては、必ずしもすべての位置情報にアクセスできるわけではありません。デバイスがサポートしていないプロパティはnull（空）を返します。

タグを含んだ文字列を設定するには

第4章の4.2節でも見たように、要素の内容を書き換えるには、まずはtextContentプロパティを利用するのでした。しかし、この例のようにタグを含んだ文字列を設定する場合、textContentプロパティは利用できません。以下は、手順❹のコードをtextContentプロパティで書き換えた場合です。

```
result.textContent = msg;
```

結果は右の画面のようになります。textContentプロパティで設定された文字列は、すべて普通の文字列（**プレーンテキスト**と言います）と見なされ、タグもそのまま表示されてしまうのです。タグをタグとして認識させるには、textContentプロパティの代わりに**innerHTMLプロパティ**を利用してください。

innerHTMLプロパティを利用することで、タグをタグとして認識させることができます（この例であれば、
タグが改行と見なされます）。

注意

まずはtextContentプロパティ

ただし、ユーザーによって入力された文字列、他のサービスから取得したデータなどを、innerHTMLプロパティでアプリに反映させるのは避けるべきです。たとえばJavaScriptのコードが混在した文字列を渡せば、アプリの上で勝手にスクリプトを実行できてしまう可能性があるからです。

まずは、textContentプロパティが基本で、タグ付きの文字列を反映させたい場合にだけinnerHTMLプロパティを利用します。そして、その場合も外部から受け取った値は「安全な値」にしてからinnerHTMLプロパティに渡すようにしてください。具体的な例は、第7章の7.1節で改めて説明します。

テンプレート文字列でより高度に文字列を表現するには

アプリを開発していくと、変数の値を元にして文字列を組み立てたい、という状況が出てきます。そのような場合に便利な仕組みが**テンプレート文字列**です。

テンプレート文字列は、文字列を「'」「"」ではなく、バッククォート（`）で囲むだけです。これによって、文字列に${...}の形式で、JavaScriptの式（コード）を埋め込めるようになります。サンプルであれば、以下の部分です。

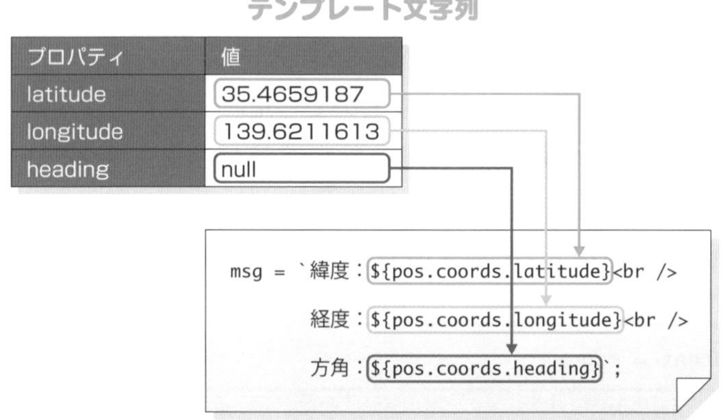

${...}の部分に「pos.coords.latitude」「pos.coords.longitude」「pos.coords.heading」の値が、それぞれ埋め込まれるわけです。${...}の部分には、たとえば「${2 + 3}」のような式を埋め込むことも可能です。

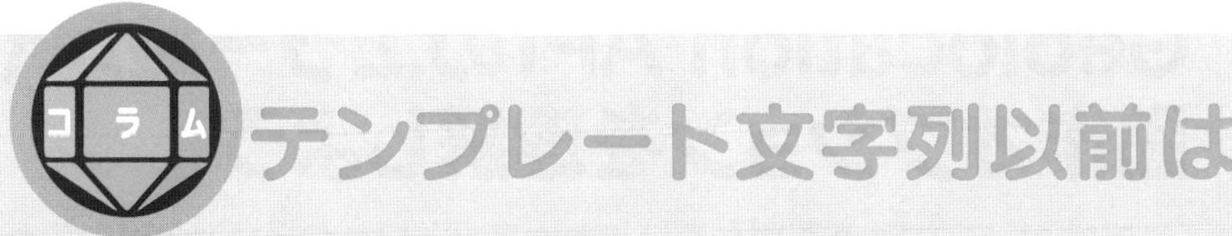

テンプレート文字列以前は

テンプレート文字列は、比較的新しいしくみです。テンプレート文字列を使わない場合、先ほどの例は、以下のように表します。

```
msg = '緯度：' + pos.coords.latitude + '<br />' +
      '経度：' + pos.coords.longitude + '<br />' +
      '方角：' + pos.coords.heading;
```

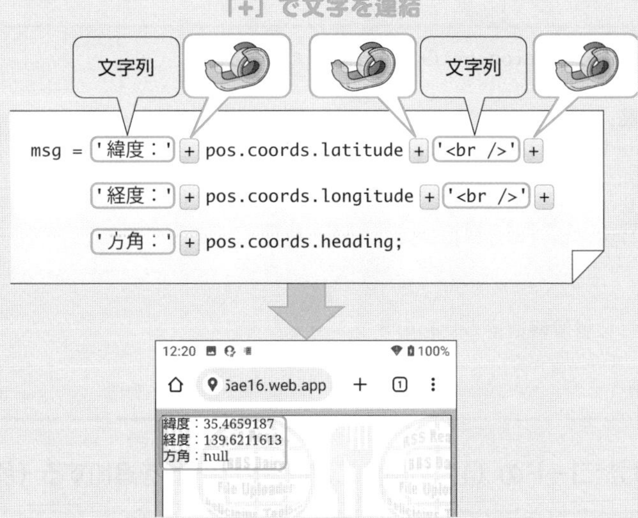

「+」は「文字列と文字列を連結しなさい」という意味です。これだけのコードですが、シングルクォートと「+」演算子が何度も登場する分、先ほどのコードよりも随分と読みにくくなっています。

Geolocation APIのエラー処理や動作オプションを理解しよう

Geolocation APIを利用していると、ネットワーク接続上の理由などから位置情報の取得に失敗することもあります。ここでは、Geolocation APIが処理に失敗したときのエラー処理、そして、Geolocation APIの挙動を設定する動作オプションについて学びます。

エラー処理／動作オプションを設定しよう

1 作成済みのindex.jsを開いて、以下のように編集する（色文字部分を追加）。

```
navigator.geolocation.getCurrentPosition(
  (pos) => {
    ...中略...
    result.innerHTML = msg;
  },
  (err) => {
    // (1) 位置情報の取得に失敗した時の処理
  },
  {
    // (2) 位置情報取得のためのオプション
  }
);
```

2 手順❶で作成したコードの（1）の部分に、以下のコードを追加する（色文字部分）。

```
(err) => {
  // (1) 位置情報の取得に失敗した時の処理
  const msgs = [
    '',
    'Geolocationの利用が許可されていません。',
    '位置情報を取得できません。',
    '位置情報の取得中にタイムアウトしました。'
  ];
  result.textContent = msgs[err.code];
},
```

3 手順❶で作成したコードの（2）の部分に、以下のコードを追加する（色文字部分）。

```
{
  // (2) 位置情報取得のためのオプション
  timeout : 7000,
  maximumAge : 500,
  enableHighAccuracy: false
}
```

4 入力を終え、以下のようなコードが完成していることを確認できたら、［すべて保存］ボタンをクリックする。

```
// ページ本体が読み込まれたタイミングで実行するコード
const result = document.getElementById('result');
if (navigator.geolocation) {
  // 現在位置を取得するコード
  navigator.geolocation.getCurrentPosition(
    (pos) => {
      // 位置情報の取得に成功した時の処理
      msg = `緯度：${pos.coords.latitude}<br />
        経度：${pos.coords.longitude}<br />
        方角：${pos.coords.heading}`;
      result.innerHTML = msg;
    },
    (err) => {
      // (1) 位置情報の取得に失敗した時の処理
      const msgs = [
        '',
        'Geolocationの利用が許可されていません。',
        '位置情報を取得できません。',
        '位置情報の取得中にタイムアウトしました。'
      ];
      result.textContent = msgs[err.code];
    },
    {
      // (2) 位置情報取得のためのオプション
      timeout : 7000,
      maximumAge : 500,
      enableHighAccuracy: false
    }
  );
} else {
  window.alert('Geolocation APIに対応しているブラウザーでアクセスしてください。');
}
```

5 ターミナルから以下のコマンドを実行して、ファイルをデプロイする。

```
> firebase deploy
```

結果 ターミナルに「Deploy complete!」と表示され、最終行に「Hosting URL: https://album-XXXXX.web.app」と表示される。

6 スマホ端末のブラウザーを起動し、「https://album-XXXXX.web.app/index.html」にアクセスする。

結果 位置情報を取得してよいか確認するダイアログが表示される。

7 ［ブロック］ボタン（または［ブロック］に相当するボタン）をタップする。

結果 「Geolocationの利用が許可されていません。」というメッセージが表示される。

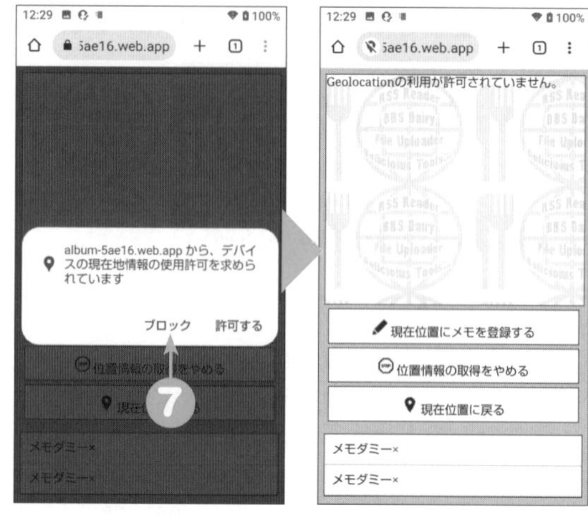

注意

確認ダイアログが表示されない場合

前回の手順で、位置情報の許可設定が保存されていると、2回目以降のアクセスでは、確認ダイアログが表示されません。その場合は、許可情報をクリアしてください。

参照

許可情報のクリア

→この章の5.1節のヒント
「位置情報は勝手には収集されない」

位置情報の取得時にエラーが発生したときは ― 失敗コールバック関数

ユーザーの設定やネットワークへの接続状況によっては、Geolocation APIが位置情報を取得できないこともあります。そのような場合に呼び出されるのが、**失敗コールバック関数**です。

失敗コールバック関数は、getCurrentPositionメソッドの第2引数として設定できます。

構文 getCurrentPositionメソッド（2）

```
getCurrentPosition(
  (位置情報) => {
    ...位置情報の取得に成功した場合の処理...
  },
```

```
  (エラー情報) => {
    ...位置情報の取得に失敗した場合の処理...
  }
);
```

サンプルでは、以下の部分です。

```
navigator.geolocation.getCurrentPosition(
  (pos) => {
    ...
  },
  (err) => {
    ...          ← 失敗コールバック関数
  }
);
```

失敗コールバック関数の引数errには、Geolocation APIで発生したエラー情報（PositionErrorオブジェクト）が自動的に渡されます（この辺の考え方は、成功コールバック関数の場合と同じですね！）。一般的には、この情報をもとにエラーメッセージの生成などを行うことになるでしょう。

PositionErrorオブジェクトでアクセスできるプロパティは、以下のとおりです。

■ PositionErrorオブジェクトの主なプロパティ

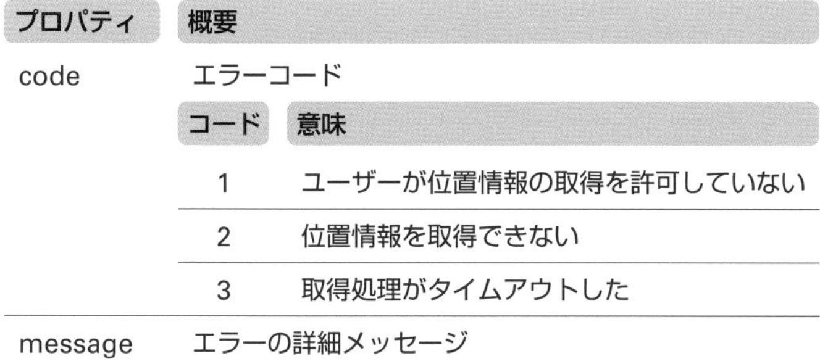

プロパティ	概要	
code	エラーコード	
	コード	**意味**
	1	ユーザーが位置情報の取得を許可していない
	2	位置情報を取得できない
	3	取得処理がタイムアウトした
message	エラーの詳細メッセージ	

サンプルでは、あらかじめエラーメッセージを配列msgsとして用意しています。

```
const msgs = [
  '',
  'Geolocationの利用が許可されていません。',    → エラーコード1
  '位置情報を取得できません。',                → エラーコード2
  '位置情報の取得中にタイムアウトしました。'     → エラーコード3
];
result.textContent = msgs[err.code];
```

こうしておくことで、あとは「msgs[err.code]」とするだけでエラーコードに対応するメッセージを取得できます。このコードでは、Geolocation APIから戻ってきたエラーコード（err.code）をもとに、配列msgsから対応する要素を取り出しているわけです。たとえばエラーコード１の場合には、msgs[1]が取り出されます。

Geolocation APIの動作オプションを設定するには ー ハッシュを使う

getCurrentPositionメソッドの第３引数には、Geolocation APIの動作オプションを指定できます。

構文 getCurrentPositionメソッド（3）

```
getCurrentPosition(
  成功コールバック関数,
  失敗コールバック関数,
  {
    オプション名: 値,
    ...
  }
)
```

[例]

```
navigator.geolocation.getCurrentPosition(
  (pos) => { ... },
  (err) => { ... },
  {
    timeout : 7000,
    maximumAge : 500,
    enableHighAccuracy: false
  }
);
```

{ オプション名: 値,...} のような書き方のことを、**ハッシュ（連想配列）**と言います。ハッシュとは、ある項目で名前と値とが対になっているような構造のことで、ちょうど辞書のようなものだと考えてもよいでしょう。複数の値をまとめて表現するには便利なので、これから先もよく登場する表現です。しっかりと覚えておいてください。

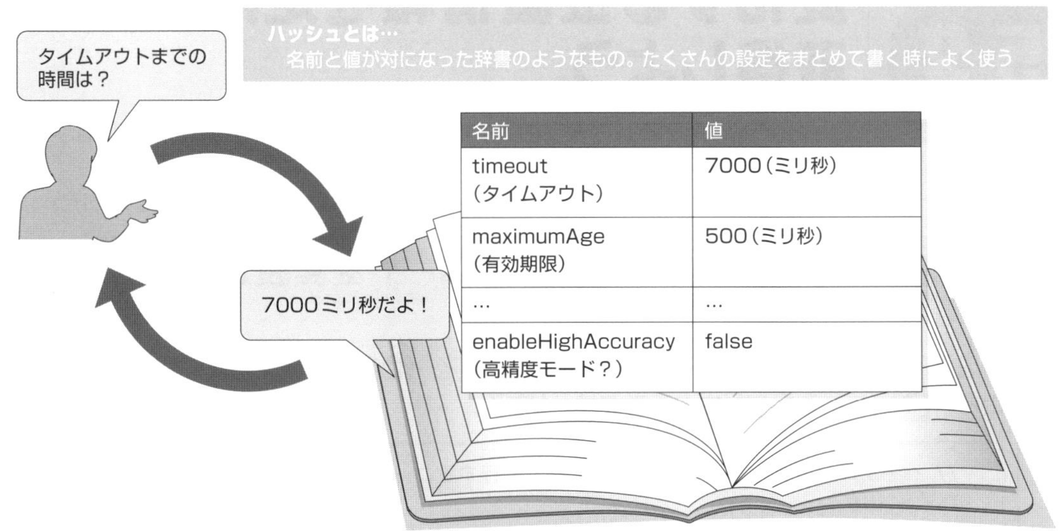

指定できるオプションについても見ておきましょう。

■ 位置情報オプション

オプション名	概要
timeout	位置情報を取得する際のタイムアウト時間（ミリ秒）
maximumAge	位置情報の有効期限（ミリ秒）
enableHighAccuracy	精度の高い位置情報を取得するか（true ／ false）

タイムアウトエラーが発生する場合には、タイムアウト時間が短すぎる可能性がありますので、timeoutプロパティを長めに設定するとよいでしょう。

maximumAgeプロパティは、取得済みのPositionオブジェクトの有効期間（＝キャッシュする期間）を表します。このプロパティを0にした場合は、常に最新の位置情報を取得します。

enableHighAccuracyプロパティをtrueにすることで、より高精度な位置情報を取得できますが、その分、取得時間が長くなります。スマホ環境では、このプロパティをtrueにすることでGPSを利用するようになります。ただし、バッテリーの消耗も激しくなりますので注意してください。

変化する位置情報を定期的に取得しよう

Geolocation APIのもうひとつの重要メソッド、watchPositionメソッドについて解説します。

位置情報を定期的に取得するためのコードを実装しよう

1 作成済みのindex.jsを開き、以下のように編集する（色文字部分を追加／変更）。編集できたら、[すべて保存] ボタンをクリックする。

```
// ページ本体が読み込まれたタイミングで実行するコード
let w_id;
const result = document.getElementById('result');
const stopwatch = document.getElementById('stopwatch');

stopwatch.addEventListener('click',
  (e) => {
    navigator.geolocation.clearWatch(w_id);
  }, false
);

if (navigator.geolocation) {
  // 現在位置を取得するコード
  w_id = navigator.geolocation.watchPosition(
    (pos) => {
      ...中略...
    },
    ...中略...
  );
} else {
  window.alert('Geolocation APIに対応しているブラウザーでアクセスしてください。');
}
```

2 ターミナルから以下のコマンドを実行して、ファイルをデプロイする。

```
> firebase deploy
```

結果 ターミナルに「Deploy complete!」と表示され、最終行に「Hosting URL: https://album-XXXXX.web.app」と表示される。

3 スマホ端末のブラウザーを起動し、「https://album-XXXXX.web.app/index.html」にアクセスする。

結果 位置情報を取得してよいか確認するダイアログが表示される。

4 ［許可］をタップする。

結果 現在のユーザーの位置に応じて緯度／経度が表示される。移動すると、その内容が反映される。

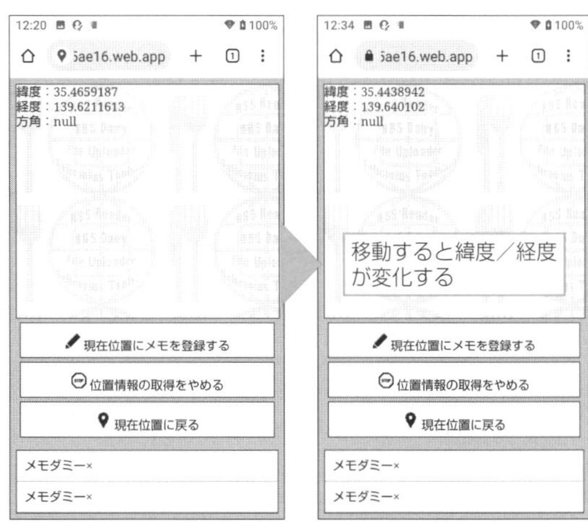

5 ブラウザー上で［位置情報の取得をやめる］リンクをタップする。

結果 ユーザーが移動しても、緯度／経度の変化が画面に反映されなくなる。

注意

確認ダイアログが表示されない場合

前回の手順で位置情報をブロックしたままだと、手順❸の結果、確認ダイアログが表示されません。その場合は、許可情報をクリアしてください（クリアする方法は、使用しているスマホやブラウザー／バージョンによって異なります）。

位置情報を定期的に取得するには

getCurrentPositionメソッドは、現在の位置情報をワンポイントで取得するメソッドです。しかし、スマホのように持ち運びしながら利用するデバイスでは、位置の変化を監視して、定期的に位置情報を取得できた方が便利です。

これを行うのが、**navigator.geolocation.watchPositionメソッド**の役割です。

構文 watchPositionメソッド

```
watchPosition(
  成功コールバック関数 [,失敗コールバック関数 [,動作オプション]])
```

構文そのものは、getCurrentPositionメソッドとほぼ同じです。異なる点は、getCurrentPositionメソッドが結果（戻り値）を返さないのに対して、watchPositionメソッドは整数型のid値（監視ID）を返す点です。この値は、あとから定期取得を解除する際に利用します。

watchPositionメソッドでは、位置が変化するたびに成功コールバック関数が呼び出されるので、一度呼び出したあとは、JavaScript側で呼び出しという行為を意識する必要はありません。

ヒント

戻り値の保存先

サンプルでは、watchPositionメソッドの戻り値を、ifブロックの「外」で宣言した変数w_idに保存しています。これは、id値をあとから別の場所で利用するためです。ifブロックの中で宣言した変数は、そのifブロックの中でしかアクセスできないので、注意してください。

定期取得時にエラーが出る場合

位置情報を定期取得する際にエラーが出る場合には、以下のようにすることで解消する場合があります。

・timeout（タイムアウト時間）を長めに設定する
・maximumAge（有効期限）を長めに設定する

定期的な位置情報の取得を中止するには

watchPositionメソッドによる位置情報の監視を中止するには、**navigator.geolocation.clearWatchメソッド**に、watchPositionメソッドの戻り値（監視ID）を渡すだけです。

構文 clearWatchメソッド

```
clearWatch(監視ID)
```

サンプルでは、以下の部分に相当します。

```
stopwatch.addEventListener('click',
  (e) => {
    navigator.geolocation.clearWatch(w_id);
  }, false
);
```

上のコードを呼び出しているのは、index.htmlの以下の部分です。JavaScript呼び出しのためのリンクを設置する場合、href属性にはダミーの値として「#」を渡しておきます。

```
<a href="#" id="stopwatch">位置情報の取得をやめる</a>
```

現在位置を地図上に表示しよう

Geolocation APIで得た位置情報をもとに、Googleマップで現在位置の地図を表示してみましょう。

Google Maps PlatformのAPIキーを取得しよう

アプリに地図を表示するため、**Google Maps Platform**というGoogleが提供するWeb地図サービスを利用します。その中でも本書では、**Maps JavaScript API**（以降、**Google Maps API**）を使います。

まずは、サービスの利用に必要となるAPIキーを取得します。

1 パソコン上でChromeを起動し、「https://cloud.google.com/」というURLにアクセスする。

結果 Google Cloudのページが表示される。

2 右上の［コンソール］リンクをクリックする。

結果 ［Google Cloud Platformの開始］ページに移動し、規約に関するダイアログが表示される。

3 ［国］が「日本」になっていることを確認する。利用規約を確認して、チェックボックスにチェックを入れる。［最新情報に関する通知メール］では必要に応じてチェックを入れ、［同意して続行］をクリックする。

結果 ダイアログが閉じる。

ログイン画面が表示された場合

Chromeにログインしていない状態で手順❷の操作を行うと、パスワード入力画面が表示されます。その場合は、パスワードを入力して［次へ］をクリックしてください。

4 左上の［プロジェクトを選択］をクリックする。

結果 ［プロジェクトの選択］ダイアログが表示される。

5 ［album］プロジェクトを選択して［開く］をクリックする。

結果 左上のプロジェクト名の表示が［album］に変わる。

6 ［APIとサービス］－［有効なAPIとサービス］をクリックする。

結果 ［APIとサービス］の［APIとサービス］ページが表示される。

7 ［APIとサービスの有効化］をクリックする。

結果 ［APIライブラリ］のページが表示される。

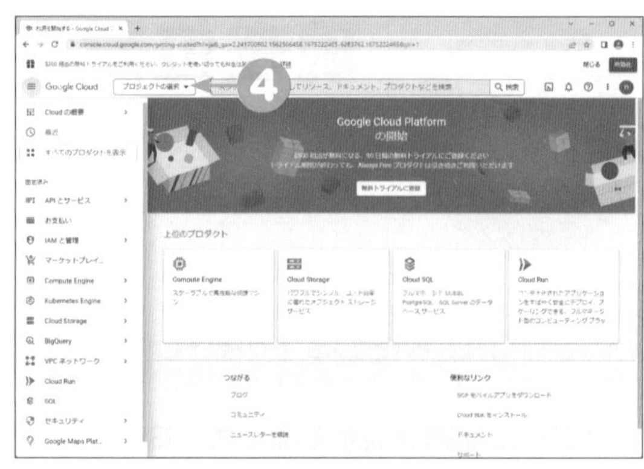

ヒント

メッセージは閉じてよい

操作を進めていくと、画面にさまざまなメッセージが表示されることがあります。いずれもそのまま閉じて構いません。

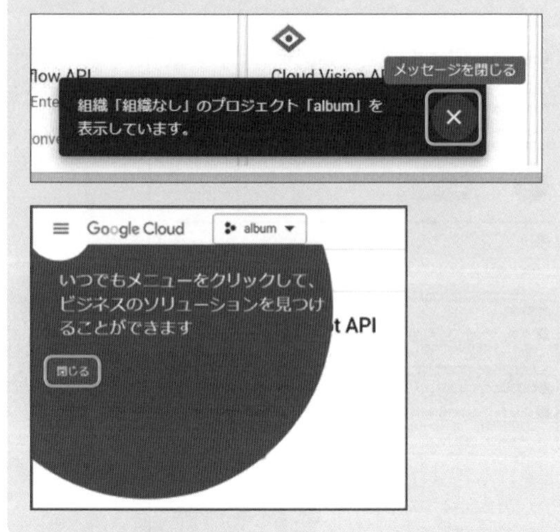

8 ［Maps JavaScript API］をクリックする。

結果 ［Maps JavaScript API］のページが表示される。

9 ［有効にする］ボタンをクリックする。

結果 ［プロジェクト「album」の課金を有効にする］ダイアログが表示される。

10 ［請求先アカウントを作成］をクリックする。

結果 「ステップ 1/2 アカウント情報」のページが表示される。

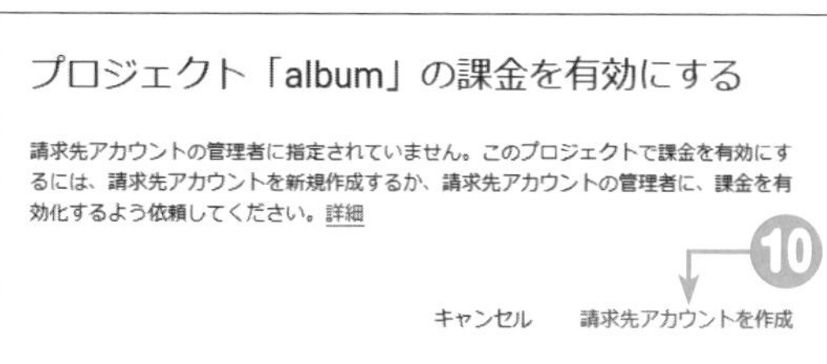

11 ［国］が「日本」になっていることを確認する。利用規約を確認してチェックボックスにチェックを入れ、［続行］をクリックする。

結果 「ステップ 2/2 お支払い情報の確認」のページが表示される。

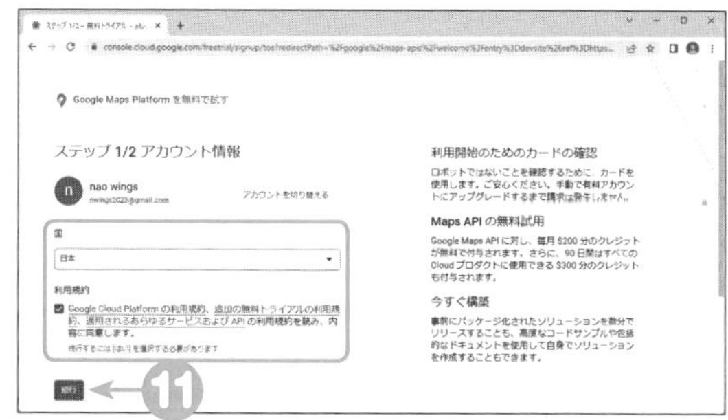

ヒント

ブラウザー画面に目的のコンテンツが見当たらない場合

ブラウザーの画面幅が狭い場合、たとえば手順8では［Maps JavaScript API］が表示されません。ブラウザーの画面幅を広げて目的のコンテンツを表示させてください。

［プロジェクト「album」の課金を有効にする］ダイアログが表示されないとき

過去に課金を有効にしたことがある場合、手順9の結果は［プロジェクト「album」の課金を有効にする］ダイアログではなく、手順14の［ようこそ、○○さん］ダイアログが表示されます。そのまま手順14以降の操作を進めてください。

12 以下の項目を入力して、［無料トライアルを開始］をクリックする。［アカウントの種類］は鉛筆アイコンをクリックして編集する。

項目名	設定値
アカウントの種類	個人
お支払い方法	クレジットカードの情報
請求先住所	自分の名前と住所

結果▶ 「お支払い情報を設定しています」の表示後、［ようこそ、○○さん］ダイアログが表示される。

13 4項目のアンケートが表示されるので、回答を選択して［続行］のクリックを繰り返す。最後に［送信］をクリックする。

結果▶ ［Google Maps Platform を使ってみる］ダイアログが表示される。

ヒント

請求先アカウント

Google Maps APIを利用するには、無償枠内の利用だけであっても、支払い情報の登録が必要です。ただし、課金は明示的に許可しないと有効になりませんし、本書のサンプルの利用の範囲なら課金が発生する可能性はほとんどありません。

注意

Google Maps APIの課金

Google Maps APIの利用は、Firebaseの料金体系とは別で、基本は有償です。ただし、毎月200ドル分の無償枠が設けられており、（たとえば）APIによる地図表示であれば28500リクエスト/月までが許されています。学習用途で利用する分にはまず問題ないはずですが、本番環境で利用する際には、アクセス頻度をあらかじめ想定した上で利用するようにしてください。利用上限を超えた場合には、Maps API Premierライセンスを購入するなどの対応が必要となります。利用上限を超えた場合には、使用分から無償の200ドルを差し引いた分が課金の対象となります（予想外の課金を防ぐために、使用量の上限を設定することも可能です）。課金に関して詳しくは、以下のページも参照してください。

「Google Maps Platform」の「料金」
https://mapsplatform.google.com/pricing/

14 ダイアログに表示された［自分のAPIキー］欄の右端にある［コピー］ボタンをクリックして、作成されたAPIキーをクリップボードにコピーする。APIキーは、のちほど「Googleマップで地図を表示しよう」の手順❶で使用するため、メモ帳などでテキストファイルに貼り付けて保存しておく。2つあるチェックボックスはチェックを入れたままにしておく。

15 ダイアログ右下の［GOOGLE MAPS PLATFORMに移動］をクリックする。

結果 「APIキーを保護する」ダイアログが表示される。

16 「Select restriction type」という見出しの下のプルダウンリストから［APIの制限］を選択する。すぐ下に表示されるプルダウンリストの中から［Maps JavaScript API］のみにチェックを入れて［OK］ボタンをクリックする。

17 ダイアログ右下の［キーを制限］をクリックする。

結果 ［概要］ページが表示される。

18 ブラウザー右上の［閉じる］ボタンをクリックする。

結果 Chromeが閉じる。

ヒント

キーの制限

本書では、取得したキーが「Maps JavaScript API」（JavaScript）からのみ利用できるように制限を課しました。しかし、実際の用途では、左側のメニューから［認証情報］を選択し、表示された［APIキーを編集］画面の［アプリケーションの制限の設定］から、利用するWebサイトやアプリを制限することをお勧めします。

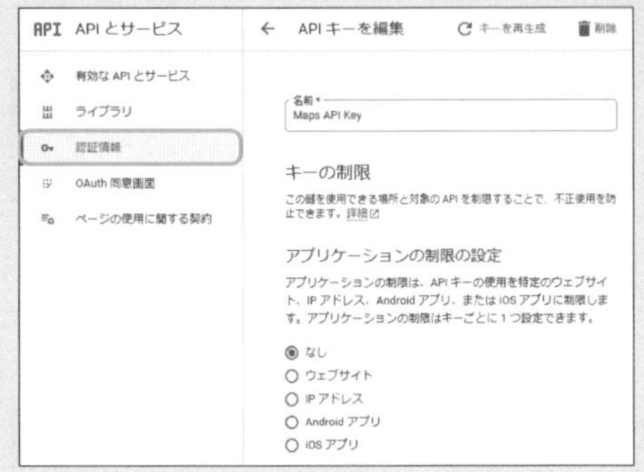

Firebaseで自動生成されたキー

実は、Firebaseの設定によって、既に「Browser key」というキーが生成されています。本書では利用開始の手続きの流れからキーの取得と制限を解説しましたが、このキーを利用することもできます（ただし、制限の設定はされていないので、利用に際しては適切な制限を課すようにしてください）。

Firebaseのプランが切り替わる

支払い情報の登録を行うと、Firebaseのプランが自動で有償のBlazeプランに切り替わります。しかし、本書で扱う内容であれば、Blazeプランで使える無償枠の範囲内に収まるため、料金は発生しません。

Googleマップで地図を表示しよう

Google Maps APIを利用するための準備ができたところで、アプリから地図を表示させてみましょう。

1 作成済みのindex.htmlを開き、以下のように編集する（色文字部分を追加）。「XXXXXXXXXXXXXXXXXXXX」の部分は、この節の冒頭の「Google Maps PlatformのAPIキーを取得しよう」の手順⑫で保存しておいたAPIキーで置き換える（途中に改行を入れないことに注意）。編集できたら、［すべて保存］ボタンをクリックする。

```
<link rel="stylesheet" href="css/main.css" />
<script src="https://maps.googleapis.com/maps/api/js?key=XXXXXXXXXXXXXXXXXX
XX&callback=Function.prototype" defer></script>
<script src="js/index.js" defer></script>
```

2 作成済みのindex.jsを開き、以下のように編集する（色文字部分を追加、網掛け部分を削除）。編集できたら、［すべて保存］ボタンをクリックする。

```
// ページ本体が読み込まれたタイミングで実行するコード
let w_id, gmap, c_point;
...中略...
if (navigator.geolocation) {
```

```
    // 現在位置を取得するコード
    w_id = navigator.geolocation.watchPosition(
      (pos) => {
      // 位置情報の取得に成功した時の処理
        msg = `緯度：${pos.coords.latitude}<br />
          経度：${pos.coords.longitude}<br />
          方角：${pos.coords.heading}`;
        result.innerHTML = msg;
        c_point = new google.maps.LatLng(
          pos.coords.latitude, pos.coords.longitude);
        gmap = new google.maps.Map(
          result,
          {
            zoom: 14,
            center: c_point,
            mapTypeId: google.maps.MapTypeId.ROADMAP
          }
        );
      },
      (err) => {
      // 位置情報の取得に失敗した時の処理
        ...中略...
      }
    );
  } else {
    ...中略...
  }
```

3 ターミナルから以下のコマンドを実行して、ファイルをデプロイする。

```
> firebase deploy
```

結果 ターミナルに「Deploy complete!」と表示され、最終行に「Hosting URL: https://album-XXXXX.web.app」と表示される。

4 スマホ端末のブラウザーを起動し、「https://album-XXXXX.web.app/index.html」にアクセスする。

結果 現在のユーザーの位置に応じて、現在位置周辺の地図が表示される。

GoogleマップとGoogle Maps API

Googleマップとは、Googleが提供する地図サービスです。マウス操作だけで地図の移動や拡大／縮小を行え、「今どき」の地図サービスの先鞭ともなったサービスです。

Googleマップのトップ画面

このGoogleマップをJavaScriptから利用できるようにしたものが、**Google Maps API**です。Googleマップの表示から拡大率／中心位置の設定、マーカーの設置など、地図操作のための機能がひととおり**ライブラリ**として提供されています。Geolocation APIと直接関係しているわけではありませんが、その性質上、Geolocation APIとセットで利用されることの多いサービスですので、まずは基本だけでもおさえておくことをお勧めします。

Google Maps APIを利用するには、<script>タグによるインポート宣言を追加します。

```
<script src="https://maps.googleapis.com/maps/api/js?key=XXXXXXXXXXXXXXXXXXXX&ca
llback=Function.prototype" defer>
</script>
```

用 語

ライブラリ

よく使う特定の機能（部品）を寄せ集めて一つにまとめ、他のプログラムから使えるようにしたものを**ライブラリ**と言います。

地図表示のための領域を準備するには

Google Maps APIを利用するには、まず地図表示のための領域を準備しておく必要があります。これを行っているのが、index.htmlとmain.cssの以下の部分です。それぞれ第3章で準備済みの部分です。

index.html

```
<div id="result">
</div>
```

main.css

```
#result {
  ...中略...
  width: 100%;
  height: 300px;
}
```

main.cssでは、<div id="result">要素に対して、

・幅は画面サイズに対して100%
・高さは300px

を設定しています。地図表示領域に対して、あらかじめサイズ（width ／ height）を設定しておかないと、正しく地図が反映されませんので注意してください。

Google Maps APIで地図を表示するには

Google Maps APIで、地図を操作する中核となるのは、**google.maps.Mapオブジェクト**の役割です。

構文 google.maps.Mapオブジェクト

```
let 変数名 = new google.maps.Map(地図の表示先, 地図オプション)
```

これまでは、ブラウザーによってあらかじめ準備されたオブジェクトを利用してきましたので、すぐに「オブジェクト.メソッド(...)」「オブジェクト.プロパティ」のような呼び出しがで

きましたが、一般的にオブジェクトを利用する場合には、事前に準備する必要があります。

これを行っているのが「new オブジェクト(引数, ...)」という構文です。これによって、オブジェクトは引数の情報によって初期化され、スクリプトから利用できるようになるのです。

オブジェクトを利用するための準備

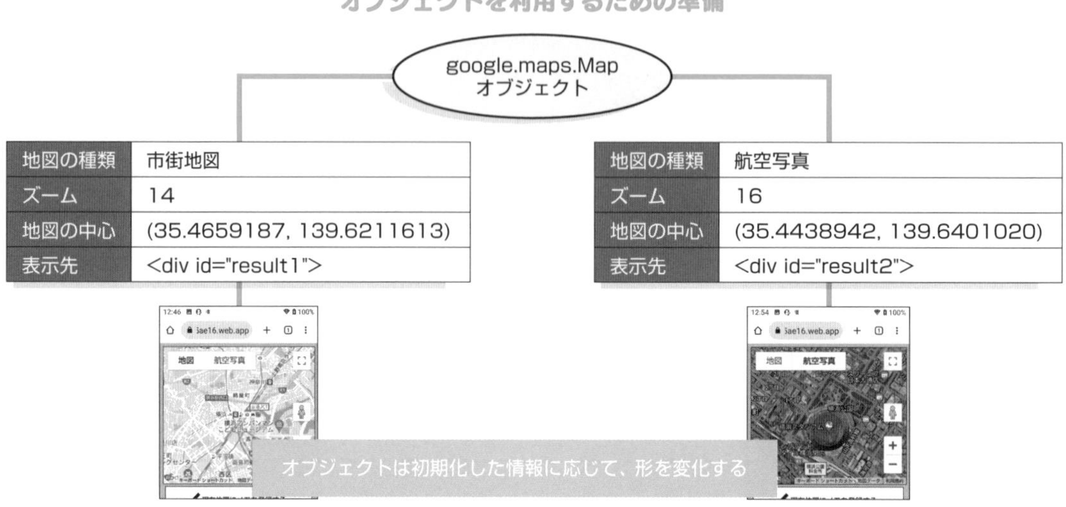

地図の表示先としては、先ほども触れたように<div id="result">（変数result）を指定しています。地図オプションには、「オプション名: 値, ...」のハッシュ形式で指定します。以下は、指定できる主なオプションです。

■ 主な地図オプション（＊は必須）

オプション名	概要	
mapTypeId	表示する地図の種類	
	設定値	**概要**
	google.maps.MapTypeId.ROADMAP	通常の市街地図（既定）
	google.maps.MapTypeId.SATELLITE	航空写真
	google.maps.MapTypeId.HYBRID	航空写真と市街地図のハイブリッド表示
	google.maps.MapTypeId.TERRAIN	地形を含んだ地図
*center	地図の中心点（LatLngオブジェクト）	
*zoom	ズームレベル（0～21）	

オプション名	概要	
gestureHandling	ドラッグによる位置変更、ピンチイン／ピンチアウトによるズームを有効にするか	
	設定値	**概要**
	auto	ページがスクロール可能な場合cooperative、スクロールできない場合greedy（既定）
	cooperative	スクロールとズームは、2本指で操作
	greedy	すべてのタッチ操作でスクロールとズームが可能
	none	スクロールやズームを無効化

centerオプションには、地図の中心となる座標を**google.maps.LatLngオブジェクト**として渡します。

構文 google.maps.LatLngオブジェクト

```
let 変数名 = new google.maps.LatLng(緯度, 経度)
```

サンプルでは、緯度／経度にGeolocation APIから取得した現在位置の緯度／経度を渡すことで、現在位置が地図の中心に来るように設定しています。

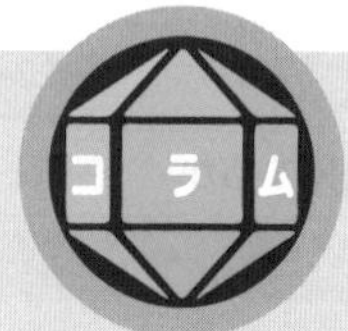

VSCodeのエディター分割

コードが長くなってくると、前後のコードを参照するのにスクロールする必要があり、見づらくなってきます。そのような場合は、エディターの分割機能を利用すると便利です。画面右上の［エディターを右に分割］ボタンをクリックすると、画面を左右に分割できます。

［表示］メニューの［エディターレイアウト］から選択して上下に分割することもできます。

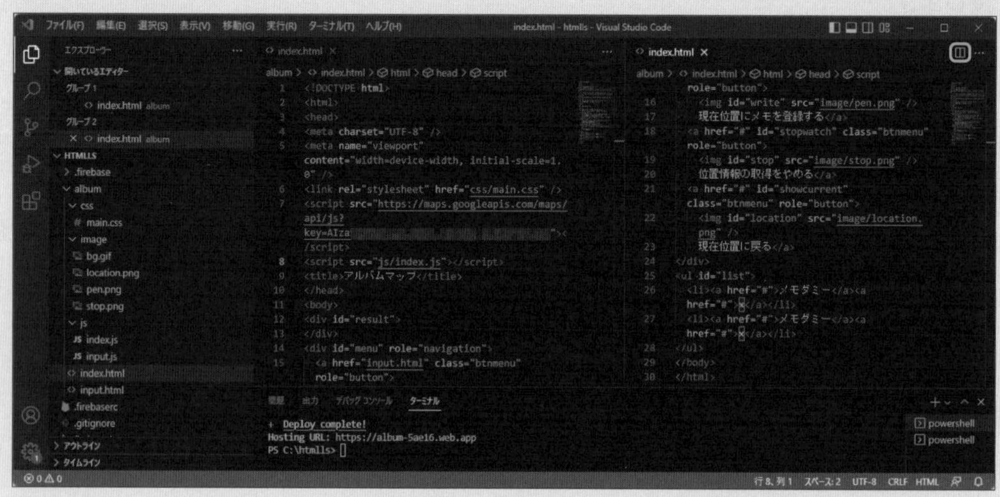

～もう一度確認しよう！～ チェック項目

- □ Geolocation APIがなにかを理解できましたか？
- □ Geolocation APIで、現在位置を取得できるようになりましたか？
- □ Geolocation APIで、現在位置を監視できるようになりましたか？
- □ Google Maps APIで地図を表示できるようになりましたか？
- □ Geolocation APIとGoogle Maps APIとを連携する方法は理解できましたか？

第 6 章

アプリにメモ情報を保存しよう

この章では、現在位置に対してメモ情報（タイトルと本文）を記録するしくみを作成します。メモ情報は、Web Storageと呼ばれるブラウザー内蔵のシンプルなデータストア（保存庫）に記録します。

この章では、「アルバムマップ」にメモ情報の登録機能を実装していきます。

①現在の位置情報（経度／緯度）をブラウザーに保存する
②メモ情報の登録画面を作成する
③複数のメモ情報を記録できるように改良する

その過程を通じて、この章では次の内容を学習していきます。

- **Web Storage（ストレージ）の基本**
- **ローカルストレージとセッションストレージの違い**
- **ストレージにデータを出し入れする方法**
- **ストレージに配列やハッシュを保存する方法**

メモ登録画面から入力された内容をストレージに保存

現在位置を一時的に保存しよう

メモ情報には、現在の位置情報（緯度／経度）を関連付ける必要があります。まずは、あとから利用できるように、現在の位置情報をブラウザーに保存しておきましょう。

ストレージに現在位置を保存しよう

1 作成済みのindex.jsを開いて、以下のように編集する（色文字部分を追加）。編集できたら、［すべて保存］ボタンをクリックする。

```
...中略...
if (navigator.geolocation) {
  // 現在位置を取得するコード
  w_id = navigator.geolocation.watchPosition(
    (pos) => {
      // 位置情報の取得に成功した時の処理
      ...中略...
      gmap = new google.maps.Map(
        result,
        {
          ...中略...
          mapTypeId: google.maps.MapTypeId.ROADMAP
        }
      );
      sessionStorage.setItem('cpos_latitude',  pos.coords.latitude);
      sessionStorage.setItem('cpos_longitude', pos.coords.longitude);
    },
    (err) => {
      // 位置情報の取得に失敗した時の処理
      ...中略...
    },
    ...中略...
  );
} else {
  ...中略...
}
```

2 ターミナルから以下のコマンドを実行して、ファイルをデプロイする。

```
> firebase deploy
```

結果 ターミナルに「Deploy complete!」と表示され、最終行に「Hosting URL: https://album-XXXXX.web.app」と表示される。

3 パソコン上でChromeを起動し、「https://album-XXXXX.web.app/index.html」にアクセスする。

結果 現在のユーザーの位置に応じて、現在位置周辺の地図が表示される。

4 ⋮［Google Chromeの設定］ボタンをクリックして［その他のツール］−［デベロッパーツール］を選択する。

結果 デベロッパーツールが起動する。

5 デベロッパーツールの［アプリケーション］タブを選択する。

6 左側のツリーで［セッションストレージ］を展開して［https://album-XXXXX.web.app］を選択する。

結果 右のウィンドウにcpos_latitudeとcpos_longitudeというキーで、現在位置（緯度／経度）の値が表示される。

7 ブラウザーの右上の ×［閉じる］ボタンをクリックする。

結果 Chromeが閉じる。

デベロッパーツールの表示位置

デベロッパーツールの表示位置は、右上の ⋮［DevToolsのカスタマイズと管理］をクリックして［固定サイド］から変更できます。本文では［下部に固定］を有効にしています。

デベロッパーツールを起動／終了するには

F12キーを押すたびに、デベロッパーツールを起動／終了できます。

デベロッパーツールの内容が隠れて見えない場合

値の一部が隠れて表示されない場合は、カーソルを境界線の上に移動して両方向の矢印の形に変わったら、ドラッグして枠を広げてください。

ヒント

デベロッパーツールの日本語化

デベロッパーツールの表示は日本語化できます。デベロッパーツールを開いた状態で、上部に「DevTools is now available in Japanese!」と表示されていれば、その場で日本語化できます。［Always match Chrome's language］をクリックすれば、Chromeの言語設定に合わせるようになります。［Switch DevTools to Japanese］をクリックすれば、常に日本語となります。Chromeの言語設定が日本語になっていれば、どちらを選んでも同じなので、お好みの方をクリックしてください。以降の説明は、日本語化されているものとして進めます。

Web Storageとは？

Web Storage（以降、ストレージ）とは、ブラウザー内蔵のデータストア（保管庫）です。データを特定するキー（Key）と値（Value）の組み合わせでデータを保存することから、**Key-Value型データストア**と呼ばれることもあります。

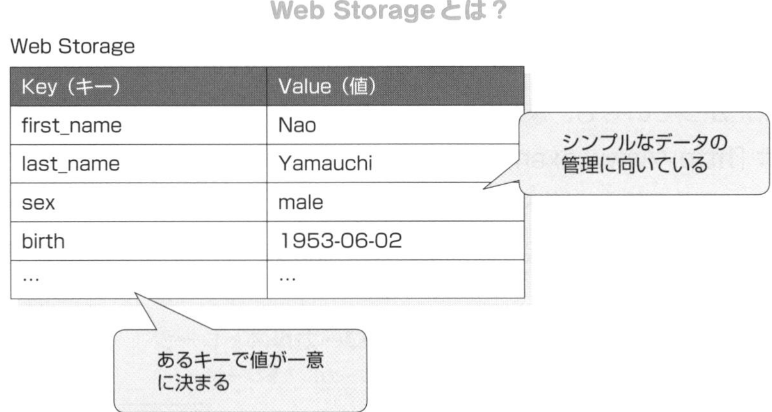

ストレージは複雑なデータ管理には向きませんが、ちょっとしたデータを手軽に保存しておきたいというケースで重宝します。たとえば、Amazon（https://www.amazon.co.jp/）のサイトでは、「この商品を買った人はこんな商品も買っています」でのページ番号をストレージで管理しています。

本書でも、現在の位置情報や、フォームから入力されたメモ情報を保存する手段として、ストレージを利用していきます。

ヒント

クッキーとの違い

従来、JavaScriptでローカル環境（ブラウザー）にデータを保存するには、**クッキー（Cookie）**というしくみを利用するしかありませんでした。しかし、クッキーはなにかと制限の多いしくみです。右の表に、クッキーとストレージの違いをまとめます。
新しいブラウザーをターゲットとするならば、今後はストレージを優先して利用することをお勧めします。

■ストレージとクッキーの違い

	ストレージ	クッキー
データサイズ	大（5MB）*	小（4KB）
データの有効期限	なし	あり
データ通信	発生しない	リクエスト都度、サーバーに送信

* 上限サイズはおおよその環境で保証されると思われる目安です。実際の上限は環境によって異なります。

ストレージには2種類ある

ストレージは、大きくセッションストレージとローカルストレージとに分類できます。

セッションストレージ（Session Storage）とは、ブラウザーが起動している間だけ有効なストレージです。ブラウザーを閉じたタイミングでデータは破棄されます。別々のウィンドウで複数のブラウザーが起動している場合も、ウィンドウ／タブ間でデータは共有できません。

一方、**ローカルストレージ（Local Storage）**は、オリジン単位でデータを維持します。ウィンドウをまたがっていても、また、いったん閉じてしまってもデータは維持されます。

オリジンとは「http://www.example.com:8080」のように、「プロトコル://ホスト:ポート番号」のセットのことです。ストレージでは、オリジンを単位にデータを管理しますので、異なるホストから現在のホストで保存したデータを読み取られる心配はありません。

セッションストレージとローカルストレージ

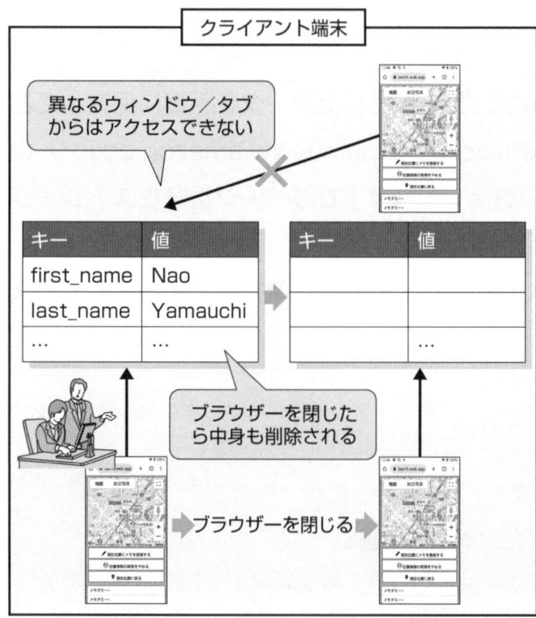

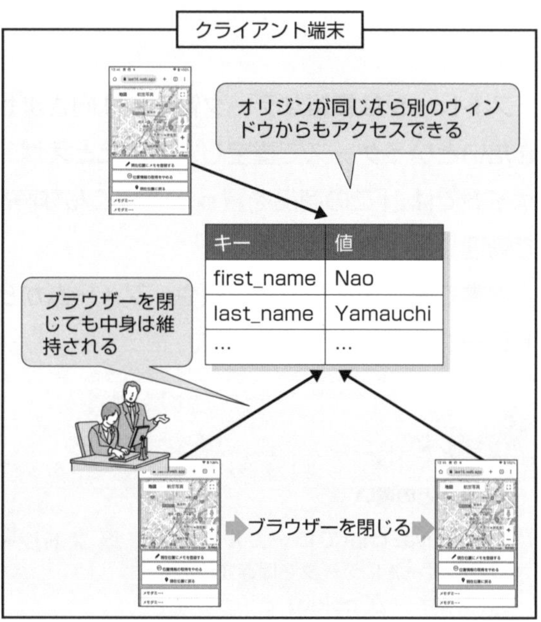

サンプルでは、現在の位置情報を一時的に保存するのが目的ですので、セッションストレージを利用しています。ローカルストレージでは永続的にデータが保存されてしまいますので、一時的な保存であれば、できるだけセッションストレージを優先して利用すべきです。

ストレージ機能を利用するには

セッションストレージ（**Storageオブジェクト**）には**sessionStorageプロパティ**で、ローカルストレージには**localStorageプロパティ**で、それぞれアクセスできます。

```
sessionStorage.setItem(...);  … セッションストレージを利用
localStorage.setItem(...);    … ローカルストレージを利用
```

いずれのストレージも同じメソッドを用意しており、同じ要領で操作できます。よって、以下のように、利用するストレージを最初に変数に退避させておいても構いません。

```
let storage = sessionStorage;
storage.setItem(...);
```

このようにしておくことで、利用するストレージを変更する際にも、色文字の部分を差し替えるだけで済みます。

ヒント

機能テスト

Geolocation APIと同じく、ストレージも比較的新しい機能です。ブラウザーがそもそもストレージ機能に対応しているかを確認するには、第5章の5.1節で説明した機能テストを実施してください。コードは右のようになります（サンプルでは簡単化のために割愛しています）。

```
if (sessionStorage) {
  ...ストレージを利用したコード...
}
```

ストレージにデータを保存するには

ストレージにデータを保存するには、**sessionStorage.setItemメソッド**を利用します。

構文 setItemメソッド

```
setItem(キー , 値)
```

キーには、データを識別するための一意な文字列を指定します。大きなアプリになってきた場合には、キー名の重複を避けるためにも接頭辞などにルールを持たせておくのが望ましいでしょう（たとえば、単にxではなく、album_xのようにです）。

サンプルでは、cpos_latitude ／ cpos_longitudeというキーで、それぞれ現在の緯度／経度を保存しています。

ストレージの内容をツールで確認するには

JavaScriptからストレージの内容を取得する方法については、この章の6.2節で改めて説明するとして、ここではChrome標準のデベロッパーツールを使って、ストレージの内容を確認しています。

Chromeのデベロッパーツール

開発にあたっては、いきなりJavaScriptで出し入れのすべてを行うのではなく、デベロッパーツールで意図したデータが保存されているかを確認しながら作業を進めると、思わぬ誤りも事前に防げるでしょう。

ストレージの内容を編集するには、デベロッパーツールで［セッションストレージ］（または［ローカルストレージ］）の中身を開いた状態で、該当するキー／値をダブルクリックしてください。

セッションストレージの内容を編集

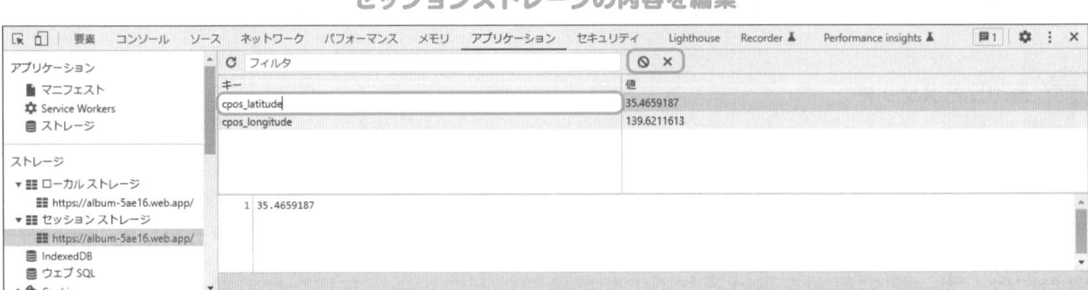

ストレージの内容を削除するには、該当のキーを選択して × ［選択した項目を削除］ボタンをクリックします。すべて削除する場合は ⊘ ［すべて消去］ボタンをクリックします。

ヒント

ストレージのデータを削除するには

ストレージ上のデータは、もちろん、JavaScriptからも削除できます。その場合は、removeItemメソッドを使って「sessionStorage.removeItem('hoge');」のように記述してください。すべてのデータを削除するならば、clearメソッドを使って「sessionStorage.clear();」のように記述します。

モバイル端末のエミュレーション

Chromeのデベロッパーツールでは、モバイル端末のエミュレーションも可能です。［デバイスのツールバーを切り替え］ボタンをクリックすると、モバイル表示に切り替わります。モバイル端末の種類や解像度は上部のメニューから、より細かな設定は ⋮ ［その他のオプション］ボタンから変更できます。

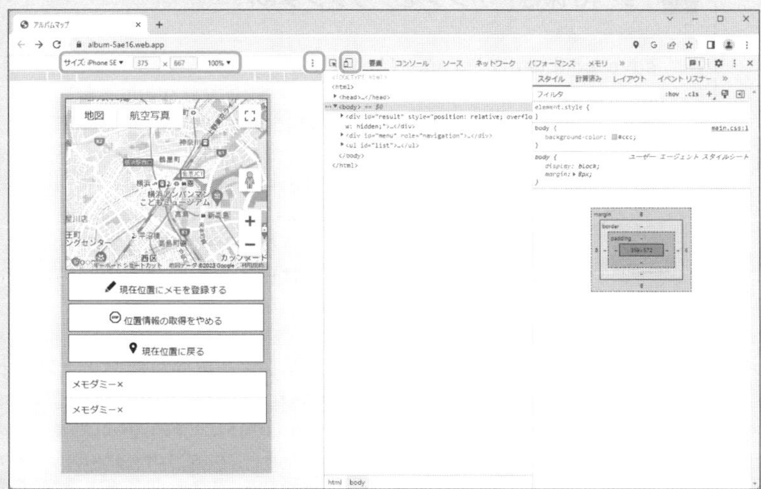

Android版Chromeのデベロッパーツール

Android版Chromeの挙動を、パソコン上のデベロッパーツールから確認することもできます。これにはまず、Android端末で［設定］－［システム］－［開発者向けオプション］－［USBデバッグ］からデバッグモードを有効にします。［開発者向けオプション］が表示されていない場合は、［設定］－［デバイス情報］画面を開き、［ビルド番号］欄を7回タップします。

その後、パソコンとAndroid端末をUSBケーブルでつなぎ、Android端末でUSBデバッグの許可を求めるダイアログが表示されたら、許可します。

接続できたら、Android端末のChromeで該当のページを開き、パソコン上でChromeを起動して「chrome://inspect/#devices」にアクセスします。Android端末の情報が表示されるので、サイトURLの下の［inspect］リンクをクリックすると、デベロッパーツールが表示されます。

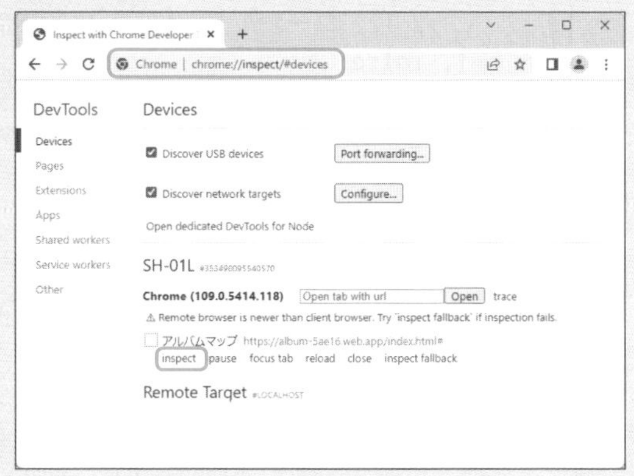

6.2 メモ情報の登録画面を作成しよう

メモ情報を登録するための準備ができたところで、いよいよメモ登録フォームを作成していきましょう。

登録フォームを作成しよう

1 作成済みのinput.jsを開いて、以下のように編集する（色文字部分を追加）。編集できたら、［すべて保存］ボタンをクリックする。

```
save.addEventListener('click',
  (e) => {
    // ［保存］ボタンのクリック時に実行するコード
    e.preventDefault();
    if (subject.validity.valid === false ||
        memo.validity.valid === false) {
      // 件名、メモが入力されていないときに実行するコード
      window.alert('件名、メモはいずれも必須です。');
      return;
    }
    // (1) セッションストレージから現在位置を取得するコード
    const cpos_latitude = sessionStorage.getItem('cpos_latitude');
    const cpos_longitude = sessionStorage.getItem('cpos_longitude');
    if (cpos_latitude === null || cpos_longitude === null) {
      window.alert('トップページからアクセスし直してください。');
      location.href = 'index.html';
    }
    // (2) ローカルストレージにメモ情報を登録するコード
  }, false
);
```

2 手順❶で作成したコードの（2）の部分に、以下のコードを追加する（色文字部分）。

```
// (1) セッションストレージから現在位置を取得するコード
  ...中略...
  location.href = 'index.html';
}
// (2) ローカルストレージにメモ情報を登録するコード
let list = [];
list.push({
  // (3) ローカルストレージに保存する内容
});
list = JSON.stringify(list);
localStorage.setItem('memolist', list);
location.href = 'index.html';
```

3 手順❷で作成したコードの（3）の部分に、以下のコードを追加する（色文字部分）。

```
list.push({
  // (3) ローカルストレージに保存する内容
  latitude: cpos_latitude,
  longitude: cpos_longitude,
  subject: subject.value,
  memo: memo.value,
  updated: new Date()
});
```

4 入力を終え、以下のようなコードが完成していることを確認できたら、［すべて保存］ボタンをクリックする。

```
save.addEventListener('click',
  (e) => {
    // ［保存］ボタンのクリック時に実行するコード
    e.preventDefault();
    if (subject.validity.valid === false ||
        memo.validity.valid === false) {
      // 件名、メモが入力されていないときに実行するコード
      window.alert('件名、メモはいずれも必須です。');
      return;
    }
    // (1) セッションストレージから現在位置を取得するコード
    const cpos_latitude = sessionStorage.getItem('cpos_latitude');
    const cpos_longitude = sessionStorage.getItem('cpos_longitude');
    if (cpos_latitude === null || cpos_longitude === null) {
      window.alert('トップページからアクセスし直してください。');
      location.href = 'index.html';
    }
    // (2) ローカルストレージにメモ情報を登録するコード
    let list = [];
```

```
        list.push({
          // (3) ローカルストレージに保存する内容
          latitude: cpos_latitude,
          longitude: cpos_longitude,
          subject: subject.value,
          memo: memo.value,
          updated: new Date()
        });
        list = JSON.stringify(list);
        localStorage.setItem('memolist', list);
        location.href = 'index.html';
      }, false
    );
```

5 ターミナルから以下のコマンドを実行して、ファイルをデプロイする。

```
> firebase deploy
```

結果 ターミナルに「Deploy complete!」と表示され、最終行に「Hosting URL: https://album-XXXXX.web.app」と表示される。

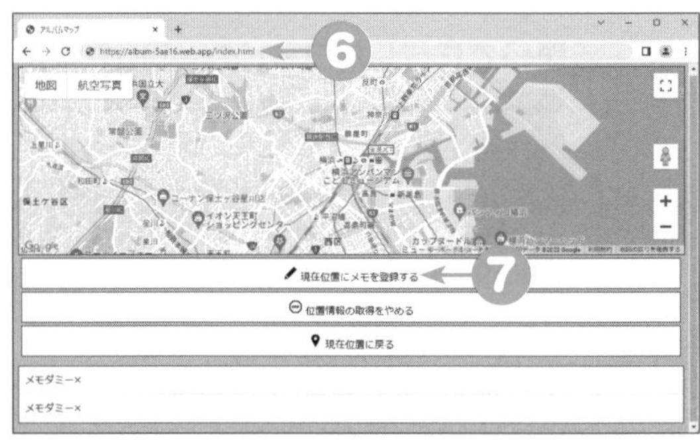

6 パソコン上でChromeを起動し、「https://album-XXXXX.web.app/index.html」にアクセスする。

結果 現在のユーザーの位置に応じて、現在位置周辺の地図が表示される。

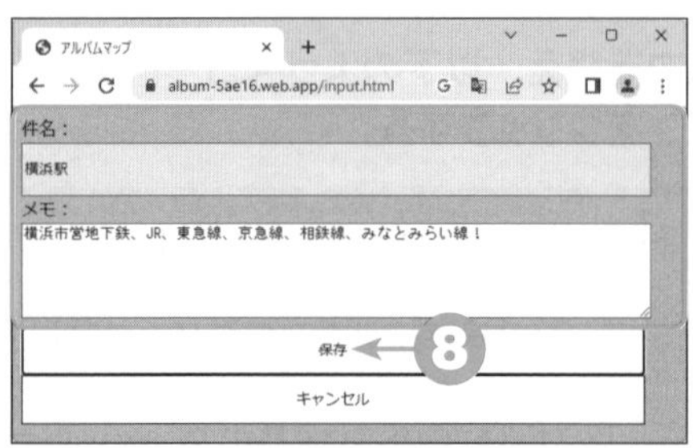

7 ［現在位置にメモを登録する］リンクをクリックする。

結果 空のメモ入力フォームが表示される。

8 ［件名］と［メモ］に適当な情報を入力し、［保存］ボタンをクリックする。

結果 トップの地図表示画面に戻る。

9 ［Google Chromeの設定］ボタンをクリックして［その他のツール］－［デベロッパーツール］を選択する。

結果 デベロッパーツールが起動する。

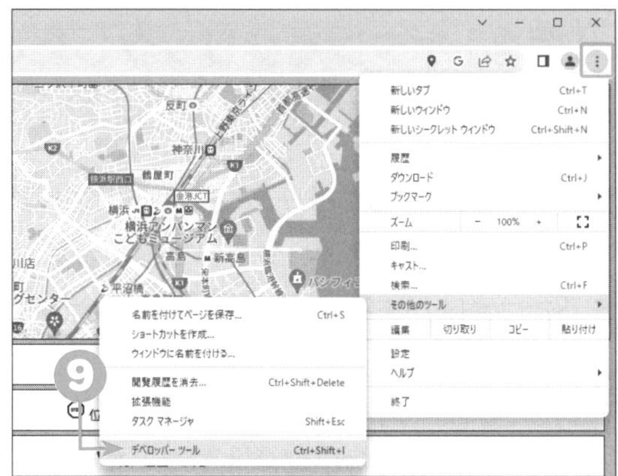

10 デベロッパーツールの［アプリケーション］タブを選択し、左側のツリーで［ローカルストレージ］を展開して［https://album-XXXXX.web.app］を選択する。

結果 右のウィンドウにmemolistというキーで、値に入力したメモ情報が記録されていることが表示される。

11 ブラウザーの右上の × ［閉じる］ボタンをクリックする。

結果 Chromeが閉じる。

ヒント

ストレージの内容

手順⑩の結果で表示される一覧の下枠には、選択されたキーに対応する値だけが拡大表示されます。下枠では、「[{latitude～」や「0:」の左横にある▶（矢印）をクリックして展開すると、内容の詳細を確認できます。

入力内容によって結果は異なる

手順⑩の結果は、あくまで例です。現在位置や入力したメモの内容によって、実際の内容は異なります。

[保存] ボタンをクリックしたときの動作を見てみよう
― 現在位置の取得

[保存] ボタンをクリックしたときの動作はやや複雑ですが、以下のように前半と後半に分けて考えると、頭を整理しやすいでしょう。このあと、徐々に複雑なコードも登場しますが、できるだけ意味があるブロックの単位で全体を大づかみする癖をつけるようにしてください。

(1) セッションストレージから現在位置 (cpos_latitude / cpos_longitude) を取得
　→ 存在しない場合はエラーを表示してトップページに移動
(2) ローカルストレージにメモ情報を登録

(1) の部分に相当するのは、input.jsの以下のコードです。

```
const cpos_latitude = sessionStorage.getItem('cpos_latitude');
const cpos_longitude = sessionStorage.getItem('cpos_longitude');
if (cpos_latitude === null || cpos_longitude === null) {
  window.alert('トップページからアクセスし直してください。');
  location.href = 'index.html';
}
```

index.js (この章の6.1節) では、あとから利用できるように、現在位置の緯度/経度 (cpos_latitude、cpos_longitude) をセッションストレージに保存しておいたのでした。ここでは、これらをまず取り出し、変数cpos_latitude、cpos_longitudeにセットしています。

セッションストレージからデータを取得するのは、**sessionStorage.getItemメソッド**の役割です。

構文 getItemメソッド

```
getItem(キー)
```

取り出したデータcpos_latitude / cpos_longitudeがnull (空) でないかをif文で確認しているのは、利用者が登録フォームに直接アクセスした場合に備えてです。この場合、警告ダイアログを表示した上で、トップページに強制的に移動します。

用語

null

nullは、変数に「なにも値が入っていない」ことを表す特別な値です。「ヌル」または「ナル」と読みます。

現在位置の有無による判定

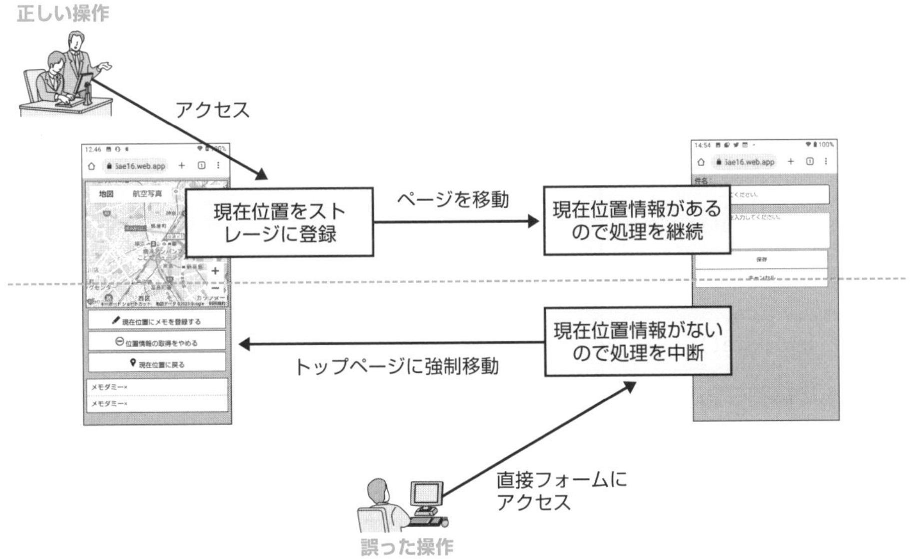

[保存] ボタンをクリックしたときの動作を見てみよう ― メモ情報の登録

現在位置の情報を取得できたら、いよいよフォームから入力されたメモ情報を登録します。

登録のコードを確認するに先立って、まずは、前提となるメモ情報の構造を確認しておきましょう。これから保存するメモ情報（memolist）は、以下のようなハッシュの集合（配列）であるものとします。

メモ情報の構造

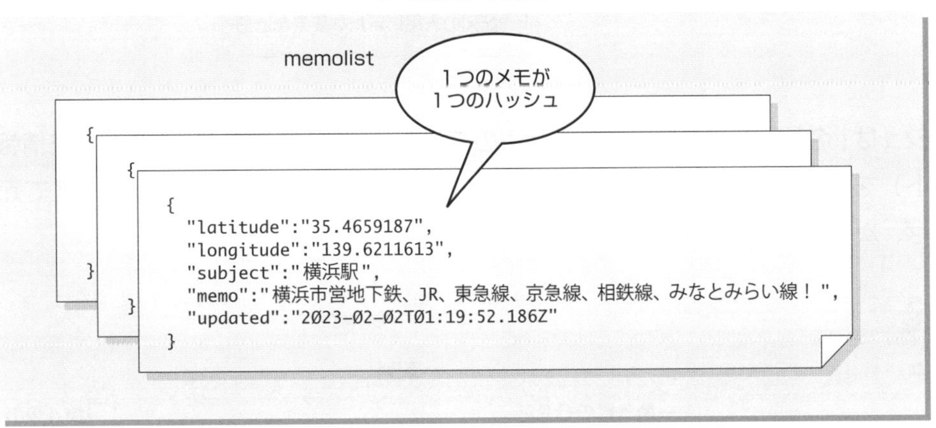

１つのメモを１つのハッシュで表し、ハッシュが登録されたメモの数だけ存在しているわけです。以降の説明も、先ほどの図を頭に思い浮かべながら読み進めるようにすると理解しやすいでしょう。

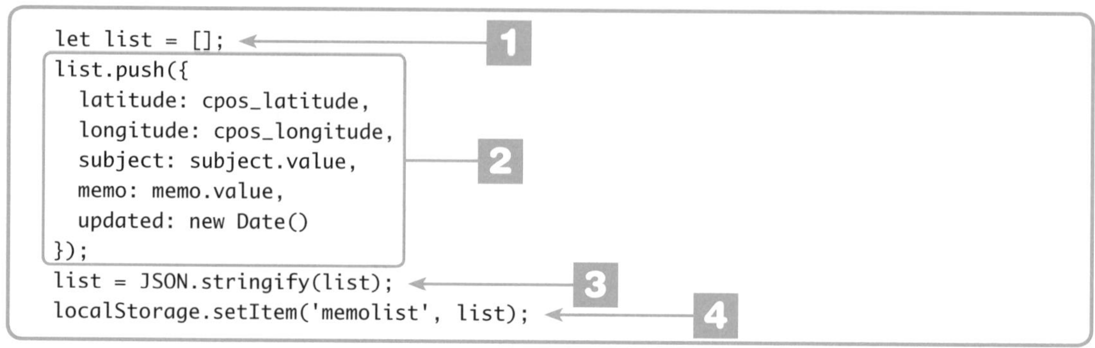

```
let list = [];
list.push({
  latitude: cpos_latitude,
  longitude: cpos_longitude,
  subject: subject.value,
  memo: memo.value,
  updated: new Date()
});
list = JSON.stringify(list);
localStorage.setItem('memolist', list);
```


まずは、メモ情報を表す空の配列を、変数listとして準備しておきます（1）。空の配列は、空のブラケット（[]）で表現できます。

この配列に対して、メモ情報を追加しているのが2です。**pushメソッド**は、配列オブジェクトのメソッドで、配列の末尾に新しい要素（ここではメモ情報を表すハッシュ）を追加しています。

pushメソッド

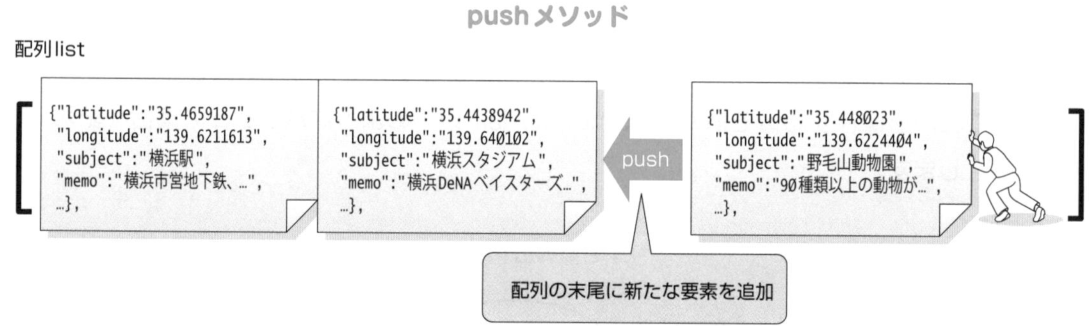

ハッシュは{ 名前: 値,… }の形式で表せるのでしたね。{…}の部分が、１つのメモ情報（オブジェクト）を表すわけです。ここではコンパクトに一文にまとめていますが、あえて冗長に書くならば、次のようになります。

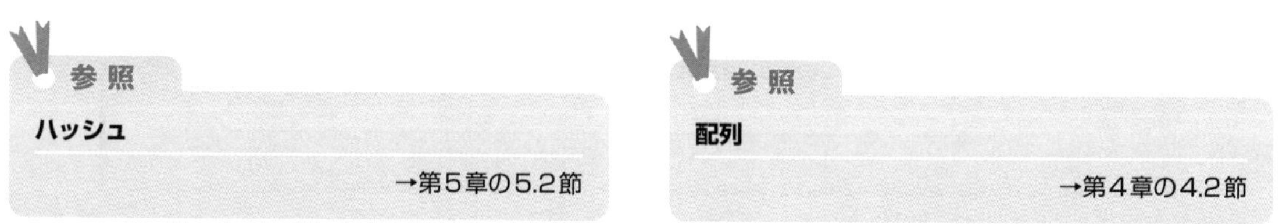

参照
ハッシュ
→第５章の5.2節

参照
配列
→第４章の4.2節

```
// ハッシュを作成しておいて...
const m_data = {
  latitude: cpos_latitude,
  longitude: cpos_longitude,
  subject: subject.value,
  memo: memo.value,
  updated: new Date()
};
// 配列の末尾に追加
list.push(m_data);
```

メモ情報ができたら、あとはこれをストレージに登録するだけです。もっとも、ここで注意すべき点が2つあります。

(a) メモ情報の保存先はローカルストレージ

メモ情報は、先ほどの位置情報（cpos_latitude、cpos_longitude）とは違って、ブラウザーを閉じたあとも維持しておきたい情報です。このような情報を保存するには、セッションストレージではなく、ローカルストレージを利用する必要があります。

繰り返しになりますが、

- セッションストレージはブラウザーを開いている間だけ保存したい情報
- ローカルストレージはブラウザーを閉じたあともとっておきたい情報

を管理するストレージであることを再確認しておきましょう。

(b) ストレージに保存できるのは文字列だけ

現在のブラウザーでは、ストレージに保存できるのは文字列だけです（厳密には、仕様上はオブジェクトも保存できるのですが、本書執筆時点では未対応です）。オブジェクトを指定してもエラーにはなりませんが、データの中身は実質、無意味なものになってしまいます。

ストレージにオブジェクトを登録した場合（デベロッパーツール）

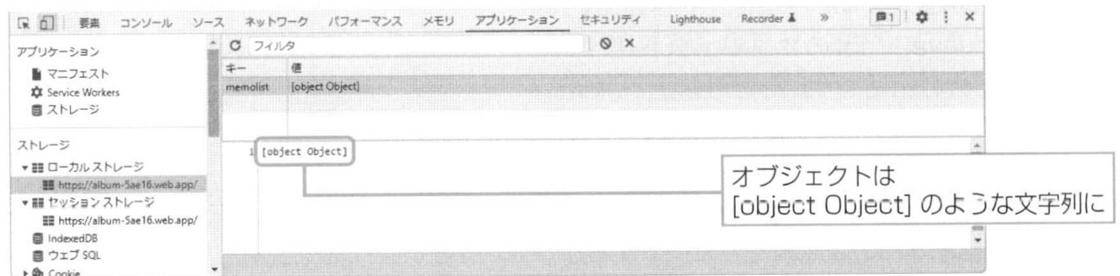

そこで、オブジェクトや配列をストレージに保存する場合には、あらかじめデータを文字列に変換しておく必要があります（3）。これを行うのが、**JSON.stringify**というメソッドです。

構文 stringifyメソッド

```
JSON.stringify(オブジェクト)
```

JSON.stringifyメソッドは、渡されたオブジェクトや配列を、**JSON（JavaScript Object Notation）**という記法で文字列に変換します。サンプルのメモ情報であれば、以下のような形式に変換されます（読みやすいように、適宜改行を入れています）。

```
{
  "latitude":"35.4659187",
  "longitude":"139.6211613",
  "subject":"横浜駅",
  "memo":"横浜市営地下鉄、JR、東急線、京急線、相鉄線、みなとみらい線！",
  "updated":"2023-02-02T01:19:52.186Z"
}
```

文字列になってしまえば、あとはこの章の6.1節で紹介したのと同じ要領で、setItemメソッドでストレージにデータを保存できます（4）。

文字列化されたオブジェクトを元に戻す方法については、改めて次の節で説明します。

用語

JSON

JSONとは、JavaScript Object Notationという名前のとおり、JavaScriptのオブジェクト（ハッシュ）を表すための記法です。その性質上、JavaScriptとの親和性も良いため、JavaScriptアプリと、外部のアプリとでデータをやりとりする場合によく利用します。近年では、多くのWebサービスとプログラミング言語がこのJSONをサポートするなど、事実上の標準フォーマットとなっています。

6.3 メモ情報の登録画面を改良しよう

サンプルを実際に動作させればわかるように、先ほどのサンプルは不完全です。というのも、毎回、配列を初期化しているため、最後の一件しかメモ情報を登録できないのです。そこでここでは、メモ情報を追記式に複数件登録できるように、サンプルを改良します。

[保存] ボタンクリック時の動作を修正しよう

1 作成済みのinput.jsを開き、以下のように編集する（色文字部分を変更・追加）。編集できたら、[すべて保存] ボタンをクリックする。

```
if (cpos_latitude === null || cpos_longitude === null) {
  window.alert('トップページからアクセスし直してください。');
  location.href = 'index.html';
}
// ローカルストレージにメモ情報を登録するコード
let list = localStorage.getItem('memolist');
if (list === null) {
  list = [];
} else {
  list = JSON.parse(list);
}
list.push({
  ...中略...
});
```

2 ターミナルから以下のコマンドを実行して、ファイルをデプロイする。

```
> firebase deploy
```

結果 ターミナルに「Deploy complete!」と表示され、最終行に「Hosting URL: https://album-XXXXX.web.app」と表示される。

3 パソコン上でChromeを起動し、「https://album-XXXXX.web.app/index.html」にアクセスする。

結果 現在のユーザーの位置に応じて、現在位置周辺の地図が表示される。

4 [現在位置にメモを登録する] リンクをクリックする。

結果 空のメモ入力フォームが表示される。

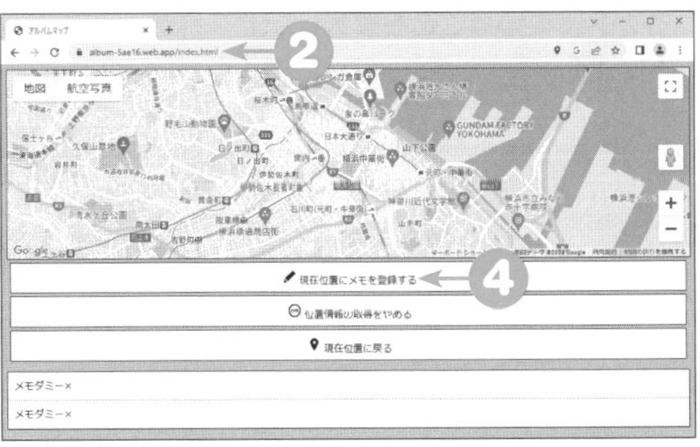

5 ［件名］と［メモ］に適当な情報を入力し、［保存］ボタンをクリックする。

結果 トップの地図表示画面に戻る。

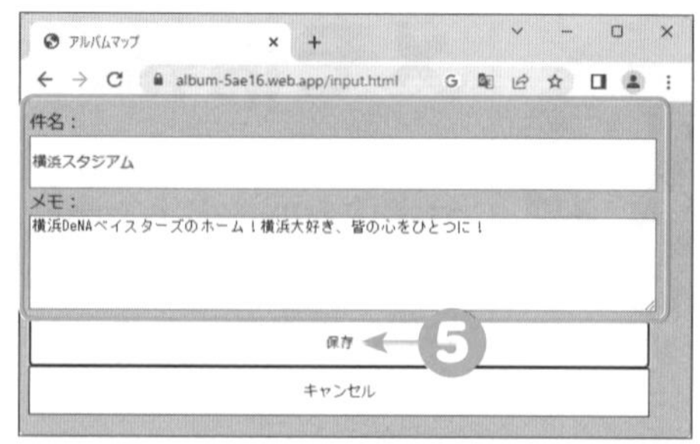

6 手順4～5を何度か繰り返す。

7 ⋮［Google Chromeの設定］ボタンをクリックして［その他のツール］－［デベロッパーツール］を選択する。

結果 デベロッパーツールが起動する。

8 デベロッパーツールの［アプリケーション］タブを選択し、左側のツリーで［ローカルストレージ］を展開して［https://album-XXXXX.web.app］を選択する。

結果 右のウィンドウでmemolistという1つのキーに、値に入力したメモ情報が複数個記録されている。

9 ブラウザーの右上の × ［閉じる］ボタンをクリックする。

結果 Chromeが閉じる。

ヒント

ストレージに内容が反映されない場合

ストレージに内容が反映されない場合は、キャッシュが残っている可能性があります。キャッシュをクリア（削除）するには、⋮［Google Chromeの設定］ボタンをクリックして［その他のツール］－［閲覧履歴を消去］を選択します。表示されたダイアログの［キャッシュされた画像とファイル］にチェックが入っていることを確認した上で、［データを削除］ボタンをクリックしてください。

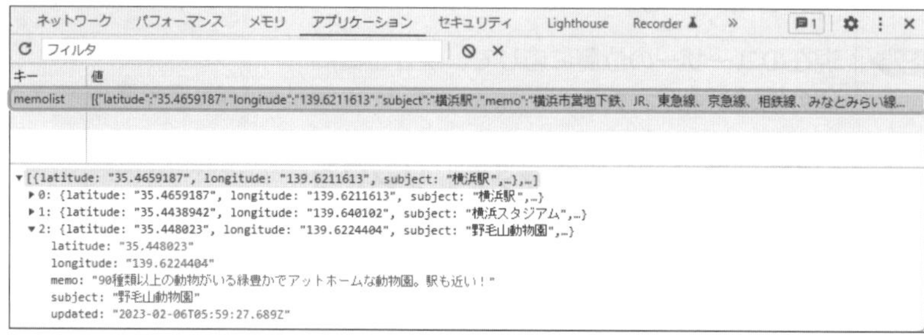

既存のメモ情報を取得するには

ストレージの同じキーに対して、データを追記していくには、以下のような流れで処理を進めます。

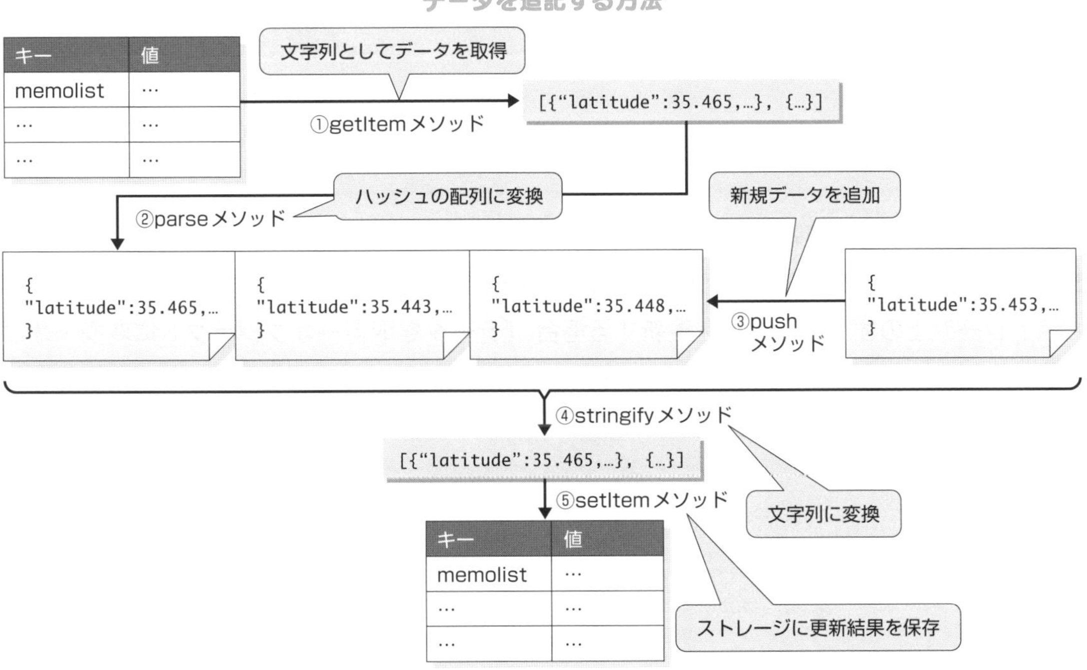

このうち、③～⑤については前の節で作成していますので、ここで追加しなければならないのは①～②の部分です。

```
let list = localStorage.getItem('memolist');   ← 1
if (list === null) {                            ┐
  list = [];                        ← 3         │
} else {                                        ├ 2
  list = JSON.parse(list);          ← 4         │
}                                               ┘
```

ストレージからデータを取り出すのは、getItemメソッドの役割でした（1）。メモ情報を登録したキーmemolistで取得します。

ただし、アプリを初めて利用する場合には、メモ情報memolistにはなにも登録されていないはずです。そこで2ではgetItemメソッドの戻り値（変数list）がnullであるかどうかを判定し、null（空）の場合は、変数listに空の配列をセットします（3）。

4は変数listが空でなかった場合の処理です。この章の6.2節でも見たように、ストレージに保存したオブジェクト（ハッシュ）は、あらかじめJSONという形式の文字列に変換されているのでした。これをJavaScript上で操作するには、あらかじめオブジェクトに再変換しておく必要があります。「JSON文字列→オブジェクト」の変換を行うのは、**JSON.parseメソッド**の役割です。

構文 parseメソッド

```
JSON.parse(JSON文字列)
```

これで、既存のメモ情報（群）をオブジェクトの配列として取得できました。あとは、オブジェクト配列に対して、先ほどと同じく、メモ情報を追加していくだけです。

ストレージ上のオブジェクトを更新する場合、「データを取得→オブジェクトに変換→オブジェクトを編集→文字列に変換→データを保存」という流れは定石でもありますので、きちんと覚えておくようにしてください。

～もう一度確認しよう！～ チェック項目

- □ ストレージから文字列を出し入れできるようになりましたか？
- □ ストレージの内容を、Chromeのデベロッパーツールで確認できましたか？
- □ ストレージにオブジェクト／配列のような構造化データを保存できるようになりましたか？
- □ ストレージ上のデータに対して追記できるようになりましたか？

第 7 章

保存したメモ情報を表示しよう

前の章までで、現在位置に関連付いたメモ情報をストレージに登録できました。前の章では、登録したメモ情報をデベロッパーツールで確認するだけでしたが、この章ではこれをトップ画面に表示するとともに、メモ情報を地図上にマーカー表示できるようにします。また、既存のメモ情報を削除するしくみも実装しましょう。

この章で学ぶこと

この章では、前の章で登録したメモ情報を表示／削除するための機能を実装していきます。

①アプリで使う共通機能を準備する
②メモ情報の一覧機能を実装する
③地図上にマーカーや情報ウィンドウを表示する
④メモ情報の削除機能を実装する

その過程を通じて、この章では次の内容を学習していきます。

- **再利用する機能を関数として切り出す方法**
- **繰り返し命令（for ／ for...of命令）の書き方**
- **クロスサイトスクリプティング脆弱性**
- **独自データ属性でスクリプトにパラメーター情報を渡す方法**
- **ストレージの内容を更新／削除する方法**

メモ情報を地図上の情報ウィンドウで表示

［×］リンクをタップすると、メモ情報を削除

共通機能を実装しよう

この章で利用する共通機能を関数（処理のかたまり）として準備しておきましょう。

アプリ共通で利用する関数を準備しよう

再利用する可能性のある機能は、できるだけ関数として切り出しておくことで、同じようなコードを記述する必要がなくなり、アプリの見通しをよくできます。

1 作成済みのindex.htmlを開いて、以下のように編集する（色文字部分を追加、網掛け部分を削除）。編集できたら、［すべて保存］ボタンをクリックする。

```
<head>
...中略...
<script src="https://maps.googleapis.com/maps/api/js?key=XXXXXXXXXXXXXXXXXX
XX&callback=Function.prototype" defer></script>
<script src="js/common.js" defer></script>
<script src="js/index.js" defer></script>
</head>
...中略...
<ul id="list">
  <li><a href="#">メモダミー</a> <a href="#">×</a></li>
  <li><a href="#">メモダミー</a> <a href="#">×</a></li>
</ul>
```

2 ［js］フォルダーに「common.js」という名前でファイルを作成して、以下のコードを入力する。

```
const h = (str) => {
  // (1) h関数の実処理を定義
  return str;
};
```

3 手順❷で作成したコードの（1）の部分に、以下のコードを追加する（色文字部分）。

```
const h = (str) => {
  // (1) h関数の実処理を定義
  if (str !== null) {
    // (2) 引数strが空でない場合の処理
  } else {
    // (3) 引数strが空である場合の処理
  }
  return str;
};
```

4 手順❸で作成したコードの（2）と（3）の部分に、以下のコードを追加する（色文字部分）。

```
const h = (str) => {
  // (1) h関数の実処理を定義
  if (str != null) {
    // (2) 引数strが空でない場合の処理
    str = str.toString();
    str = str.replace(/&/g, '&amp;');
    str = str.replace(/</g, '&lt;');
    str = str.replace(/>/g, '&gt;');
  } else {
    // (3) 引数strが空である場合の処理
    str = '';
  }
  return str;
};
```

5 入力を終え、以下のようなコードが完成していることを確認できたら、［すべて保存］ボタンをクリックする。保存に際しては、右下の文字コードがUTF-8になっていることを確認する。

参照

文字コード

→第３章の3.2節

```
const h = (str) => {
  // (1) h関数の実処理を定義
  if (str !== null) {
    // (2) 引数strが空でない場合の処理
    str = str.toString();
    str = str.replace(/&/g, '&amp;');
    str = str.replace(/</g, '&lt;');
    str = str.replace(/>/g, '&gt;');
  } else {
    // (3) 引数strが空である場合の処理
    str = '';
  }
  return str;
};
```

6 ターミナルから以下のコマンドを実行して、ファイルをデプロイする。

```
> firebase deploy
```

結果 ターミナルに「Deploy complete!」と表示され、最終行に「Hosting URL: https://album-XXXXX.web.app」と表示される。

7 パソコン上でChromeを起動し、「https://album-XXXXX.web.app/index.html」にアクセスする。

結果 現在のユーザーの位置に応じて、現在位置周辺の地図が表示される。

8 ⋮［Google Chromeの設定］ボタンをクリックして［その他のツール］-［デベロッパーツール］を選択する。

結果 デベロッパーツールが起動する。

9 デベロッパーツールの上端にある［コンソール］タブをクリックする。

結果 デベロッパーツールの下にコンソールが開き、入力を待ち受ける「>」が表示される。

ヒント

デベロッパーツールのコンソール機能

Chromeのデベロッパーツールに付属しているコンソールを利用すると、ページ上で読み込み済みの関数や変数に直接アクセスできます。デバッグ時の変数確認、または、本文での例のように、関数の簡単な動作確認などに利用できます。

10 コンソールから以下のコマンド（色文字部分）を入力し、Enterキーを押す。

結果 以下のような結果が得られることを確認する。

```
> h('<Tom & Jerry><br />')↵
"&lt;Tom &amp; Jerry&gt;&lt;br /&gt;"
```

結果

11 ブラウザーの右上の × ［閉じる］ボタンをクリックする。

結果 Chromeが閉じる。

関数とは処理のかたまり

関数は、なにもここで初めて登場するものではありません。これまでも、イベントリスナー、コールバック関数など、さまざまな局面で登場してきたfunction() {...} または () => {...}というブロックは、すべて関数です。

ただ、これまでは関数をメソッドの引数として埋め込んできましたので、「処理のかたまりを表すためのもの」としてしか意識することはありませんでした。しかし、本来、関数とは「他の場所から再利用するための処理を表すしくみ」です。

関数を再利用するには、関数を変数にセットしておくだけです。

構文 再利用できる関数

```
const 名前 = (引数,...) => {
  ...呼び出したい処理...
};
```

変数にセットするとは、関数に名前を付けることである、と言い換えてもよいでしょう。このようにしておくことで、あとは「名前(引数,...)」の形式で関数を呼び出せるようになります。

それでは、前の項で定義したh関数について、中身のコードを読み解いていきましょう。

文字列をHTMLエスケープする ― h関数

HTMLエスケープとは、文字列に含まれるHTML予約文字 ― 具体的には「<」「>」「&」のような文字を「<」「>」「&」のような文字列に変換することを言います。

ブラウザーは、HTML予約文字を含んだ、たとえば「<Tom & Jerry>」のような文字列を正しく表示できません。よって、中身を想定できないユーザーからの入力値をJavaScriptなどで動的に表示する場合、エスケープ処理は必須です。

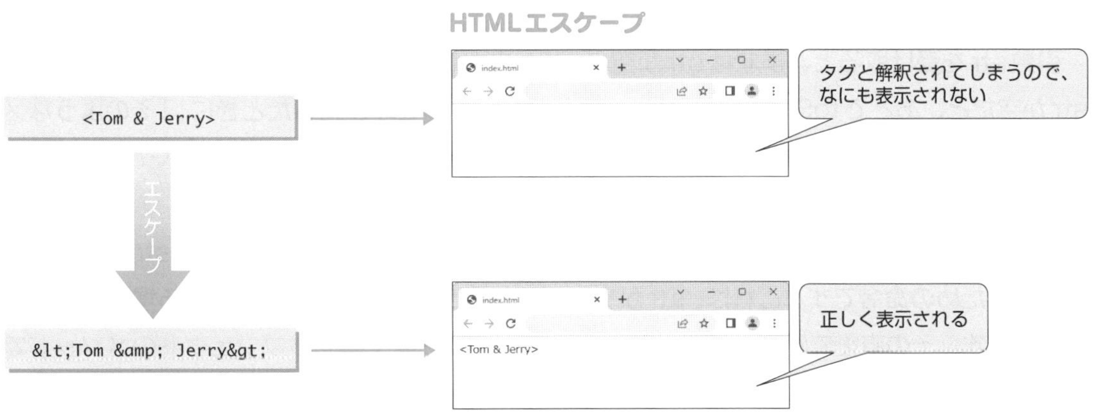

エスケープ処理の機能を提供しているのは、この節の冒頭で定義したh関数です。h関数は、以下の構文で呼び出すことができます。

構文 h関数

```
h(文字列)
```

戻り値は、エスケープ済みの文字列です。先ほどの手順⑩でも見たように、「<Tom & Jerry>
」は「<Tom & Jerry>
」という文字列に変換されます。

具体的なコードも見てみましょう。

```
const h = (str) => {
  if (str !== null) {            ← 1
    str = str.toString();
    str = str.replace(/&/g, '&amp;');   ← 2
    str = str.replace(/</g, '&lt;');
    str = str.replace(/>/g, '&gt;');
  } else {
    str = '';                    ← 3
  }
  return str;
};
```

引数strを受け取ると、まずはstrが空（null）でないかをチェックしています（1）。引数strが空だと、あとでtoString、replaceなどのメソッドを呼び出したときに、「そのようなメソッドはない！」とエラーになってしまうためです。そもそも空の場合にはエスケープ処理も不要ですので、単純に空文字列をセットしています（3）。

h関数の中心となるのは、2の部分です。最初のtoStringメソッドは、引数strを文字列に変換するための命令です。これは、strが文字列以外のデータ（主に数値）である場合に備えての措置です。その直後で呼び出しているreplaceメソッドは文字列オブジェクトのメソッドですので、引数strが数値の場合は利用できません（エラーとなります）。JavaScriptはデータ型に寛容な言語ですが、メソッドを呼び出すような場合などには、型をまったく意識しなくてよいというわけではありませんので、注意してください。

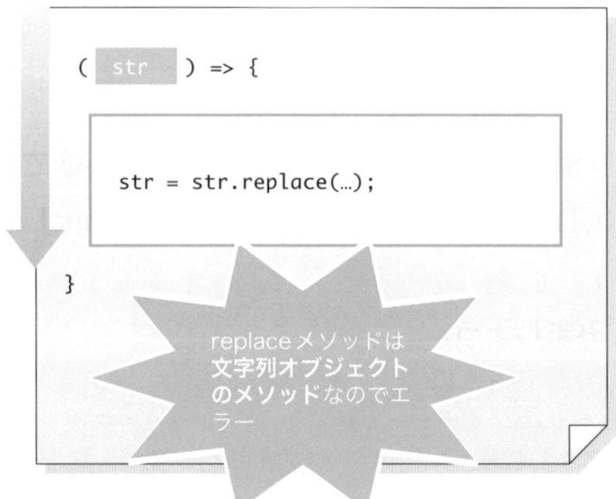

引数strを文字列に変換したら、あとは**replaceメソッド**でHTML予約文字を置き換えます。

構文 replaceメソッド

```
replace(置き換え対象の文字列, 置き換え後の文字列)
```

第１引数には「/&/g」のようなやや見慣れない表現がありますが、これはJavaScriptで正規表現を表す記法です。正規表現については、第４章の4.1節と次ページのコラムでも扱っていますので、まずここでは

・「&」→「&」
・「<」→「<」
・「>」→「>」

のルールで文字列を置き換えているとだけ理解しておいてください。

参照

正規表現

→第４章の4.1節

コラム

JavaScriptでの正規表現

JavaScriptで正規表現パターンを表現するには、(1) RegExpオブジェクトを利用する方法と、(2) 正規表現リテラルで表す方法とがあります。

構文 正規表現パターン

```
(1) new RegExp('正規表現パターン', 'オプション') … RegExpオブジェクト
(2) /正規表現パターン/オプション                  … 正規表現リテラル
```

サンプルでは、(2) の構文を利用していたわけです。基本はこちらの構文を利用し、正規表現パターンを動的に組み立てたいという場合にのみ (1) の構文を利用するとよいでしょう。

オプションは、正規表現の挙動を左右するパラメーターで、以下のような値を設定できます。複数指定する場合には、'gi'のように並べてください。

■ 正規表現の主なオプション

オプション	概要
g	文字列全体を検索するか（既定では、最初の1つのみを検出）
i	大文字／小文字を区別するか
m	複数行検索に対応するか（改行コードを行頭／行末と認識するか）

本文の例であれば、gオプションを有効にしていますので、それぞれ「&」「<」「>」を文字列全体から検索し、すべて置き換えるという意味になります。gオプションを省略した場合、文字列の最初の「&」「<」「>」しか置換されなくなりますので、要注意です。

クロスサイトスクリプティング脆弱性に注意

ユーザー入力や外部サービスから受け取った文字列をエスケープ処理するのは、ただ単に「<」や「>」などのHTML予約文字を正しく表示するという以上に、重要な目的を持っています。それは「クロスサイトスクリプティング脆弱性の防止」です。

クロスサイトスクリプティング脆弱性とは、ごく簡単に言ってしまうと、（サイト管理者ではない）第三者が、他人のアプリ上で勝手にJavaScriptのコードを動かせてしまう問題のことを言います。

たとえば、以下のようなJavaScriptのコードを考えてみましょう。変数inputは、エンドユーザーがテキストボックスなどから入力した値を表すものとします。

```
result.innerHTML = input
```

ごく基本的なJavaScriptのコードですが、これは典型的なクロスサイトスクリプティング脆弱性を含んだコードです。たとえば、変数inputに「<div onclick="alert('危険！')">山田太郎<div>」のような文字列が含まれているとしましょう。すると、このコードは要素resultに対してonclick属性を含んだ<div>タグをそのまま埋め込んでしまい、表示された「山田太郎」という文字列をクリックすると、以下の図のようにダイアログボックスを表示してしまうのです。

クロスサイトスクリプティング脆弱性（エスケープしない場合）

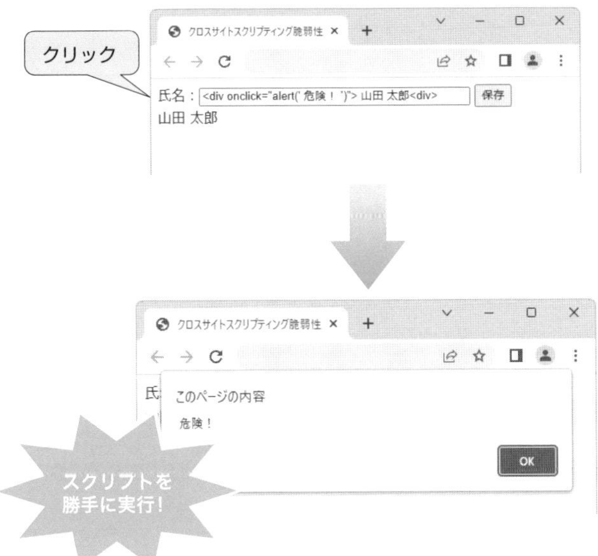

> **ヒント**
>
> **onclick属性**
>
> onclick属性は、「その要素をクリックしたときに、指定されたJavaScriptのコードを実行しなさい」という意味です。イベントに応じて、onmouseup、onloadのような属性も利用できます。

前ページの例では、警告ダイアログを表示しているだけですが、スクリプトの内容によっては、クッキーやストレージの内容を盗聴したり、サイトの内容を改ざんしたりといった攻撃も可能になります。危険の度合いは、アプリの内容によりけりですが、いずれにせよ、管理者が意図しないスクリプトを勝手に実行できてしまうという状態は、絶対に避けるべきです。

クロスサイトスクリプティング脆弱性を避けるには、これまで何度も述べてきたように動的に埋め込む文字列をエスケープ処理することです。これによって、「<div onclick=...」のような文字列は「<div onclick=...」と変換され、ブラウザー上でも「<div onclick=...」と文字列として表示されるようになります。

クロスサイトスクリプティング脆弱性（エスケープした場合）

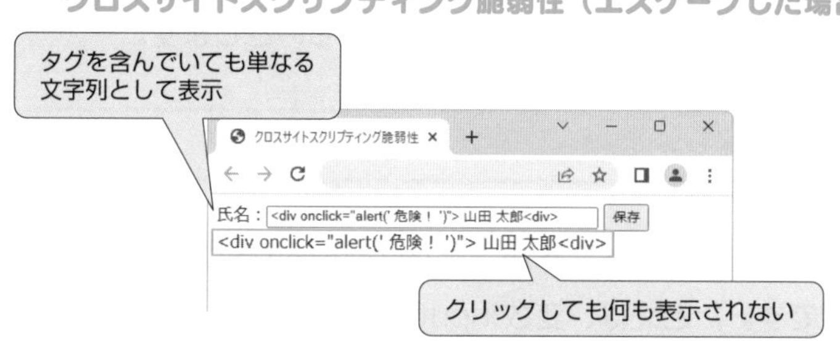

HTMLの進化に伴い、ブラウザーでできることはますます広がっています。そこには、さまざまなセキュリティ上の落とし穴もあります。クロスサイトスクリプティング脆弱性は、その落とし穴の代表的なひとつにすぎませんので、本書を読み終えたあとは、改めてセキュリティの専門書を確認することをお勧めします。

ヒント

XSS

クロスサイトスクリプティング脆弱性は、XSSと省略する場合もあります。英語ではCross Site Scriptingなので本当はCSSですが、Cascading Style Sheetsとの区別が付かないため、クロスサイトスクリプティングはXSSと略すのが一般的です。

メモ情報を一覧表示しよう

共通機能を準備できたところで、いよいよ前の章で記録したメモ情報をトップページ（index.html）に表示してみましょう。

メモ一覧機能を実装しよう

1 作成済みのindex.jsを開いて、以下のように編集する(色文字部分を追加)。

```
// ページ本体が読み込まれたタイミングで実行するコード
let w_id, gmap, c_point;
const result = document.getElementById('result');
const stopwatch = document.getElementById('stopwatch');

const showmemo = () => {
  // (1) ローカルストレージからデータを取得するコード
};

stopwatch.addEventListener('click',
  ...中略...
);

if (navigator.geolocation) {
  ...中略...
} else {
  window.alert('Geolocation APIに対応しているブラウザーでアクセスしてください。');
}
showmemo();
```

2 手順❶で作成したコードの（1）の部分に、以下のコードを追加する（色文字部分）。

```
const showmemo = () => {
  // (1) ローカルストレージからデータを取得するコード
  let msg = '';
  let list = localStorage.getItem('memolist');
  if (list !== null) {
    // (2) ローカルストレージからmemolistを取得できた場合の処理
  }
};
```

3 手順❷で作成したコードの（2）の部分に、以下のコードを追加する（色文字部分）。

```
if (list !== null) {
  // (2) ローカルストレージからmemolistを取得できた場合の処理
  list = JSON.parse(list);
  for (let i = 0; i < list.length; i++) {
    // (3) リストを表すタグを組み立て
  }
  const r_list = document.getElementById('list');
  r_list.innerHTML = msg;
}
```

4 手順❸で作成したコードの（3）の部分に、以下のコードを追加する（色文字部分）。

```
for (let i = 0; i < list.length; i++) {
  // (3) リストを表すタグを組み立て
  msg += `<li>
    <a href="#" class="show" data-id="${h(i)}">
      ${h(list[i].subject)}
    </a>
    <a class="del" href="#" data-id="${h(i)}">×</a>
    </li>`;
}
```

5 入力を終え、以下のようなコードが完成していることを確認できたら、［すべて保存］ボタンをクリックする。

```
// ページ本体が読み込まれたタイミングで実行するコード
let w_id, gmap, c_point;
const result = document.getElementById('result');
const stopwatch = document.getElementById('stopwatch');

const showmemo = () => {
  // (1) ローカルストレージからデータを取得するコード
  let msg = '';
  let list = localStorage.getItem('memolist');
  if (list !== null) {
    // (2) ローカルストレージからmemolistを取得できた場合の処理
    list = JSON.parse(list);
    for (let i = 0; i < list.length; i++) {
      // (3) リストを表すタグを組み立て
      msg += `<li>
        <a href="#" class="show" data-id="${h(i)}">
          ${h(list[i].subject)}
        </a>
        <a class="del" href="#" data-id="${h(i)}">×</a>
        </li>`;
    }
```

```
      const r_list = document.getElementById('list');
      r_list.innerHTML = msg;
    }
  };

  stopwatch.addEventListener('click',
    ...中略...
  );

  if (navigator.geolocation) {
    ...中略...
  } else {
    window.alert('Geolocation APIに対応しているブラウザーでアクセスしてください。');
  }
  showmemo();
```

6 ターミナルから以下のコマンドを実行して、ファイルをデプロイする。

```
> firebase deploy
```

結果 ターミナルに「Deploy complete!」と表示され、最終行に「Hosting URL: https://album-XXXXX.web.app」と表示される。

7 スマホ端末のブラウザーを起動し、「https://album-XXXXX.web.app/index.html」にアクセスする。

結果 現在のユーザーの位置に応じて、現在位置周辺の地図が表示される。

8 ［現在位置にメモを登録する］リンクをタップする。

結果 空のメモ入力フォームが表示される。

9 ［件名］と［メモ］に適当な情報を入力し、［保存］ボタンをタップする。

結果 トップの地図表示画面に戻り、地図の下にメモタイトルが表示される。

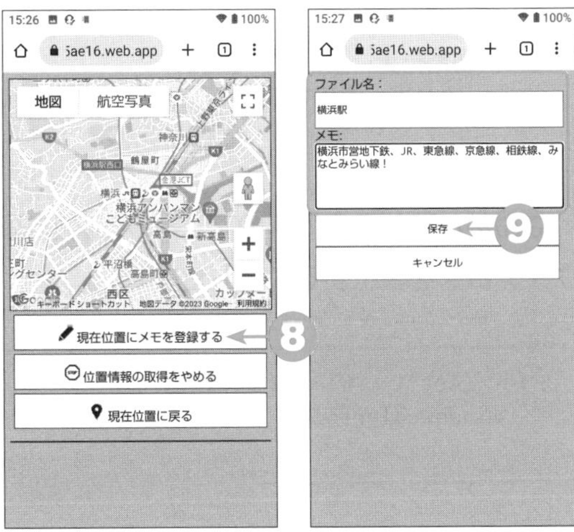

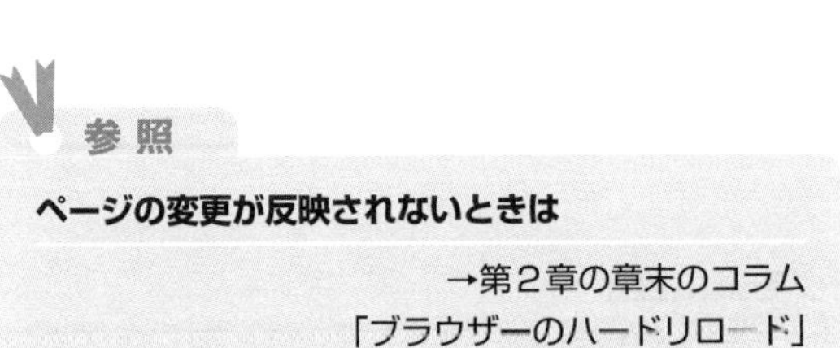

参照

ページの変更が反映されないときは

→第２章の章末のコラム
「ブラウザーのハードリロード」
→第４章の章末のコラム
「キャッシュのクリア方法」

10 手順⑧～⑩を何度か繰り返す。

結果 繰り返した数だけメモ情報がリストに追加される。

メモが登録された

登録した数だけメモが表示された

注意

ストレージの保存先

前の章では、メモ情報の登録をパソコン上で行っていますので、その情報は表示されません。ストレージデータはパソコン、スマホなど端末に保存される情報だからです。当たり前と言えば当たり前ですが、意外と勘違いしやすいところなので、戸惑わないようにしてください。

処理を繰り返し実行する — for命令

メモ情報の表示部分を説明をする前に、JavaScriptの制御命令であるforについて触れておきます。for命令は、指定された回数だけ処理を実行する**繰り返し命令**です。

構文 for命令

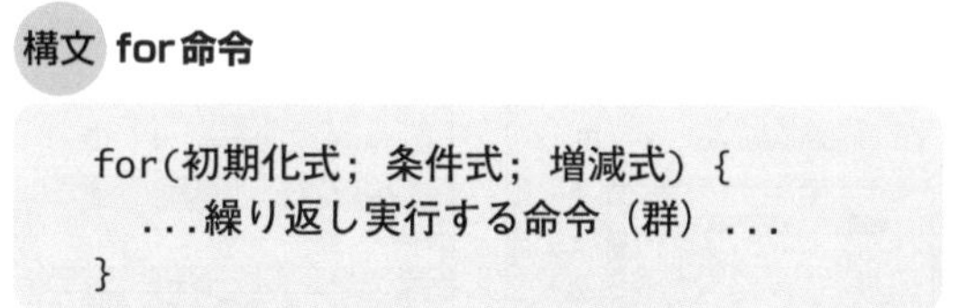

```
for(初期化式; 条件式; 増減式) {
  ...繰り返し実行する命令（群）...
}
```

参照

制御命令

→第4章の4.2節

なんだか難しそうですので、とりあえず簡単なコードを示します。以下は、0、1、2と3回ダイアログを表示するコードです。

```
for (let i = 0; i < 3; i++) {
  window.alert(i);
}
```

0、1、2とダイアログを順に表示

for命令では、初期化式、条件式、増減式という３つの式で繰り返しを表現します。

まず、**初期化式**はforブロックに入った最初のループで実行されます。この場合であれば、「let i = 0;」で変数iに0をセットします。このiはループの回数をカウントするための変数であることから、**カウンター変数**とも言います。

次に、**条件式**でループを繰り返していいかを判定します。サンプルでは「i < 3」ですので、変数iが３未満であればループを繰り返します。

最後に、**増減式**はループの処理を１回終えるたびに実行されます。サンプルでは「i++」の部分です。「i++」は「i = i + 1」の省略形ですので、ループのたびに、変数iが１ずつ加算されるということです。

以上の流れをまとめたものが、以下の図です。変数iが0〜3に変化していく過程を、コードと見比べながら確認してみましょう。

for命令の動作

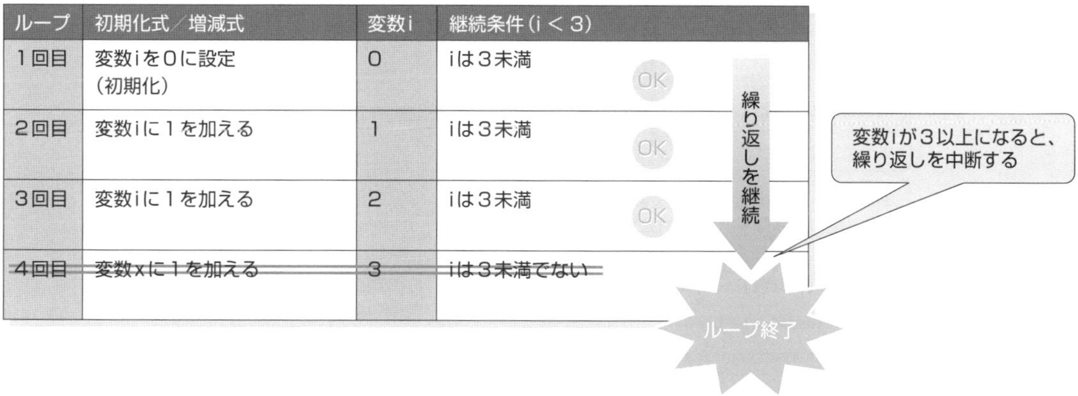
ループ
初期化式／増減式
変数i
継続条件（i < 3）
1回目
変数iを0に設定（初期化）
0
iは３未満
OK
2回目
変数iに１を加える
1
iは３未満
OK
3回目
変数iに１を加える
2
iは３未満
OK
4回目
変数xに１を加える
3
iは３未満でない
繰り返しを継続
変数iが３以上になると、繰り返しを中断する
ループ終了

ストレージの内容をリストに整形するには

メモ情報をリスト表示する部分は、あとから他の場所でも再利用するため、独立したshowmemo関数として定義し、必要箇所で「showmemo()」で呼び出すだけにしています。

もっとも、showmemo関数の内容も、実はここまでの内容をきちんと理解していれば、難しいところはほとんどありません。今一度、おさえておきたいポイントをリストアップしておきましょう。

・メモ情報リストの構造（第６章の6.2節）

・ローカルストレージからオブジェクト配列を取得する方法（第６章の6.3節）

・テンプレート文字列による変数の埋め込み（第５章の5.1節）

特に、ストレージからオブジェクトを取り出す場合、取得した文字列をJSON.parseメソッドでオブジェクトに変換しなければならない点は、要注意です。

メモ情報（memolist）をオブジェクト配列として取得できてしまえば、あとはforループで配列から順番にオブジェクトを取り出し、そのプロパティをテンプレート文字列で埋め込んでいくだけです。その際、先ほど用意したh関数で埋め込む変数をエスケープ処理している点にも注目です。

メモリストを表示する流れ

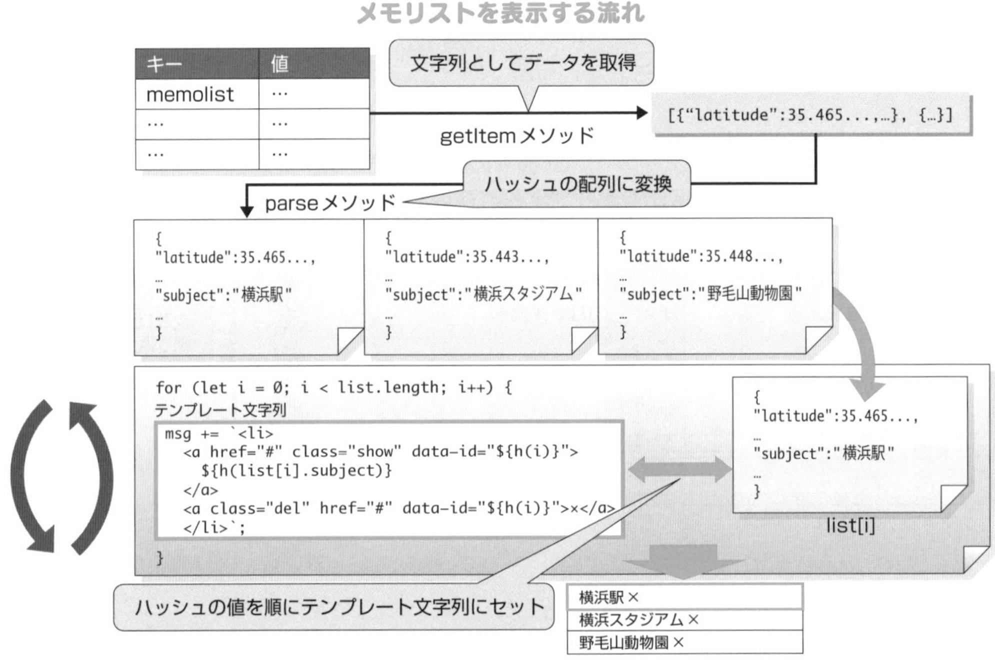

ヒント

h関数の適用

h関数は、基本的にすべての${...}に適用すべきです。この例であれば、${i}は、iが数値であることがわかっているので、エスケープしなくてもよいように見えます。しかし、一般的なアプリでは、iがどこで生成されているのかを把握するのはより困難です。そして、それらのひとつひとつについて、h関数が必要かどうかを検討するくらいならば、動的に埋め込む値はすべてエスケープする方がシンプルですし、漏れもなくなります。

タグ付きテンプレート文字列

タグ付きテンプレート文字列という機能を利用することで、すべての${...}に対して一律にh関数を適用するような処理を自動化できます。たとえば、「esc`...`」のように表すことで、テンプレート文字列内部をesc関数で処理できるようになります。
本書では若干内容が難しいことから詳細は割愛しますが、興味を持った人は一段階上の知識として、山田祥寛著『改訂３版JavaScript本格入門』（技術評論社）などの専門書で調べてみてください。

以下はループひとつで作成される最終的なタグの例です。

```
<li>
  <a href="#" class="show" data-id="0">横浜駅</a>
  <a class="del" href="#" data-id="0">×</a>
</li>
```

data-xxxxx属性は、HTML5から使えるようになった**グローバル属性**で、目的に応じて開発者が自由に名前と値を設定できる特別な属性です。**独自データ属性**と呼ばれる場合もあります。

いきなり「自由な値を」と言われても困ってしまうかもしれませんが、主にスクリプトで利用するパラメーター情報を用意しておくための属性と思っておけばよいでしょう。xxxxx（名前）の部分には、小文字のアルファベット（a～z)、ハイフン（-)、アンダースコア（_）などの文字を利用できます。

data-xxxxx属性の役割

HTMLファイル

```
<a href="#" class="show" data-id="0">横浜駅</a>
 <a class="del" href="#" data-id="0">×</a>
```

0番目のデータだよ！

```
(e) => {
    リンククリック時の処理
    0番目のデータを表示 or 削除
}
```

JavaScriptファイル

data-xxxxx属性はスクリプトで利用できるパラメーター情報を表す

サンプルでは、data-idという属性によって、現在のメモ情報のインデックス番号を表しています。この値は、あとからメモ情報を表示／削除する際に利用できます（具体的な取得の方法は、この章の7.3節で説明します)。

このように、可変な情報(パラメーター)と機能(スクリプト)を明確に切り離しておくことで、

・あとからコードが再利用しやすくなる
・タグの見通しが良くなる

というメリットがあります。

用語

グローバル属性

すべてのタグで共通して利用できる属性のことです。data-xxxxx属性のほかにも、id、class、title、styleなどがグローバル属性です。

地図上にメモをピン立てしよう

メモ一覧で件名をタップしたら、地図上にピン（マーカー）が表示されるようにしてみましょう。ピンをタップすると、情報ウィンドウが開いてメモの詳細も表示できます。

メモタイトルをタップしたときの動作を実装しよう

1 作成済みのindex.jsを開いて、以下のように編集する（色文字部分を追加）。

```
let w_id, gmap, c_point;
const result = document.getElementById('result');
const stopwatch = document.getElementById('stopwatch');

const showmap = (e) => {
  // (1) メモタイトルをタップした場合の処理を定義
};

const showmemo = () => {
  // ローカルストレージからデータを取得するコード
    ...中略...
    const r_list = document.getElementById('list');
    r_list.innerHTML = msg;
    const subjects = document.querySelectorAll('#list a.show');
    for(let subject of subjects) {
      subject.addEventListener('click', showmap, false);
    }
  }
};
```

2 手順❶で作成したコードの（1）の部分に、以下のコードを追加する（色文字部分）。

```
const showmap = (e) => {
  // (1) メモタイトルをタップした場合の処理を定義
  const id = e.target.dataset.id;
  let list = localStorage.getItem('memolist');
  if (list !== null) {
    // (2) メモ情報が存在する場合の処理を定義
  }
};
```

3 手順❷で作成したコードの（2）の部分に、以下のコードを追加する（色文字部分）。

```
const showmap = (e) => {
  // (1) メモタイトルをタップした場合の処理を定義
  const id = e.target.dataset.id;
  let list = localStorage.getItem('memolist');
  if (list !== null) {
    // (2) メモ情報が存在する場合の処理を定義
    list = JSON.parse(list);
    const item = list[id];
    const point = new google.maps.LatLng(
      item.latitude, item.longitude);
    const marker = new google.maps.Marker({
      // (3) マーカーの基本情報を定義
    });
    const msg = `<strong>${h(item.subject)}</strong><br />${h(item.memo)}`;
    const info = new google.maps.InfoWindow({
      // (4) メッセージウィンドウの基本情報を定義
    });
    google.maps.event.addListener(marker, 'click',
      () => {
        // (5) マーカータップ時の挙動を定義
      });
    gmap.setCenter(point);
  }
};
```

4 手順❸で作成したコードの（3）の部分に、以下のコードを追加する（色文字部分）。

```
const marker = new google.maps.Marker({
  // (3) マーカーの基本情報を定義
  map: gmap,
  position: point
});
```

5 手順❸で作成したコードの（4）の部分に、以下のコードを追加する（色文字部分）。

```
const info = new google.maps.InfoWindow({
  // (4) メッセージウィンドウの基本情報を定義
  content: msg
});
```

6 手順❸で作成したコードの（5）の部分に、以下のコードを追加する（色文字部分）。

```
google.maps.event.addListener(marker, 'click',
  () => {
    // (5) マーカータップ時の挙動を定義
    info.open(gmap, marker);
  });
```

7 入力を終え、以下のようなコードが完成していることを確認できたら、［すべて保存］ボタンをクリックする。

```
let w_id, gmap, c_point;
const result = document.getElementById('result');
const stopwatch = document.getElementById('stopwatch');

const showmap = (e) => {
  // (1) メモタイトルをタップした場合の処理を定義
  const id = e.target.dataset.id;
  let list = localStorage.getItem('memolist');
  if (list !== null) {
    // (2) メモ情報が存在する場合の処理を定義
    list = JSON.parse(list);
    const item = list[id];
    const point = new google.maps.LatLng(
      item.latitude, item.longitude);
    const marker = new google.maps.Marker({
      // (3) マーカーの基本情報を定義
      map: gmap,
      position: point
    });
    const msg = `<strong>${h(item.subject)}</strong><br />${h(item.memo)}`;
    const info = new google.maps.InfoWindow({
      // (4) メッセージウィンドウの基本情報を定義
      content: msg
    });
    google.maps.event.addListener(marker, 'click',
      () => {
        // (5) マーカータップ時の挙動を定義
        info.open(gmap, marker);
    });
    gmap.setCenter(point);
  }
};

const showmemo = () => {
  // ローカルストレージからデータを取得するコード
    ...中略...
    const r_list = document.getElementById('list');
    r_list.innerHTML = msg;
```

```
    const subjects = document.querySelectorAll('#list a.show');
    for(let subject of subjects) {
      subject.addEventListener('click', showmap, false);
    }
  }
};
```

8 ターミナルから以下のコマンドを実行して、ファイルをデプロイする。

```
> firebase deploy
```

結果 ターミナルに「Deploy complete!」と表示され、最終行に「Hosting URL: https://album-XXXXX.web.app」と表示される。

9 スマホ端末のブラウザーを起動し、「https://album-XXXXX.web.app/index.html」にアクセスする。

結果 現在のユーザーの位置に応じて、現在位置周辺の地図が表示される。地図の下には、登録済みのメモリストが表示される。

10 リストから適当なメモタイトルをタップする。

結果 地図が移動し、メモに関連付いた地点にマーカーが立つ。

11 地図上のマーカーをタップする。

結果 情報ウィンドウが開き、メモ情報が表示される。

メモ情報が表示された

複数の要素に対してまとめてイベント処理を登録するには

これまでは、特定のボタンやリンクに対してイベント処理（イベントリスナー）を登録してきましたが、今回は対象が複数となる点が異なります。メモリストの、それぞれのリンクに対してclickイベントを登録しなければならないのです。

もっとも、コードが少し面倒になるというだけで、考え方はそれほど難しくはありません。以下のコードに注目してください。

```
const subjects = document.querySelectorAll('#list a.show');  ← 1
for(let subject of subjects) {                                  ← 2
  subject.addEventListener('click', showmap, false);           ← 3
}
```

(1) 複雑な条件で要素を取得する

まず、対象となる要素（群）を取得します。ただし、「id="list"である要素配下の、class属性が"show"である<a>要素」のような条件で要素を検索するのに、これまで利用してきたgetElementByIdメソッドは使えません。

代わりに、**querySelectorAllメソッド**を利用してください（1）。

構文 querySelectorAllメソッド

```
document.querySelectorAll(セレクター)
```

[例]

```
let subjects = document.querySelectorAll('#list a.show');
```

querySelectorAllメソッドは、「Selector」という名前のとおり、CSSのセレクターを使って目的の要素を指定できる、優れもののメソッドです。第3章の3.3節でも見たように、セレクターは細かな検索条件を、ごく短いコードで表現できます。とても重要なので、今一度該当ページを見直しておいてください。getElementsByXxxxxメソッドを利用できないような複雑な条件で要素を取得したい場合に利用します。

querySelectorAllメソッドは、セレクターに合致した「すべての」要素を要素オブジェクトとして返します。もしも、セレクターに合致した「最初の」要素だけを取得したいならば、**querySelectorメソッド**を利用してください。

構文 querySelectorメソッド

```
document.querySelector(セレクター)
```

参照

getElementByIdメソッド

→第4章の4.2節

(2) 取得した要素（群）を順番に取り出す

取得した要素群を順番に取り出すには、for...ofという命令を利用します（2）。for命令にも似ていますが、forがループの回数をあらかじめ決めていたのに対して、for...ofは用意されたオブジェクトの個数からループの回数を決めます。

構文 for...of命令

```
for (仮変数 of オブジェクト群) {
  ...繰り返し実行する命令（群）...
}
```

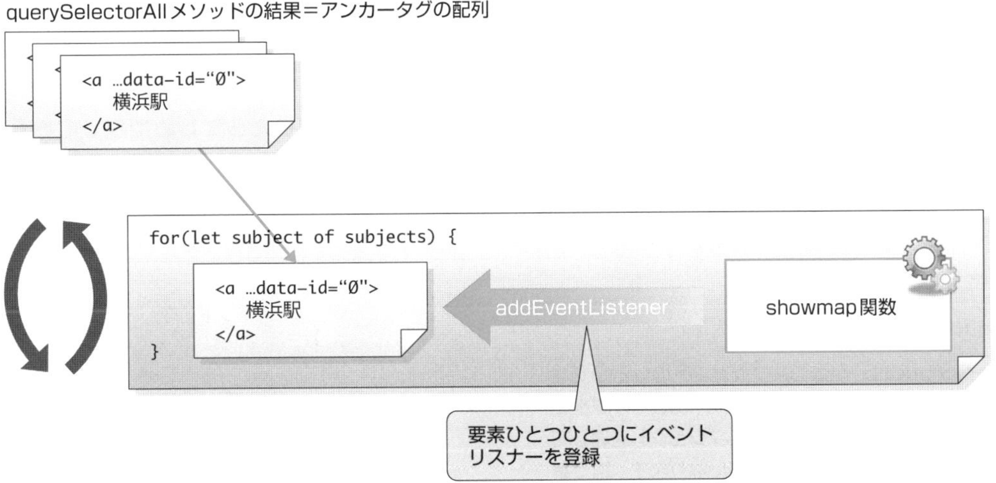

この例であれば、querySelectorAllメソッドで取り出した要素の集合を順に変数（仮変数subject）に代入し、それぞれに対して順番にイベント処理を登録しているわけです。

for よりも for...of

for...ofは、forで書き換えることもできます。しかし、一般的にはfor...ofの方がforよりもシンプルにコードを書けます。for...ofが利用できるところでは、できるだけfor...ofを優先して利用してください（この章の7.2節でforを利用しているのは、オブジェクトの順番を数えるためにカウンター変数iを利用していたからです）。

(3) イベントとイベントリスナーが1：nの関係にある場合

addEventListenerメソッドの書き方にも要注目です（3）。これまでは、イベントリスナーは右のように表してきました。

```
要素オブジェクト.addEventListener('イベント名',
  (e) => {
    ...イベント発生時に行うべき処理...
  },
  false);
```

この書き方は、イベントとイベントリスナーが1：1の関係にあるときは良いのですが、複数の要素／イベントで同じ処理を行いたい場合には、それぞれに同じコードを書かなければならず、不便です（この場合であればコード自体は一箇所にまとまりますが、forループの都度、同じイベント処理を作成＆登録するのは無駄なことです）。

そのような場合には、サンプルのように、イベント処理だけを関数として別に用意しておいて、addEventListenerメソッドで関数名を紐付けます。

これならば、同じ処理をひとつにまとめられるので、コードがシンプルになります。

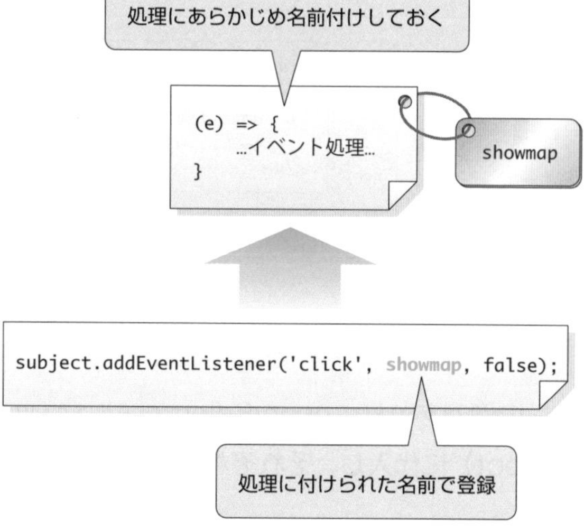

Functionオブジェクト

JavaScriptでは、関数もオブジェクトのひとつです（Functionオブジェクト）。そのため、関数をオブジェクトとして定義しておき、そのオブジェクトを通じて関数を呼び出すということが可能になります。第5章からGoogle Maps APIを使い始めましたが、そのスクリプトの読み込み時のクエリパラメーターに渡している「callback=Function.prototype」も関数オブジェクトの指定です。この場合のFunction.prototypeは実質的に「なにもしない」関数となっています。

タップされたメモ情報を取得するには

メモ情報を表示するにあたって、まずはメモ情報（memolist）から目的のメモ情報を取り出す必要があります。これを行っているのが以下の部分です。

```
const id = e.target.dataset.id;           ← 1
let list = localStorage.getItem('memolist');  ┐
if (list !== null) {                          │ 2
  list = JSON.parse(list);                    ┘
  let item = list[id];                    ← 3
```

localStorage.getItemメソッドでローカルストレージにアクセスし、取り出したメモ情報（memolist）をJSON.parseメソッドでハッシュの配列として復元して…といった流れは、既に第6章の6.3節でも見たところですね（2）。

ここでポイントとなるのは、1の部分です。先ほど、独自データ属性で保存していたdata-id属性（メモ情報のインデックス番号）の値を取り出しています。

変数eは、イベント情報を管理するイベントオブジェクトです。イベントオブジェクトのtargetプロパティにアクセスして、まずイベントが発生した要素オブジェクト（ここではアンカータグ）を取得します。data-xxxxx属性の値は、その**datasetプロパティ**で取得できます。

構文 datasetプロパティ

```
dataset.名前
```

「名前」には、data-xxxxx属性のxxxxxの部分を指定します。ただし、xxxxxに含まれるハイフン（-）は取り除いて、単語の区切りでは大文字とします（たとえば「data-label-name」なら、名前は「labelName」です）。ここではdata-id属性なので名前を「id」としています。

メモ情報を特定するインデックス番号を取得できてしまえば、あとは「list[id]」とすることで、id番目のメモ情報を取り出せます（3）。

ヒント

getAttributeメソッド

datasetプロパティは、getAttributeメソッドを用いて、以下のように書き換えることもできます。getAttributeメソッドは、属性値全般を取得するためのメソッドで、「data-id」の部分を差し替えれば、他の属性値も取得できます。

```
let id = e.target.getAttribute('data-id');
```

Googleマップにマーカーを追加するには

Googleマップでは、特定の地点を指定してマーカー（ピン）を追加できます。これを行っているのが、以下の部分です。

```
const point = new google.maps.LatLng(
  item.latitude, item.longitude);          ← 1
const marker = new google.maps.Marker({
  map: gmap,
  position: point
});                                         ← 2
...中略...
gmap.setCenter(point);   ← 3
```

google.maps.LatLngオブジェクトは地図の中心点やマーカーの位置など座標を表すオブジェクトです（1）。詳しくは、第5章の5.4節も参照してください。

続いて、2でマーカーを表す**google.maps.Markerオブジェクト**を生成します。

構文 google.maps.Markerオブジェクト

```
let 変数名 = new google.maps.Marker(マーカーオプション)
```

マーカーオプションには、{オプション名: 値, ...} のハッシュ形式で、以下のような情報を指定できます。

■ 主なマーカーオプション

オプション	概要	既定値
map	マーカーの表示先（地図）	（必須）
position	マーカーの位置	（必須）
clickable	マーカーでタップ／クリックイベントが発生するか	true
visible	マーカーを表示するか	true

mapオプションには、第5章の5.4節で作成したMapオブジェクトgmapをセットします。

マーカーを配置したら、最後に、MapオブジェクトgmapのsetCenterメソッドで地図の中心点もマーカー位置に移動しておきます（3）。

マーカーをタップしたら情報ウィンドウを表示するには

マーカーには、情報ウィンドウ（メッセージバルーン）を紐付けできます。情報ウィンドウを紐付けすることで、マーカーをタップ（クリック）したタイミングで情報ウィンドウをポップアップ表示するようになります。

これを行っているのが、以下のコードです。

```
const info = new google.maps.InfoWindow({      ← 1
  content: msg
});
google.maps.event.addListener(marker, 'click', ← 2
  () => {
    info.open(gmap, marker);  ← 3
  });
```

情報ウィンドウを表すのは、**google.maps.InfoWindowオブジェクト**です（1）。

構文 google.maps.InfoWindowオブジェクト

```
let 変数名 = new google.maps.InfoWindow(ウィンドウオプション)
```

ウィンドウオプションには、{ オプション名: 値, ...} のハッシュ形式で以下のような情報を指定できます。

■ 主なウィンドウオプション

オプション名	概要	既定値
content	ウィンドウに表示する文字列（タグも可能）	（必須）
disableAutoPan	trueの場合、ウィンドウを開いたときに地図を自動移動しない	false
maxWidth	情報ウィンドウの最大幅	－
position	情報ウィンドウの表示位置	（マーカー位置）

ただし、ここまででではまだ情報ウィンドウを準備しただけで、地図には反映されません（そこはマーカーとは異なる点です）。情報ウィンドウを表示させるには、マーカーがタップ（クリック）されたタイミングで「表示しなさい」という指示を出してやる必要があります。これを行っているのがgoogle.maps.eventオブジェクトの**addListenerメソッド**です（2）。

構文 addListenerメソッド

```
addListener(
  イベントの発生元を表す要素,
  イベント名,
  () => {
    イベント発生時に実行する処理
  }
)
```

addListenerメソッドは、第4章の4.2節などでも登場したaddEventListenerメソッドのGoogle Maps API版です。微妙に構文は違いますが、イベントとイベント処理を関連付けるという考え方は一緒ですので、理解するのは比較的カンタンなのではないでしょうか。

2のコードであれば、「マップ上のマーカーmarkerをタップ／クリック（click）したタイミングで、情報ウィンドウを開きなさい」という意味になります。

情報ウィンドウを開くには、**openメソッド**を呼び出すだけです（3）。

構文 openメソッド

```
open(表示先の地図, 関連付けるマーカー)
```

この場合であれば、現在の地図gmap上のマーカーmarkerから吹き出す形で、情報ウィンドウを表示します。情報ウィンドウの右上には、閉じるための［×］リンクが標準で付いているので、閉じる方はコードを記述する必要はありません。

情報ウィンドウを閉じるときは、右上の［×］で

7.4 情報ウィンドウの表示機能を改良しよう

地図上にマーカーが常に１つだけ表示されるようにしてみましょう。また、現在位置に戻る機能も追加します。

メモタイトルをタップしたら既存のマーカーを削除するようにしよう

前の節の内容で、マーカーと情報ウィンドウが表示されるようになりましたが、問題もあります。メモタイトルをタップするたびにマーカーが増えていってしまう点、そして、現在位置がわからなくなってしまう点です。

そこで、ここではメモタイトルをタップするたびに、既存のマーカーを破棄する機能を実装します。

1 作成済みのindex.jsを開いて、以下のように編集する（色文字部分を追加）。編集できたら、［すべて保存］ボタンをクリックする。

```
// ページ本体が読み込まれたタイミングで実行するコード
let w_id, gmap, c_point;
let m_list = new google.maps.MVCArray();
const result = document.getElementById('result');
const stopwatch = document.getElementById('stopwatch');

const removemarker = () => {
  m_list.forEach((marker, index) => { marker.setMap(null); });
};

const showmap = (e) => {
  // メモタイトルをタップした場合の処理を定義
  removemarker();
    ...中略...
    gmap.setCenter(point);
    m_list.push(marker);
  }
};
```

2 ターミナルから以下のコマンドを実行して、ファイルをデプロイする。

```
> firebase deploy
```

結果 ターミナルに「Deploy complete!」と表示され、最終行に「Hosting URL: https://album-XXXXX.web.app」と表示される。

3 スマホ端末のブラウザーを起動し、「https://album-XXXXX.web.app/index.html」にアクセスする。

結果 現在のユーザーの位置に応じて、現在位置周辺の地図が表示される。

4 リストから適当なメモタイトルをタップする。

結果 地図が移動し、メモに関連付いた地点にマーカーが立つ。

5 リストから、手順4とは別のメモタイトルをタップする。

結果 地図が移動し、メモに関連付いた地点にマーカーが立つ。

6 地図右下の［－］ボタンをタップして地図を縮小する。

結果 表示されているマーカーは1つだけで、他のマーカーは表示されていない。

拡大／縮小ボタンが地図に表示されない場合

拡大／縮小のための［+］［－］ボタンが表示されない場合、地図をスクロール移動させることでもマーカーの有無を確認できます。

地図上のマーカーを管理するには

地図上のマーカーをすべて削除するには、あらかじめマーカーを配列として管理しておく必要があります。配列オブジェクトは、JavaScriptにも標準で用意されていますが、ここではGoogle Maps APIで用意されている**google.maps.MVCArrayオブジェクト**を利用させてもらうことにします（より高度な機能がいくつか準備されているからです）。

MVCArrayオブジェクトを利用するには、以下のように書くだけです。

```
let m_list = new google.maps.MVCArray();
```

配列にマーカー（marker）を追加するには、pushメソッドを呼び出します。この処理は、地図にマーカーを追加するタイミングで行っていますので、これによって、すべてのマーカーは配列m_listで管理されることになります。

```
m_list.push(marker);
```

このように追加したマーカーを削除しているのが、removemarker関数の以下の部分です。

```
const removemarker = () => {
  m_list.forEach((marker, index)  => { marker.setMap(null); });
};
```

マーカーの削除処理は、showmap関数、showcurrentイベントリスナー（後述）で、それぞれ地図を操作する前に共通して呼び出しますので、removemarker関数として独立して定義している点にも注意してください。

forEachメソッドは配列の内容を順に処理するためのメソッドです。

構文 forEachメソッド

```
forEach((要素, インデックス番号) => {
  それぞれの要素に対する処理
})
```

() => {...} の中では、受け取った引数（サンプルでは、それぞれmarker／index）で、個々の要素とインデックス番号にアクセスできます。

forEachメソッドによる処理

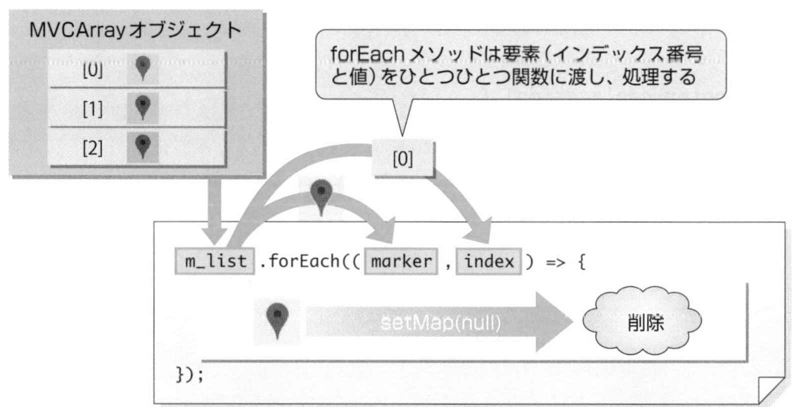

forEachメソッドの中では、取得した個々のマーカー（marker）のsetMapメソッドにnullをセットすることで、マーカーと地図の関連付けを削除（＝マーカーを地図から削除）しています。

setMapメソッドは、本来、マーカーを特定の地図（Mapオブジェクト）に関連付け、表示させるためのメソッドですが、引数にnullを与えた場合には、マーカーを地図上から削除します。

地図の中心点を現在位置に戻そう

［現在位置に戻る］ボタンをタップしたら、地図の中心点を現在位置に戻すように、機能を追加してみましょう。

1 作成済みのindex.jsを開いて、以下のように編集する(色文字部分を追加)。編集できたら、［すべて保存］ボタンをクリックする。

```
// ページ本体が読み込まれたタイミングで実行するコード
...中略...
const result = document.getElementById('result');
const stopwatch = document.getElementById('stopwatch');
const showcurrent = document.getElementById('showcurrent');
...中略...
stopwatch.addEventListener('click',
  (e) => {
    navigator.geolocation.clearWatch(w_id);
  }, false
);

showcurrent.addEventListener('click',
  (e) => {
    removemarker();
    gmap.setCenter(c_point);
  }, false
);

if (navigator.geolocation) {
  // 現在位置を取得するコード
...以下略...
```

2 ターミナルから以下のコマンドを実行して、ファイルをデプロイする。

```
> firebase deploy
```

結果 ターミナルに「Deploy complete!」と表示され、最終行に「Hosting URL: https://album-XXXXX.web.app」と表示される。

3 スマホ端末のブラウザーを起動し、「https://album-XXXXX.web.app/index.html」にアクセスする。

結果 現在のユーザーの位置に応じて、現在位置周辺の地図が表示される。

4 リストから適当なメモタイトルをタップする。

結果 地図が移動し、メモに関連付いた地点にマーカーが立つ。

5 ［現在位置に戻る］ボタンをタップする。

結果 地図の表示位置が変化し、現在位置が表示される。

地図の中心点を移動する

Google Maps APIで地図の中心点を移動するには、setCenterメソッドを利用するのでした。これを行っているのがshowcurrentイベントリスナーです。

setCenterメソッドには、中心座標を表すLatLngオブジェクト（c_point）をセットします。変数c_pointには、Geolocation APIで取得した現在位置がセットされています（第5章の5.4節も参照）。

既存のメモ情報を削除しよう

最後に、メモリストの［×］リンクをタップしたタイミングでメモを削除してみましょう。

メモを削除しよう

1 作成済みのindex.jsを開いて、以下のように編集する（色文字部分を追加）。

```
const showmap = (e) => {
  ...中略...
};

const removememo = (e) => {
  removemarker();
  // (1) メモリストから対象のメモを削除するコード
};

const showmemo = () => {
  // ローカルストレージからデータを取得するコード
    ...中略...
    for(let subject of subjects) {
      subject.addEventListener('click', showmap, false);
    }
    const deletes = document.querySelectorAll('#list a.del');
    for(let del of deletes) {
      del.addEventListener('click', removememo, false);
    }
  }
};
```

2 手順❶で作成したコードの（1）の部分に、以下のコードを追加する（色文字部分）。

```
const removememo = (e) => {
  removemarker();
  // (1) メモリストから対象のメモを削除するコード
  const id = e.target.dataset.id;
  let list = JSON.parse(localStorage.getItem('memolist'));
  list = list.filter((memo, c_index, ary)  => {
    // (2) 削除対象のメモを除去
  });
  localStorage.setItem('memolist', JSON.stringify(list));
  showmemo();
};
```

3 手順❷で作成したコードの（2）の部分に、以下のコードを追加する（色文字部分）。

```
list = list.filter((memo, c_index, ary) => {
  // (2) 削除対象のメモを除去
  return id !== c_index.toString();
});
```

4 入力を終え、以下のようなコードが完成していることを確認できたら、[すべて保存] ボタンをクリックする。

```
const showmap = (e) => {
  ...中略...
};

const removememo = (e) => {
  removemarker();
  // (1) メモリストから対象のメモを削除するコード
  const id = e.target.dataset.id;
  let list = JSON.parse(localStorage.getItem('memolist'));
  list = list.filter((memo, c_index, ary) => {
    // (2) 削除対象のメモを除去
    return id !== c_index.toString();
  });
  localStorage.setItem('memolist', JSON.stringify(list));
  showmemo();
};

const showmemo = () => {
  // ローカルストレージからデータを取得するコード
  ...中略...
    const deletes = document.querySelectorAll('#list a.del');
    for(let del of deletes) {
      del.addEventListener('click', removememo, false);
    }
  }
};
```

5 ターミナルから以下のコマンドを実行して、ファイルをデプロイする。

```
> firebase deploy
```

結果 ターミナルに「Deploy complete!」と表示され、最終行に「Hosting URL: https://album-XXXXX.web.app」と表示される。

6 スマホ端末のブラウザーを起動し、「https://album-XXXXX.web.app/index.html」にアクセスする。

結果 現在のユーザーの位置に応じて、現在位置周辺の地図が表示される。

7 メモリストから適当なメモの［×］リンクをタップする。

結果 メモリストからメモ情報が削除される。

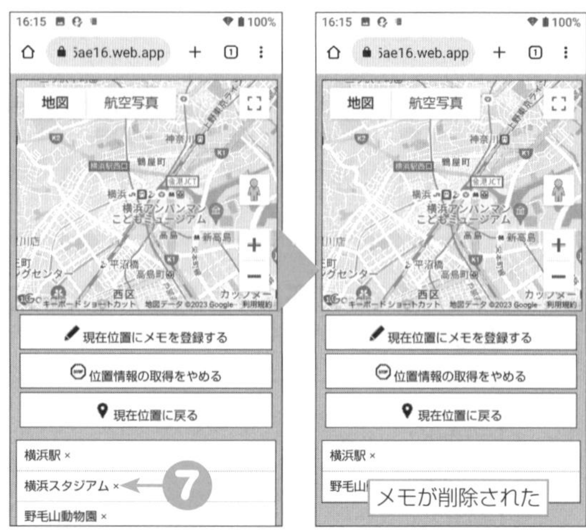

メモリストから目的のメモだけを取り除くには

メモを削除するといっても、スクリプトとして行うべき処理は「更新」です。なぜなら、メモリストはローカルストレージに1つのキー（memolist）に紐付いて保存されているからです。たとえば「localStorage.removeItem('memolist');」としてしまったならば、すべてのメモリストがまとめて削除されることになってしまいます。

そこで実際の処理としては、以下のようになります。

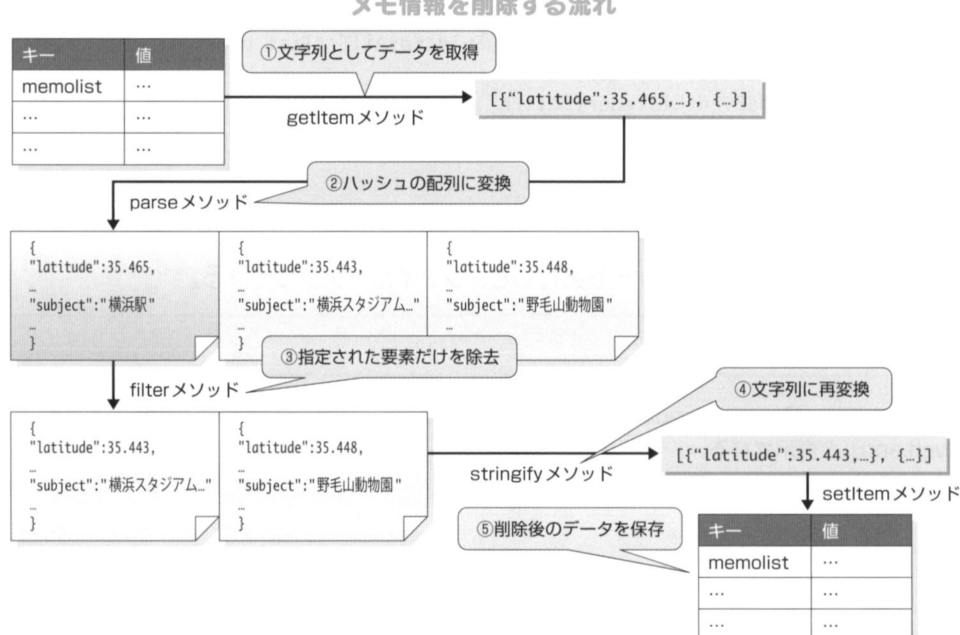

この章の7.2節で見た流れ、ほぼそのままですね。よって、ポイントとなるのは③の部分、オブジェクト配列（メモ情報の集合）から目的のメモだけを取り除くコードです。具体的なコードを確認してみましょう。

```
list = list.filter((memo, c_index, ary) => {
  return id !== c_index.toString();
});
```

filterメソッドは、配列から条件を満たした要素だけを抽出するメソッドです。

構文 filterメソッド

```
filter((要素, インデックス番号, 元の配列) => {
  要素を絞り込むための条件
})
```

() => {...} の中では、受け取った引数（サンプルでは、それぞれmemo ／ c_index ／ ary）で、個々の要素とインデックス番号、元の配列にアクセスできます。

filterメソッドによる処理

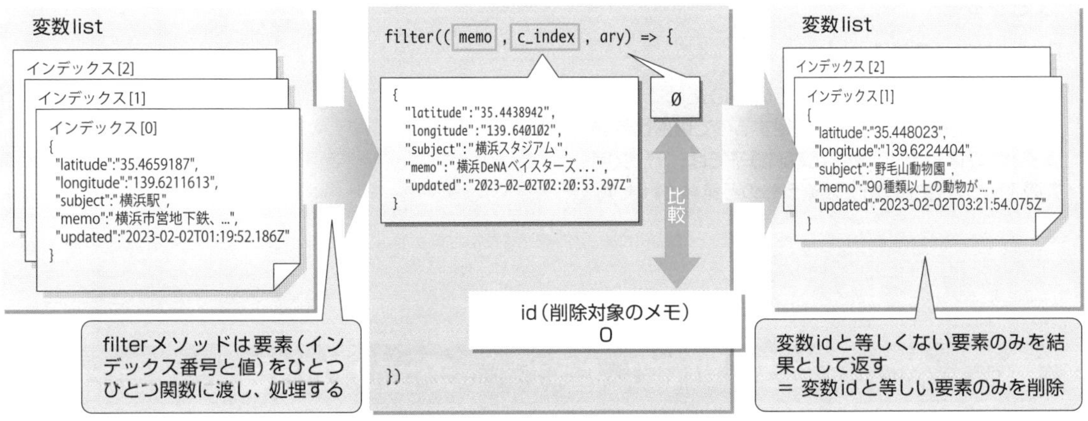

filterメソッドでは、配列の内容を順に関数で判定し、その中でtrueと判定された要素だけを結果に残します。サンプルでは、削除したいメモのインデックス番号id（data-id属性から取得した番号）と、現在の要素のインデックス番号（c_index）とを比較し、等しく**ない**かどうかを判定しています。

逆に言えば、指定されたインデックス番号と現在の要素のインデックス番号が一致すれば、その要素は削除対象ですので、戻り値はfalseとなります。つまり、結果配列からも取り除かれるということです。

なお、変数c_indexをtoStringメソッドで文字列に変換しているのは、比較する対象idとデータの種類（型）を一致させるためです。datasetプロパティで取得した結果（変数id）は文字列ですが、filterメソッドによって設定されるインデックス番号（変数c_index）は数値ですので、そのままでは等しいとは見なされません。

ヒント

「===」「!==」演算子

「===」「!==」演算子は、値そのものだけでなく、データの種類（データ型）も判定するので**厳密比較演算子**とも呼ばれます。厳密比較演算子では、"1"（文字列の1）と1（数値の1）は違うものと見なされます。

～もう一度確認しよう！～　チェック項目

- □ HTMLエスケープとはなにか、その必要性は理解できましたか？
- □ for ／ for...of命令での繰り返し処理は理解できましたか？
- □ 独自データ属性を定義、取得できるようになりましたか？
- □ Googleマップ上にマーカーや情報ウィンドウを配置できるようになりましたか？
- □ forEachメソッドで配列の要素を順番に処理できるようになりましたか？
- □ filterメソッドで配列から条件に合った要素を絞り込めるようになりましたか？

第 8 章

CSS3でページをよりリッチにデザインしよう

前の章までで、「アルバムマップ」アプリのひととおりの機能が実装できましたので、ここでいったんJavaScriptの世界から離れて、CSSの話題です。CSS3を利用して、「アルバムマップ」アプリのデザインをよりリッチに整えてみましょう。

この章で学ぶこと

この章では、「アルバムマップ」に、CSS3を使ってよりリッチなデザインを適用していきます。

①ページの背景にグラデーションを付ける
②メニューリンク（ボックス）に影を付ける
③ボックスの角を丸める
④リスト項目に交互に色を付ける
⑤リンクボタンやサブミットボタンに背景色やグラデーション／角丸効果を付ける

その過程を通じて、この章では次の内容を学習していきます。

- **CSS3の基本**
- **グラデーションや影、角丸効果を適用する方法**
- **疑似クラスや属性セレクターで目的の要素を検索する方法**

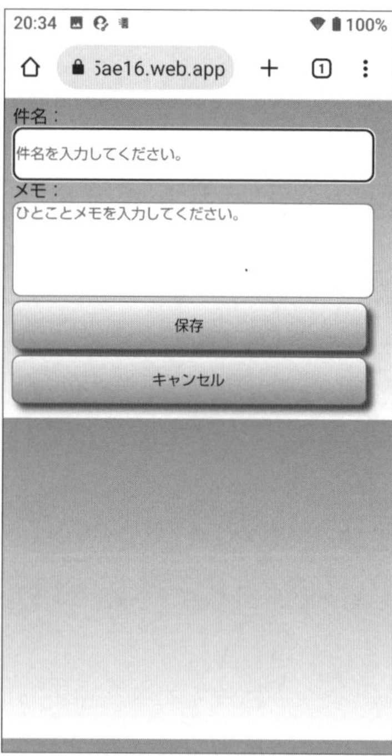

フォーム要素やボタン、リンクに各種効果

8.1 CSS3の基礎知識

最初に、CSS3とはどのような技術なのか、CSS2からどんな機能が追加されたのかを概観します。

CSS3は、CSS（Cascading Style Sheets）の最新版です。もっとも、正確には、CSS3というバージョンがあるわけではありません。CSS3は、従来のバージョンCSS2.1が膨大になってしまった反省から、個別の機能を細分化（モジュール化）して管理しようという考え方が推し進められています。つまり、CSS3とはCSS2.1のようにひとつの仕様を指す呼称ではなく、さまざまな仕様の総称なのです。

以下に、CSS3の主なモジュール（機能）をまとめます。

■ CSS3の主なモジュール

モジュール	変更内容／特長
Selectors	より細かな検索条件を指定できるようになったセレクター
Backgrounds and Borders	背景画像の指定や角丸、枠線への画像指定など
Color	半透明などの指定が可能に
Media Queries	デバイスごとに最適なスタイルを適用するしくみ
Multi-column Layout	マルチカラムレイアウト
Transitions	プロパティ値の変化でアニメーションを実装
2D/3D Transforms	二次元／三次元空間で要素を描画

この章では、これらの機能の中でも、スマホ開発ですぐにも取り入れられ、また、効果もあると思われるセレクター、グラデーション、角丸などの機能について、取り上げていきます。

ヒント

CSS4

CSS3から導入されたモジュールには、それぞれにレベルが割り当てられています。そのレベルが3のものがCSS3のモジュールということになります。最近は、レベル4に達したモジュール（ColorやMedia Queriesなど）も現れてきており、それらをCSS4と呼ぶこともあるようです。しかしながら、CSS3登場時もそうでしたがブラウザーのCSS4への対応状況には気を配る必要があるでしょう。当面の間は、CSS3に対応したWebページにとどめておくのが安全です（本書もそのようにしています）。

8.2 ページの背景をグラデーションにしよう

CSS3を利用すれば、従来では画像を利用しなければできなかったグラデーションも、スタイルシートだけで表現できます。ここでは、アプリの背景にグラデーション効果を適用してみます。

グラデーション効果を追加しよう

1 作成済みのmain.cssを開き、以下のように編集する（色文字部分を追加）。編集できたら、［すべて保存］ボタンをクリックする。

```
body {
  background-color: #ccc;
  background-image: linear-gradient(
    to bottom, #aaa, #fff
  );
}
```

2 ターミナルから以下のコマンドを実行して、ファイルをデプロイする。

```
> firebase deploy
```

結果 ターミナルに「Deploy complete!」と表示され、最終行に「Hosting URL: https://album-XXXXX.web.app」と表示される。

3 スマホ端末のブラウザーを起動し、「https://album-XXXXX.web.app/index.html」にアクセスする。

結果 背景にグラデーション効果が適用されている（上から下に灰色→白に変化）。

4 ［現在位置にメモを登録する］リンクをタップする。

結果 メモ入力フォームにもトップページと同じく、背景にグラデーション効果が適用されている。

グラデーションの変化具合を定義するには

グラデーション効果は、**linear-gradient関数**によって設定できます。linear-gradient関数は、background-imageプロパティやlist-style-imageプロパティなど、画像を扱うプロパティで利用できる関数です。

構文 linear-gradient関数

```
linear-gradient([to 方向,] 開始色 [,途中色,...] ,終了色)
```

[例]

```
background-image: linear-gradient(
  to bottom, #aaa, #fff
);
```

方向は「to 方向」の形式で、グラデーションを「どの方向へ適用するか」を表します。toに続けてtop／bottom／left／rightのように表します。省略した場合は「to bottom」(=上から下方向にグラデーション)になります。

色の変化は、開始色〜終了色で表します。たとえば、サンプルでは方向がto bottom、開始色が灰色(#aaa)、終了色が白(#fff)なので、上から下方向に、灰色から白に変化するグラデーションを表しています。

間に途中色を挟むことで、たとえば「赤→黄色→緑→青」と変化するようなグラデーションを表現することもできます。

```
div {
  background-image: linear-gradient(
    to top left, red, yellow 40%, green 70%, blue);
}
```

右下→左上方向に赤→黄色→緑→青と変化

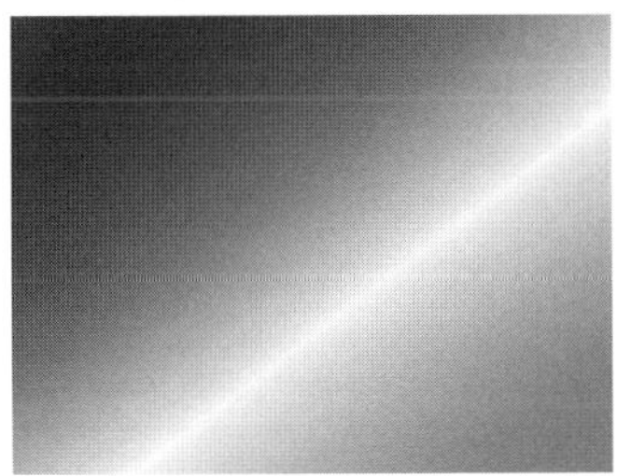

途中色は「yellow 40%」「green 70%」のように、「色 位置」の形式で表します。位置は開始地点を0%、終了地点を100%とした割合で表現できます。

よって、先ほどの例であれば、「赤で開始し、途中40%の地点で黄色に、70%の地点で緑、最後に青になる」グラデーションを表現できるわけです。途中色はいくつでも追加できますので、色を増やしていけば、より複雑なグラデーションも表現できます。

グラデーションを角度で指定する

サンプルでは、グラデーションを方向で指定しましたが、角度で指定することもできます。角度は「45deg」(45度)のように単位付きで表します。
右に示すのは、方向との対応表です。

角度	方向	概要
0deg	to top	下から上へ
45deg	to top right	左下から右上へ
90deg	to right	左から右へ
180deg	to bottom	上から下へ
270deg	to left	右から左へ

8.3 メニューリンクに影を付けてみよう

続いて、トップページ（index.html）のメニューリンクに対して、影を付けてみましょう。画像ボタンなどを利用しなくても、スマホらしく、また、ひと目見てボタンと識別できるようなデザインを実装できます。

ボックスに影を付けよう

1 作成済みのmain.cssを開き、以下のように編集する（色文字部分を追加）。編集できたら、［すべて保存］ボタンをクリックする。

```
.btnmenu {
  ...中略...
  background-color: white;
  box-shadow: 5px 5px 5px #555;
}
```

2 ターミナルから以下のコマンドを実行して、ファイルをデプロイする。

```
> firebase deploy
```

結果 ターミナルに「Deploy complete!」と表示され、最終行に「Hosting URL: https://album-XXXXX.web.app」と表示される。

3 スマホ端末のブラウザーを起動し、「https://album-XXXXX.web.app/index.html」にアクセスする。

結果 ボタンの背後に影が付いて、ボタンが浮かんでいるように見える。

指定された要素に影を付けるには

要素の領域（ボックス）に対して影を付けるには、**box-shadowプロパティ**を利用します。

構文 **box-shadowプロパティ**

```
box-shadow: 水平オフセット 垂直オフセット [ぼかし距離] [広がり] [影の色] [inset]
```

水平オフセット／垂直オフセットは、それぞれ横／縦方向への影のずらし具合を表します。ぼかし距離は影のぼかしの度合いを表す値で、正の数で表します。値が大きいほどぼかしの具合が大きくなり、0でぼかしのない、くっきりとした影となります。広がりは、影の広がりを表すもので、正の数で広がり、負の数で縮まります。

影は既定でボックスの外側に付きますが、insetキーワードを指定することで、ボックスの内側に影が付きます。

box-shadowプロパティ

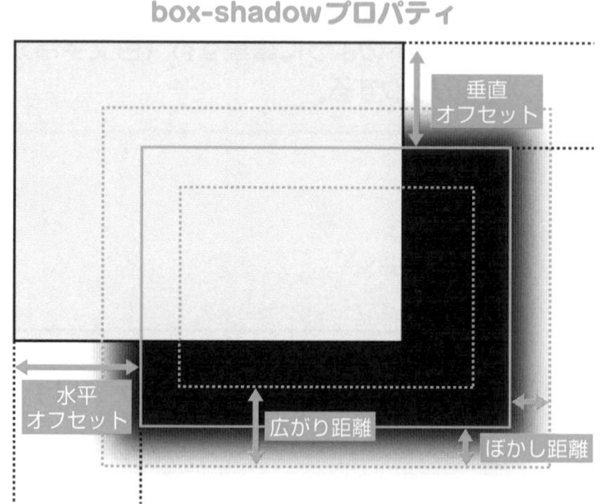

以下は、それぞれbox-shadowプロパティの値を変化させた場合の、影の変化を表したものです。

box-shadowプロパティの値を変化

box-shadow: 40px 30px 20px 10px #000;

box-shadow: -40px -30px 20px 10px #00C

内側に影

box-shadow: 40px 30px 20px 10px #000 inset;

box-shadow: 40px 30px 20px 10px #ff0;

コラム 文字に影を付けるには

本書のサンプルでは扱っていませんが、**text-shadowプロパティ**を利用することで、文字列に影を付けることもできます。

たとえば以下は、メニューリンクの文字に影を付けるコードと、その結果です。

```
#menu > a {
  text-shadow: 2px 2px 5px #000;
}
```

文字そのものに影効果が付けられる

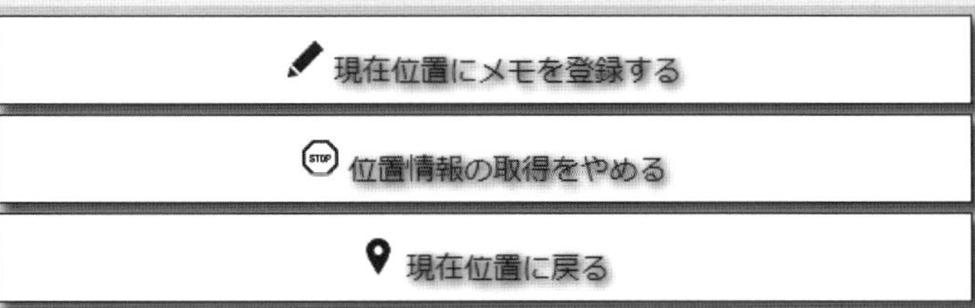

text-shadowプロパティは、box-shadowプロパティとよく似た構文で、以下のように表現できます。

構文 text-shadowプロパティ

```
text-shadow: 水平オフセット 垂直オフセット [ぼかし距離] [影の色]
```

ボックス領域の角を丸めてみよう

CSS3の角丸機能を利用して、テキストボックスやテキストエリアなどの角を丸めてみましょう。

テキストボックスやリスト枠の角を丸めよう

1 作成済みのmain.cssを開き、以下のように編集する（色文字部分を追加）。編集できたら、［すべて保存］ボタンをクリックする。

```
#list {
  ...中略...
  background-color: white;
  border-radius: 8px;
}
...中略...

input, textarea {
  ...中略...
  height: 44px;
  border-radius: 8px;
  ...中略...
}
```

2 ターミナルから以下のコマンドを実行して、ファイルをデプロイする。

```
> firebase deploy
```

結果 ターミナルに「Deploy complete!」と表示され、最終行に「Hosting URL: https://album-XXXXX.web.app」と表示される。

3 スマホ端末のブラウザーを起動し、「https://album-XXXXX.web.app/index.html」にアクセスする。

結果 リスト項目の角が丸くなっている。

4 ［現在位置にメモを登録する］リンクをタップする。

結果 メモ入力フォームが表示され、テキストボックスやテキストエリア、ボタンの角が丸くなっている。

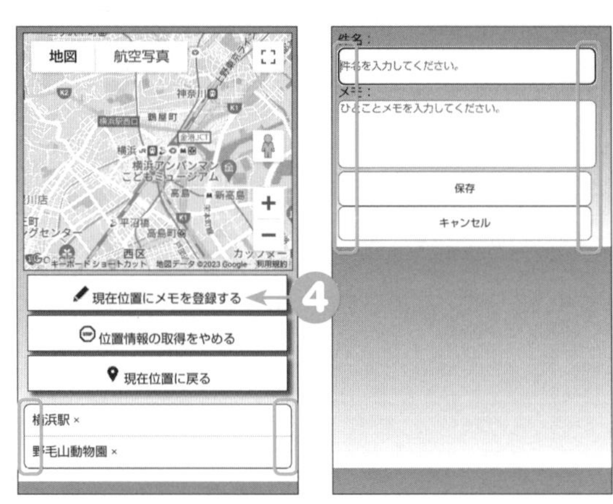

テキストボックスやテキストエリアの角を丸めるには

枠線の角を丸めるには、**border-radiusプロパティ**を利用します。

構文 border-radiusプロパティ

```
border-radius: 左上 右上 右下 左下 [/ 左上 右上 右下 左下]
               水平方向の半径        垂直方向の半径
```

border-radiusプロパティには、水平方向の半径、垂直方向の半径をスラッシュ（/）区切りで、それぞれ「左上 右上 右下 左下」の順で指定します。

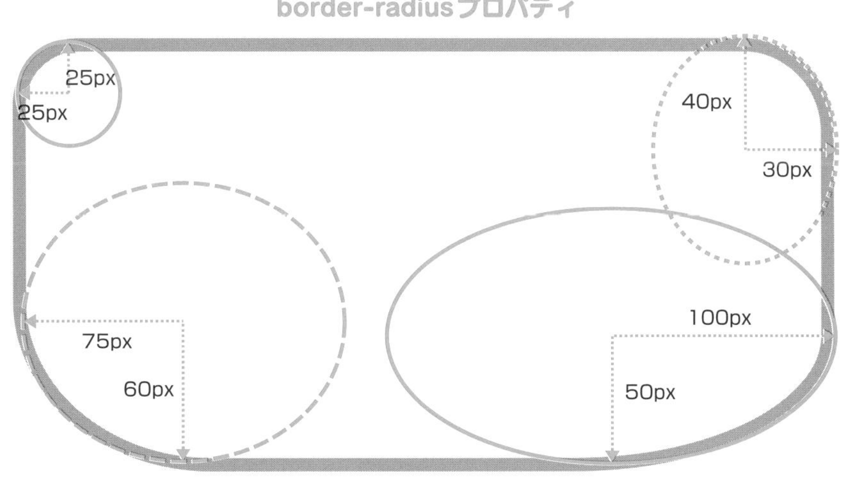

垂直方向の半径を省略すると、水平方向の半径と同じと見なされます。

また、右上／右下／左下の半径も省略可能です。省略時は、それぞれ以下のルールに沿って解釈されます。

・右上は左上と同じ
・右下は左上と同じ
・左下は右上と同じ

右上／右下／左下の半径も省略可能

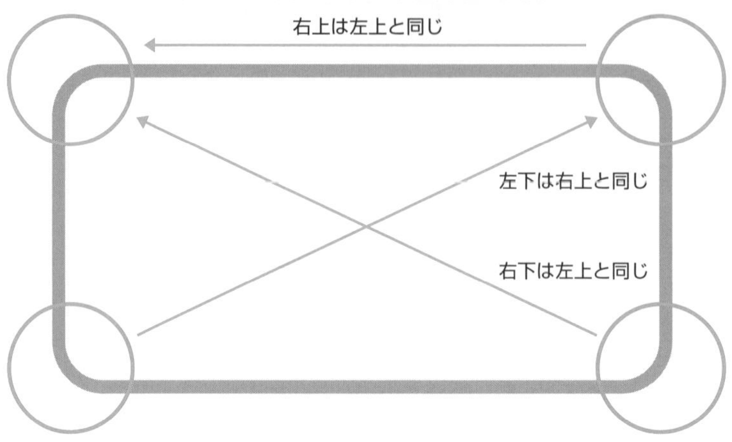

個別の角丸を指定する

border-top-left-radius（左上）、border-top-right-radius（右上）、border-bottom-right-radius（右下）、border-bottom-left-radius（左下）の各プロパティを利用することで、個別の角丸を指定することもできます。

ヒント

デベロッパーツールでCSSデザイン

Chromeのデベロッパーツールの［要素］－［スタイル］タブを使うと、見た目を確認しながらCSSの設定を行うことができます。たとえば右の画面では、本文で設定したborder-radiusを20pxに変更しています。

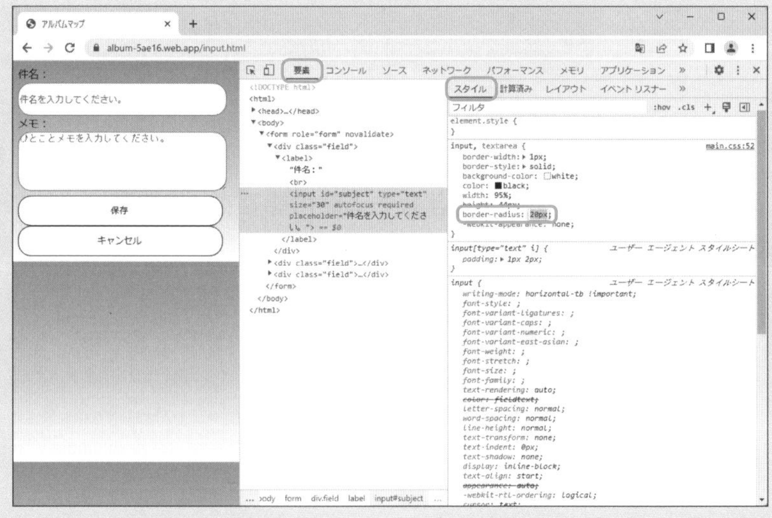

[×] リンクをCSSで画像ボタン風に加工しよう

前の項と同じ要領で、メモを削除するための［×］リンクに対して、角丸効果を付けてみましょう。[×］リンクなどをボタンらしく見せるには、以前は画像で用意していたものですが、スタイルシートでここまでできれば、もういちいち画像を用意する必要もありません。

1 作成済みのmain.cssを開き、以下のように編集する（色文字部分を追加）。編集できたら、［すべて保存］ボタンをクリックする。

```
#list a {
  color: black;
  text-decoration: none;
}

#list .del {
  margin-left: 30px;
  padding-left: 15px;
  padding-right: 15px;
  font-weight: 900;
  color: white;
  background-color: #555;
  border-color: #ccc;
  border-width: 2px;
  border-style: solid;
  border-radius: 50px;
}
```

2 ターミナルから以下のコマンドを実行して、ファイルをデプロイする。

```
> firebase deploy
```

結果 ターミナルに「Deploy complete!」と表示され、最終行に「Hosting URL: https://album-XXXXX.web.app」と表示される。

3 スマホ端末のブラウザーを起動し、「https://album-XXXXX.web.app/index.html」にアクセスする。

結果 ［×］リンクがボタンらしく整形されている。

便利なCSS3のセレクターを活用しよう

CSS3 のセレクター構文を利用してみましょう。

リスト項目に交互に色を付けよう

第３章で学習したように、スタイルシートで目的の要素を特定するための記法のことを、セレクターと言うのでした。CSS3では、このセレクターの表現力が強化され、より細かな対象の特定がカンタンにできるようになっています。

ここでは、CSS3のセレクター構文を利用して、リスト項目に交互に背景色を付けたり、最後の項目のみ下線を外してみます。

1 作成済みのmain.cssを開き、以下のように編集する（色文字部分を追加）。編集できたら、［すべて保存］ボタンをクリックする。

```
#list > li {
  ...中略...
}

#list > li:nth-child(odd) {
  background-color: #eee;
}

#list > li:first-child {
  border-radius: 8px 8px 0px 0px;
}

#list > li:last-child {
  border-radius: 0px 0px 8px 8px;
  border-bottom-style: none;
}

#list > li:only-child {
  border-radius: 8px;
}

#list a {
  ...中略...
}
```

2 ターミナルから以下のコマンドを実行して、ファイルをデプロイする。

```
> firebase deploy
```

結果 ターミナルに「Deploy complete!」と表示され、最終行に「Hosting URL: https://album-XXXXX.web.app」と表示される。

3 スマホ端末のブラウザーを起動し、「https://album-XXXXX.web.app/index.html」にアクセスする。

結果 メモリストの背景に交互に背景色（灰色）が適用される。

ヒント

サンプル結果を見やすくするために

登録されているメモ情報の数が少ないと、交互に背景色が差し替わるのが確認しにくいかもしれません。その場合は、メモ情報を追加で登録するようにしてください。

位置関係によって目的の要素を絞り込む ― 疑似クラス

第３章の3.3節でも触れたように、セレクターにはさまざまな種類がありますが、CSS3で特に注目すべきなのは、以下のものです。

- 特定の要素を、要素の位置や状態などによって絞り込む**擬似クラス**
- 属性値によって対象の要素を特定する**属性セレクター**

まずは、疑似クラスから説明していきます。主に以下のようなものがあります。

■ 主な疑似クラス

擬似クラス	概要
E:first-child	最初の子要素E
E:last-child	最後の子要素E
E:only-child	唯一の子要素E
E:nth-child(n)	n番目の子要素E
E:nth-last-child(n)	最後からn番目の子要素E

※次のページに続く

擬似クラス	概要
E:nth-of-type(n)	同じ要素で最初から数えてn番目の要素E
E:nth-last-of-type(n)	同じ要素で最後から数えてn番目の要素E
E:enabled	有効状態である要素E
E:disabled	無効状態にある要素E
E:checked	チェック状態にある要素E

サンプルでは、このうち、:first-child ／ :last-child ／ :only-child、:nth-child疑似クラスを利用しています。順番に見ていきましょう。

(1) 最初／最後の要素を取得する - :first-child ／ :last-child疑似クラス

:first-child ／ :last-child疑似クラスは、現在の要素セットの中で最初／最後の要素を表します。

```
#list > li:first-child {
  border-radius: 8px 8px 0px 0px;
}

#list > li:last-child {
  border-radius: 0px 0px 8px 8px;
  border-bottom-style: none;
}
```

上の例であれば、

・id="list"である要素配下にある、最初の<li>要素に対して、
　左上／右上の角を丸く
・id="list"である要素配下にある、最後の<li>要素に対して、
　左下／右下の角を丸く
　下線を非表示（none）に

しています。さもないと、

・リスト項目の背景で、リスト全体の角丸が消えてしまう
・リストの区切り線が、リストの末尾と重なってしまう

など、デザイン上の不具合が出てしまうためです。

:first-child ／ :last-child疑似クラスを指定しなかった場合

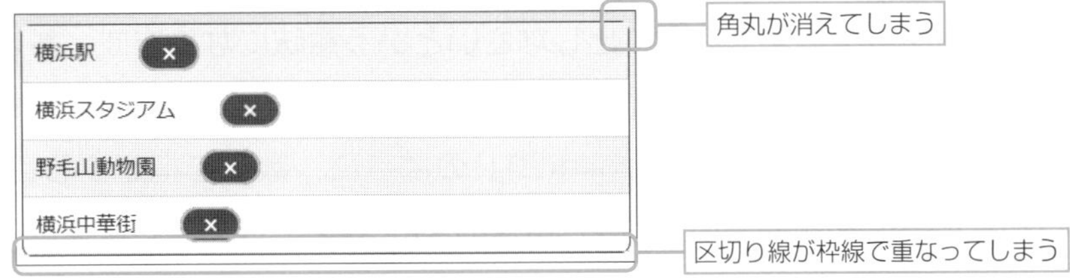

リストやテーブルでのデザインでは、最初と最後の項目だけ例外的な処理を施したいことはよくあります。そのようなケースで、:first-child ／ :last-child疑似クラスは威力を発揮するでしょう。

(2) 唯一の要素を取得する - :only-child疑似クラス

上記の:first-child ／ :last-child疑似クラスを使った指定では、子要素が1つしかないときに問題が起きます。それは、子要素が1つだけだと:first-childと:last-childの双方に該当するので、要素のスタイルがあとから指定された方で上書きされてしまうのです。

サンプルでは、:last-childに指定されたスタイルで:first-childで指定されたスタイルが上書きされるので、border-radiusプロパティは「0px 0px 8px 8px;」となり、下側だけ丸くなります。これを回避するために、子要素が1つしかない場合の特例として、:only-child疑似クラスを使ったスタイルを指定します。これが、以下の例です。

```
#list > li:only-child {
  border-radius: 8px;
}
```

これにより、子要素が1個しかないときにはすべての角が丸くなります。なお、:only-child疑似クラスの代わりに「最初かつ最後」を意味する「:first-child:last-child」も使えますが、冗長になるので:only-childを使う方がよいでしょう。

(3) 特定の順番にある要素を取得する - :nth-child疑似クラス

:nth-child疑似クラスは、n番目の要素、偶数／奇数番目の要素など、要素の順番に応じて、目的の要素を取り出すことができます。

```
#list > li:nth-child(odd) {
  background-color: #eee;
}
```

oddは「奇数」という意味なので、セレクター全体として「id="list"である要素配下の、奇数番目の<li>要素」を取り出しなさいという意味になります。もしも偶数番目の<li>要素を取り出したいならば、「#list > li:nth-child(**even**)」と、evenキーワードを利用します。

単純に「#list > li:nth-child(**2**)」のように、数字を指定することもできます。この場合、「id="list"である要素配下の、2番目の<li>要素」を意味します。

逆に、「an + b」のような数式による指定も可能です。この場合、nには0、1、2、3……が代入されて計算されます。よって、「#list > li:nth-child(**3n+1**)」であれば、1、4、7、10……番目の<li>要素が取り出されます。

リンクボタンやサブミットボタンに背景を適用しよう

属性セレクターを利用して、リンク先のURLが「.html」で終わるリンクボタンに背景色を、サブミットボタン／リセットボタンにグラデーションと角丸効果を、それぞれ適用します。

1 作成済みのmain.cssを開き、以下のように編集する（色文字部分を追加）。編集できたら、[すべて保存] ボタンをクリックする。

```
.btnmenu {
  ...中略...
}

a.btnmenu[href$=".html"] {
  background-color: #eef;
}

#list {
  ...中略...
}

...中略...
textarea {
  height: 80px;
}

input[type="submit"], input[type="reset"] {
  background: linear-gradient(
    to bottom, #fff, #aaa
  );
  margin-bottom: 5px;
  box-shadow: 5px 5px 5px #555;
}
```

2 ターミナルから以下のコマンドを実行して、ファイルをデプロイする。

```
> firebase deploy
```

結果 ターミナルに「Deploy complete!」と表示され、最終行に「Hosting URL: https://album-XXXXX.web.app」と表示される。

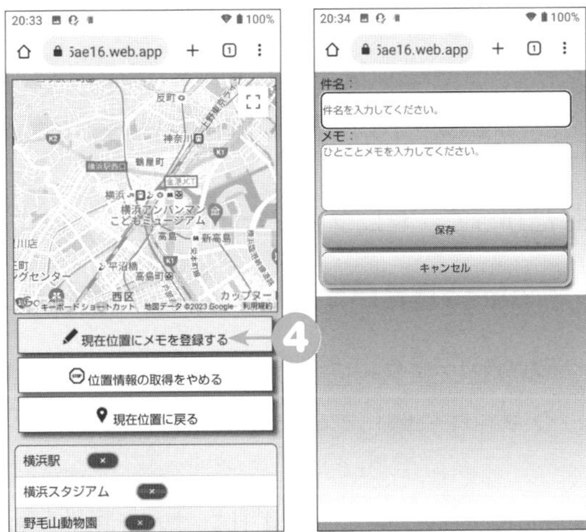

3 スマホ端末のブラウザーを起動し、「https://album-XXXXX.web.app/index.html」にアクセスする。

結果 ［現在位置にメモを登録する］リンクボタンに薄紫の背景色が付く。

4 ［現在位置にメモを登録する］リンクボタンをタップする。

結果 ［保存］と［キャンセル］のボタンにグラデーションと影効果が追加される。

属性値によって目的の要素を特定する ― 属性セレクター

属性セレクターは、属性値によって目的の要素を絞り込むためのセレクターです。以下のようなものがあります。

■ 主な属性セレクター

セレクター	概要
[attr]	属性attrを持つ要素（値は問わない）
[attr="value"]	属性attrが値valueである要素
[attr~="value"]	属性attrが値valueでない要素
[attr^="value"]	属性attrが値valueで始まる要素
[attr$="value"]	属性attrが値valueで終わる要素
[attr*="value"]	属性attrが値valueを含む要素

本書のサンプルでは、次の部分が属性セレクターを利用しているコードです。

```
a.btnmenu[href$=".html"] { ... }   ← 1
input[type="submit"], input[type="reset"] { ... }   ← 2
```

1のa.btnmenu[href$=".html"]はやや複雑ですが、わかりにくいなと思ったら、属性セレクターを分解して考えてみましょう。この場合であれば、次のように分けることができます。

・a.btnmenuは、class属性がbtnmenuであるアンカータグ
・[href$=".html"]は、href属性が.htmlで終わること

したがって、セレクター全体では次の意味になります。

class属性がbtnmenu、href属性が.htmlで終わるアンカータグ

2のセレクターに含まれる「,」は「または」を表すのでした。よって、まずはこの前後でセレクターを分解して考えてみます。すると、次のように分けることができます。

・input[type="submit"]は、type属性がsubmitである<input>タグ（サブミットボタン）
・input[type="reset"]は、type属性がresetである<input>タグ（リセットボタン）

したがって、セレクター全体では次を表します。

サブミットボタン、またはリセットボタン

セレクターの表現力が増してくると、初心者の方にとっては記号の羅列に見えてしまうこともあるかもしれません。その場合は上記のように、大きな単位で分解して考えるようにすると頭も整理しやくなるはずです。

～もう一度確認しよう！～ チェック項目

- □ CSS3とはなにかを理解できましたか？
- □ グラデーションを表現できるようになりましたか？
- □ ボックスや文字列に影を付けられるようになりましたか？
- □ 枠線の角を丸めることができるようになりましたか？
- □ CSS3の疑似クラス、属性セレクターを理解できましたか？

第 9 章

アプリを手書き対応しよう

この章では、Canvasという機能を利用して、HTML＋JavaScriptだけでブラウザーに画像を描画する方法を学びます。Canvas機能を利用することで、画像を利用したアプリの作成を簡単に行えます。
章の後半では、Canvas機能を応用して、簡単な落書き帳を「アルバムマップ」アプリに追加します。

この章で学ぶこと

この章では、「アルバムマップ」のメモ情報に手書きイラスト機能を実装していきます。

①キャンバスにさまざまな図形を描画する
②描画した図形の線の太さや色、グラデーションを変更する
③キャンバスに文字や画像を表示する
④メモ登録画面に手書き機能を実装する
⑤手書きイラストをメモ情報と併せて保存し、地図上に表示する

その過程を通じて、この章では次の内容を学習していきます。

- **Canvas機能の使い方**
- **Canvasで図形を描画する方法**
- **スマホ固有のイベントについて**
- **マウス／タッチ操作で描画する方法**
- **画像をData URL形式でストレージに保存する方法**

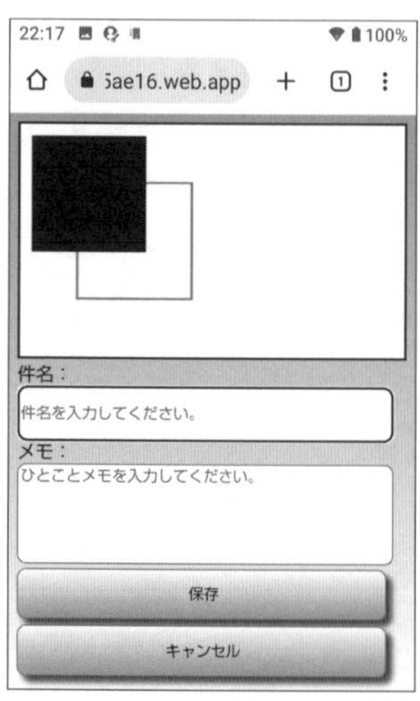

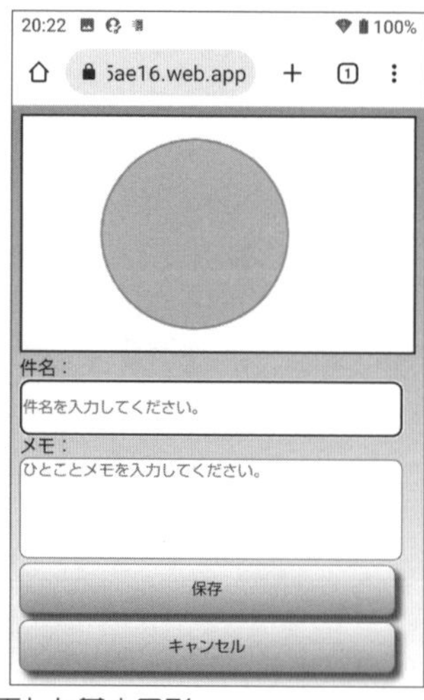

Canvas APIで描画した基本図形

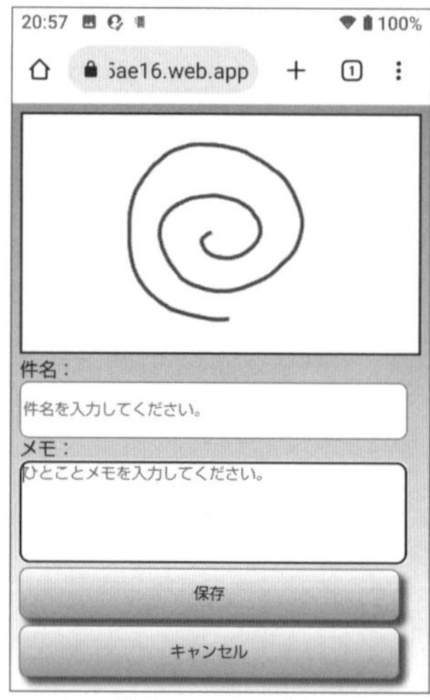

マウスポインター／指の動きに
合わせて曲線を描画

キャンバスに基本的な図形を描画してみよう

まずは、ページ上にキャンバスを設置し、Canvas APIで基本的な図を描画してみましょう。

キャンバスに四角形を描画しよう

1 作成済みのinput.htmlを開いて、以下のように編集する（色文字部分を追加）。編集できたら、［すべて保存］ボタンをクリックする。

```
<form role="form" novalidate>
<div class="field">
  <canvas id="board" width="340" height="200">
    Canvas要素に対応したブラウザーを利用してください。</canvas>
</div>
<div class="field">
  <label>件名：<br />
  ...中略...
</div>
```

2 作成済みのmain.cssを開いて、以下のように編集する（色文字部分を追加）。編集できたら、［すべて保存］ボタンをクリックする。

```
input[type="submit"], input[type="reset"] {
  ...中略...
  box-shadow: 5px 5px 5px #555;
}

#board {
  background-color: white;
  border: 2px solid black;
}
```

3 作成済みのinput.jsを開いて、以下のように編集する（色文字部分を追加）。編集できたら、［すべて保存］ボタンをクリックする。

```
// ページ本体が読み込まれたタイミングで実行するコード
let c;
const subject = document.getElementById('subject');
...中略...
const cancel = document.getElementById('cancel');
const board = document.getElementById('board');

// (1) Canvas APIを利用した処理
c = board.getContext('2d');
c.fillRect(10, 10, 100, 100);
c.strokeRect(50, 50, 100, 100);

save.addEventListener('click',
  ...中略...
);
```

4 ターミナルから以下のコマンドを実行して、ファイルをデプロイする。

```
> firebase deploy
```

結果 ターミナルに「Deploy complete!」と表示され、最終行に「Hosting URL: https://album-XXXXX.web.app」と表示される。

5 スマホ端末のブラウザーを起動し、「https://album-XXXXX.web.app/input.html」にアクセスする。

結果 ページ上部に塗りつぶされた四角形と枠線のみの四角形が表示される。

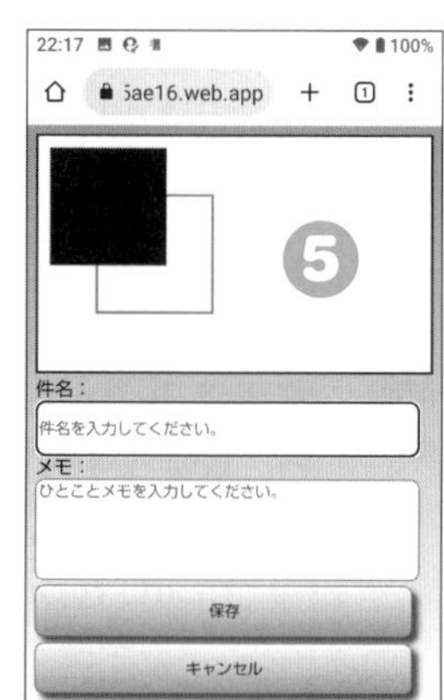

Canvas機能とは？

Canvas（キャンバス）は、HTMLとJavaScriptの組み合わせだけで図形を描画するための機能です。Canvasを利用することで、ブラウザー標準の機能だけで動的に画像を描画したりすることができます。

登場した当初は“こなれない感”もありましたが、対応するライブラリも増えて、高機能な用途にも対応しやすくなっています。今後、アニメーションやゲームの世界でCanvasの利用範囲がますます広がっていくことでしょう。

Canvas機能を利用した画像の例（リアルタイムアニメーション）

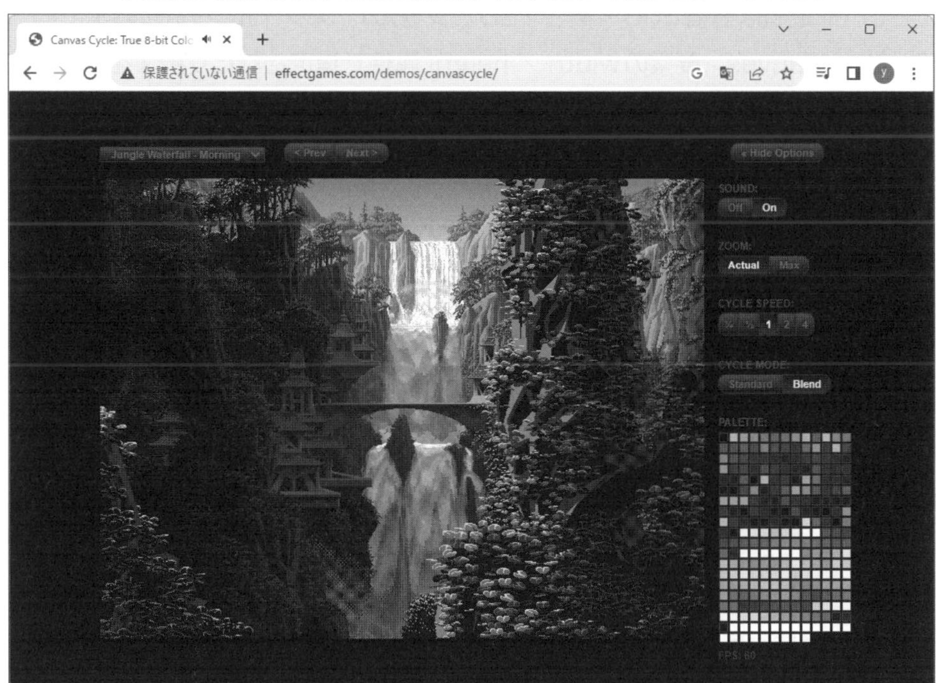

出典：http://www.effectgames.com/demos/canvascycle/

Canvas機能を利用するには、以下の流れが基本です。

- キャンバスを準備する
- キャンバスに描画するためのオブジェクトを準備する
- 取得したオブジェクトで図形を描画する

では、これらの項目に従って、以降の解説を進めていきます。

キャンバスを準備するには

Canvas機能を利用するには、まず図形の描画先（＝キャンバス）を準備しておく必要があります。これを行うのが<canvas>要素です。サンプルでは手順❶のコードに該当します。

構文 <canvas>要素

```
<canvas id="id値" width="幅" height="高さ">
  Canvas未対応のブラウザーに表示するテキスト</canvas>
```

キャンバスを設定する際には、必ずwidth属性（横幅）、height属性（高さ）でサイズ指定してください（既定値は横幅300×高さ150ピクセル）。スタイルシートのwidth／heightプロパティは、<canvas>要素のwidth／height属性で指定されたサイズを拡大／縮小するような意味合いになってしまうため（いくらサイズを変えても、キャンバスの大きさは300×150と見なされる）、あとから座標を計算する場合などには混乱のもとにもなります。注意してください。

<canvas>要素配下のテキストは、ブラウザーがCanvas機能を利用できない場合に表示するテキストです。**フォールバックテキスト**とも言います。

サンプルではエラーメッセージを指定しているだけですが、一般的には、Canvas機能で表現している図形を代替するコンテンツ（たとえばグラフであれば、その元データなど）を記述しておくのが望ましいでしょう。

キャンバスに描画するためのオブジェクトを準備するには

<canvas>要素は、あくまで図形を描画する領域（キャンバス）を準備するだけで、実際に図形を描画するには、JavaScriptのCanvas APIを利用しなければなりません。キャンバスに描画するには、まず**コンテキストオブジェクト**を取得しておく必要があります。コンテキストオブジェクトのコンテキストとは「文脈」という意味で、この場合は「描画の操作全体（＝文脈）を管理するもの」という意味合いがあります。もっと具体的に言うと、描画の座標やスタイル情報を管理するためのオブジェクトです。<canvas>要素が画用紙を表すならば、コンテキストオブジェクトが絵筆を表すといってもよいでしょう。

コンテキストオブジェクトの取得は、手順❹の次のコードで行っています。

```
const board = document.getElementById('board');

// Canvas APIを利用した処理
c = board.getContext('2d');
```

getElementByIdメソッドで<canvas>要素（HTMLCanvasElementオブジェクト）を取得し、その**getContextメソッド**でコンテキストオブジェクトを取得しているわけです。

コンテキストオブジェクト

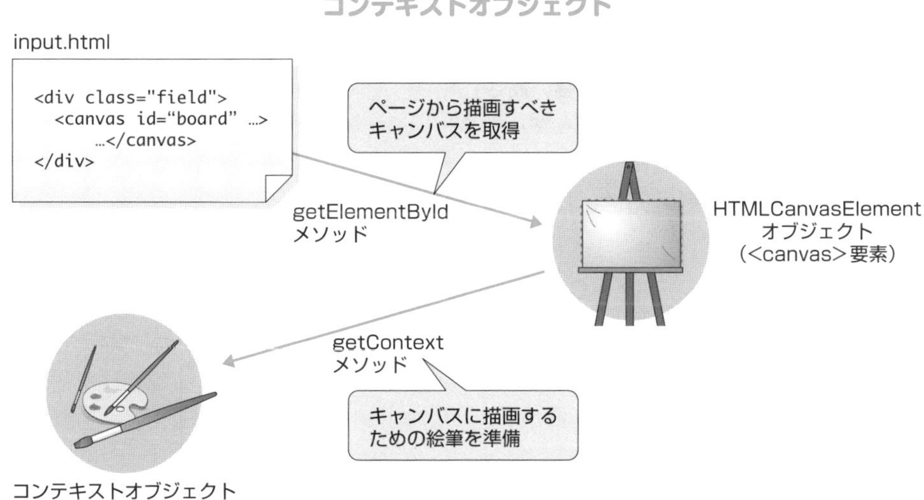

getContextメソッドの引数にしている'2d'とは、「2次元画像を描画するコンテキストオブジェクトを取得しなさい」という意味です。そのほか、3次元画像を扱う'webgl'も指定できますが、本書では、まずは'2d'に絞って解説を進めます。

なお、オプション名は大文字と小文字を区別するので、'2d'を'2D'と書いてはいけません。

ヒント

機能テスト

Geolocation API／ストレージと同じく、Canvas APIも比較的新しい機能です。ブラウザーがそもそもCanvas APIに対応しているかを確認するには、第5章の5.1節で説明した機能テストを実施してください。コードは右のようになります（サンプルでは簡単化のために割愛しています）。

<canvas>要素のフォールバックテキストは、あくまで<canvas>要素に対応していない場合の表示を決めるだけで、Canvas APIに未対応の場合の処理を決めるものではありません。

```
if (HTMLCanvasElement) {
  ...Canvas APIを利用したコード...
}
```

取得したオブジェクトで図形を描画するには

コンテキストオブジェクトを取得できたら、あとは、そのメソッドを利用して図形を描画していくだけです。たとえば、サンプルで利用しているのはCanvas APIの中でももっとも基本的なfillRect／strokeRectメソッドです。

fillRectメソッドは塗りつぶされた四角形を、**strokeRectメソッド**は枠線のみの四角形を、それぞれ描画します。

構文 fillRect／strokeRectメソッド

```
fillRect(左上のX座標, 左上のY座標, 幅, 高さ)
strokeRect(左上のX座標, 左上のY座標, 幅, 高さ)
```

Canvasにおける座標の考え方は、以下のとおりです。

Canvasにおける座標

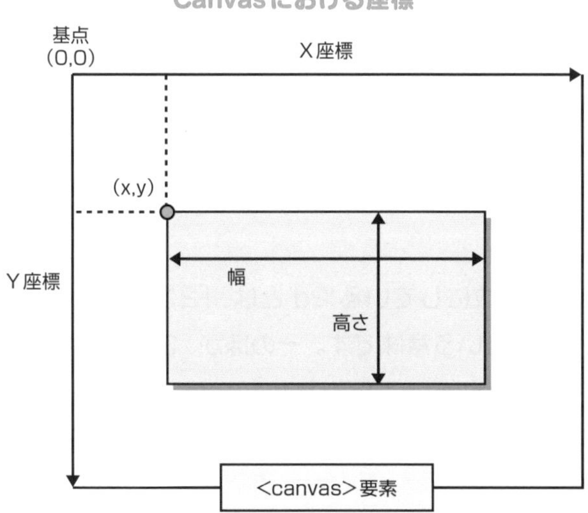

<canvas>要素で定義された領域の左上を基点(0,0)とし、それぞれ水平方向にX座標、垂直方向にY座標をとるのです。これは、以降で登場するメソッドでも同じ考え方ですので、きちんと覚えておきましょう。

9.2 Canvas APIを利用して さまざまな図形を描画しよう

Canvas APIの基本を理解できたところで、ここではCanvas APIのさまざまな機能を利用して、図形を描画してみましょう。サンプルが動作するのを確認したら、座標値や色／スタイルなどを変更して、結果の変化を楽しみながらCanvas APIの理解を深めるのも良い勉強になります。

直線を描画しよう

まずは、もっとも基本的な直線を描画してみます。

1 作成済みのinput.jsを開いて、以下のように編集する（色文字部分を追加、網掛け部分を削除）。編集できたら、[すべて保存] ボタンをクリックする。

```
// Canvas APIを利用した処理
c = board.getContext('2d');
c.fillRect(10, 10, 100, 100);
c.strokeRect(50, 50, 100, 100);
c.beginPath();
c.moveTo(250, 10);
c.lineTo(50, 50);
c.stroke();

save.addEventListener('click',
...中略...
);
```

2 ターミナルから以下のコマンドを実行して、ファイルをデプロイする。

```
> firebase deploy
```

結果 ターミナルに「Deploy complete!」と表示され、最終行に「Hosting URL: https://album-XXXXX.web.app」と表示される。

3 スマホ端末のブラウザーを起動し、「https://album-XXXXX.web.app/input.html」にアクセスする。

結果 キャンバス上に直線が表示される。

「パス」という考え方

Canvas APIを利用する上で、まず理解しておきたいのが**パス**という概念です。

パス（Path）とは、言うなれば座標の集合です。Canvas APIでは、指定された座標の集合（パス）に従って、直線や曲線を描画したり、囲まれた領域を塗りつぶしたりするのが基本です。

パス

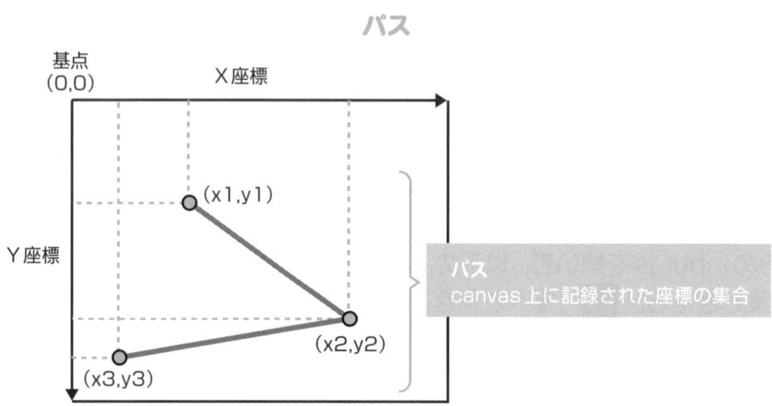

パスを利用したもっとも簡単な例が、手順❶のコードです。ここでは、キャンバスに直線を描画しています。

```
c.beginPath();
c.moveTo(250, 10);
c.lineTo(50, 50);
c.stroke();
```

まず、beginPathメソッドは新しいパスを開始します（1）。これまでの座標情報をクリアするメソッドと言い換えてもよいでしょう。続いて、moveToメソッドで始点となる座標を（2）、lineToメソッドで終点となる座標を（3）、それぞれ指定します。

もっとも、ここまでのコードではパスを指定しただけで、キャンバスには直線は描画しません。パスに従って、実際に直線を描画するには、strokeメソッドを呼び出す必要があります（4）。

キャンバスによる直線の描画

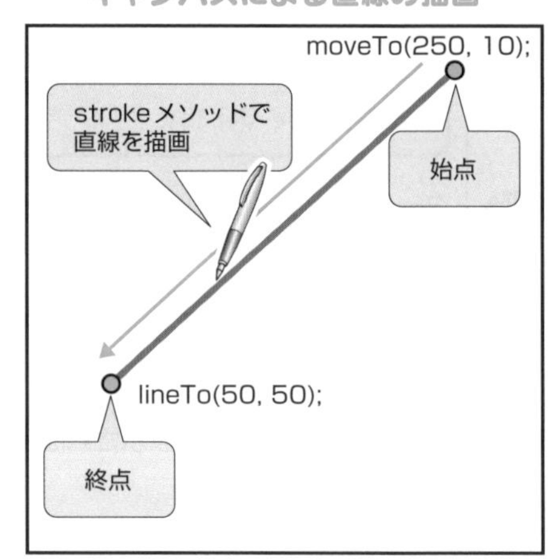

多角形を描画しよう

パスに座標を追加することで、多角形も描画できます。

1 作成済みのinput.jsを開いて、以下のように編集する（色文字部分を追加）。編集できたら、［すべて保存］ボタンをクリックする。

```
c = board.getContext('2d');
c.beginPath();
c.moveTo(250, 10);
c.lineTo(50, 50);
c.lineTo(30, 150);
c.lineTo(170, 180);
c.lineTo(250, 150);
c.closePath();
c.stroke();

save.addEventListener('click',
  ...中略...
);
```

2 ターミナルから以下のコマンドを実行して、ファイルをデプロイする。

```
> firebase deploy
```

結果 ターミナルに「Deploy complete!」と表示され、最終行に「Hosting URL: https://album-XXXXX.web.app」と表示される。

3 スマホ端末のブラウザーを起動し、「https://album-XXXXX.web.app/input.html」にアクセスする。

結果 キャンバス上に多角形が表示される。

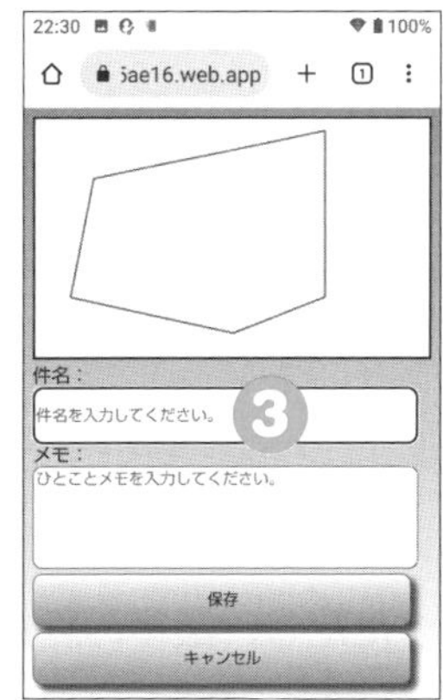

直線の終点は、次の直線の始点である

lineToメソッドで指定した直線の終点は、そのまま次の直線の始点となります。よって、多角形を描画したいならば、lineToメソッドを連続して呼び出せばよいということになります。

```
c.beginPath();
c.moveTo(250, 10);
c.lineTo(50, 50);
c.lineTo(30, 150);
c.lineTo(170, 180);
c.lineTo(250, 150);
c.closePath();
c.stroke();
```

多角形を描画

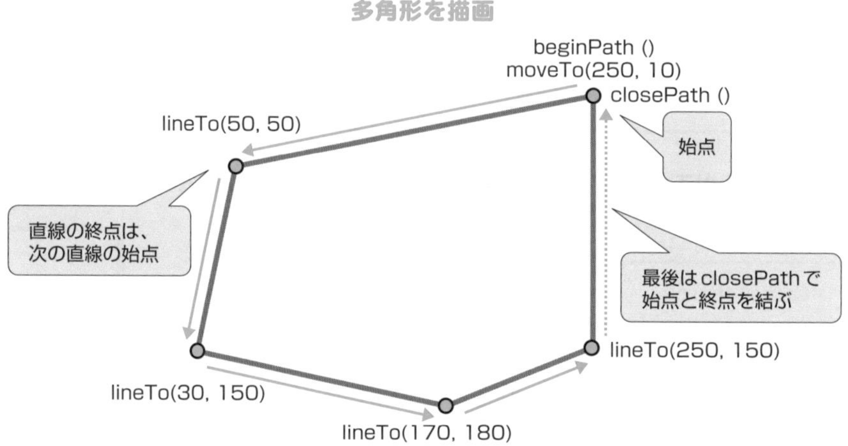

ただし、最後の終点と最初の始点を結ぶには、(lineToメソッドで始点を指定するのではなく) closePathメソッドを呼び出さなければならない点に注意してください (1)。これで、自動的に終点から始点に直線が引かれます。

最後にstrokeメソッドを呼び出さなければならないのは、直線を描画する場合と同じです(2)。

ちなみに、closePathメソッドを呼び出さなかった場合には、終点と始点は結ばれませんので、次のような結果となります。

closePathメソッドを呼び出さなかった場合の結果

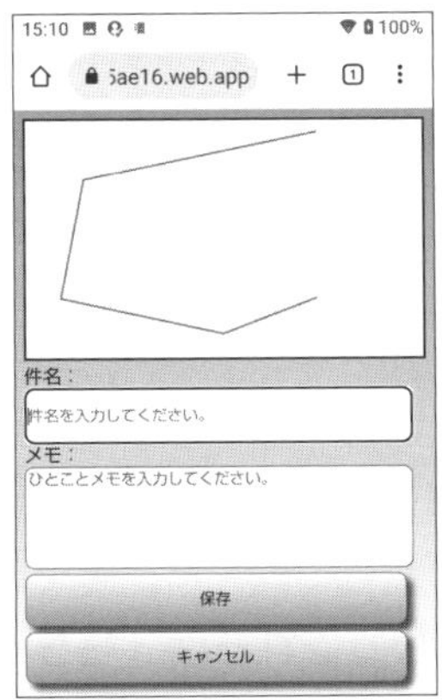

オープンパス／クローズパス

closePathメソッドで始点と終点が結ばれたパスのことを**クローズパス**と言います。一方、closePathメソッドが呼び出されなかった（＝始点と終点とが結ばれていない）パスのことを**オープンパス**と言います。たとえば、折れ線グラフで表されるようなパスは、オープンパスです。

図形を塗りつぶそう

描画した多角形の中を塗りつぶしてみましょう。

1 作成済みのinput.jsを開いて、以下のように編集する（色文字部分を追加）。編集できたら、［すべて保存］ボタンをクリックする。

```
c.lineTo(250, 150);
c.closePath();
c.stroke();
c.fill();
```

2 ターミナルから以下のコマンドを実行して、ファイルをデプロイする。

```
> firebase deploy
```

結果 ターミナルに「Deploy complete!」と表示され、最終行に「Hosting URL: https://album-XXXXX.web.app」と表示される。

3 スマホ端末のブラウザーを起動し、「https://album-XXXXX.web.app/input.html」にアクセスする。

結果 キャンバス上に、塗りつぶされた多角形が表示される。

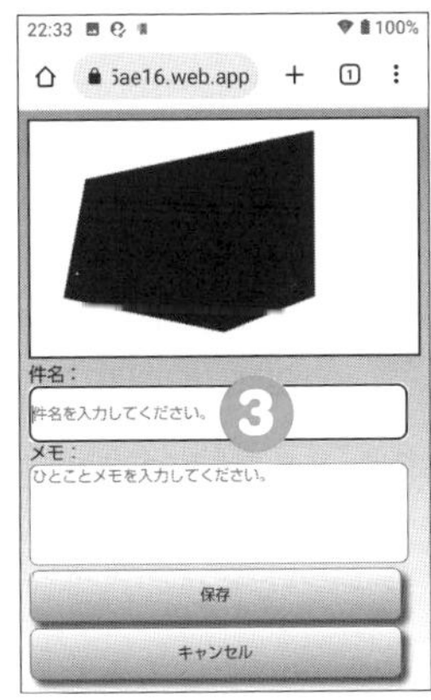

図形に色を付けるには

描かれた図形を塗りつぶすならば、先ほどの手順のようにfillメソッドを利用します。

サンプルではstrokeメソッドも呼び出しているので、枠線が付きますが、strokeメソッドなしでfillメソッドを呼び出すと、枠線なしの図形も描画できます（後述のヒントも参照）。

線の太さや色、塗りつぶしスタイルを変更しよう

ここまでは既定のスタイル／色で図形を描画してきましたが、これらは（もちろん）変更することもできます。

1 作成済みのinput.jsを開いて、以下のように編集する（色文字部分を追加）。編集できたら、［すべて保存］ボタンをクリックする。

```
c.lineTo(250, 150);
c.closePath();
c.fillStyle = '#cc5'
c.strokeStyle = '#f00';
c.lineWidth = 3;
c.stroke();
c.fill();
```

2 ターミナルから以下のコマンドを実行して、ファイルをデプロイする。

```
> firebase deploy
```

結果 ターミナルに「Deploy complete!」と表示され、最終行に「Hosting URL: https://album-XXXXX.web.app」と表示される。

3 スマホ端末のブラウザーを起動し、「https://album-XXXXX.web.app/input.html」にアクセスする。

結果 多角形の枠線が赤色に、塗りつぶしがオリーブ色になる。

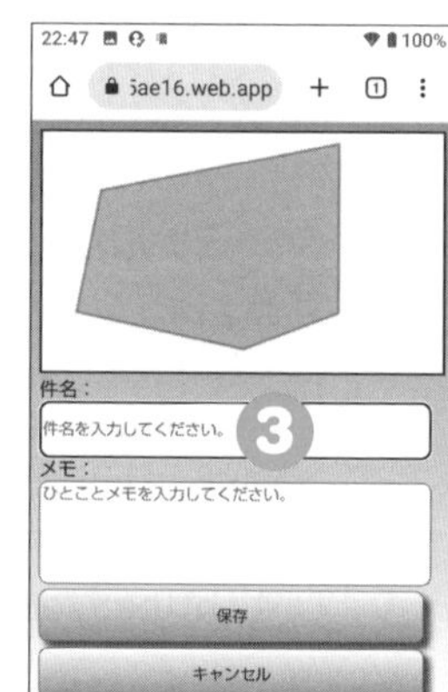

図形の描画スタイルを変化させるには

図形の描画スタイルを変化させるには、以下のようなプロパティを使います。

■ 描画スタイルに関するプロパティ

プロパティ	概要
fillStyle	塗りつぶし色
strokeStyle	線の色
lineWidth	線の太さ

サンプルでは色を16進数形式（#fff）で指定していますが、RGB形式、RGB α形式を利用することもできます。以下は、それぞれのコード例と結果です。

```
c.fillStyle = 'rgb(204, 204, 85)';
c.fillStyle = 'rgba(204, 204, 85, 0.5)';
```

rgb関数の結果

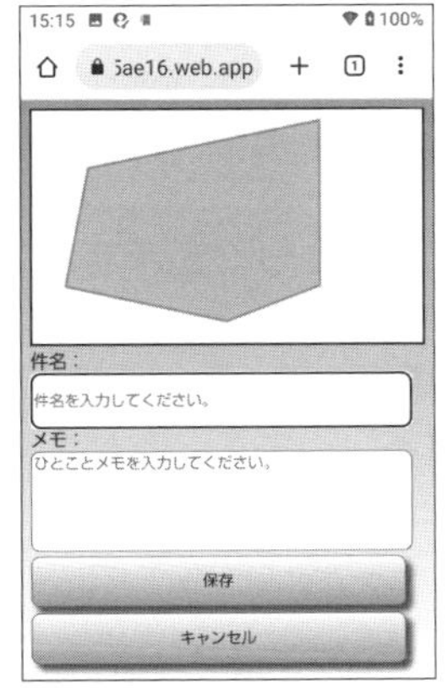

rgba関数の結果

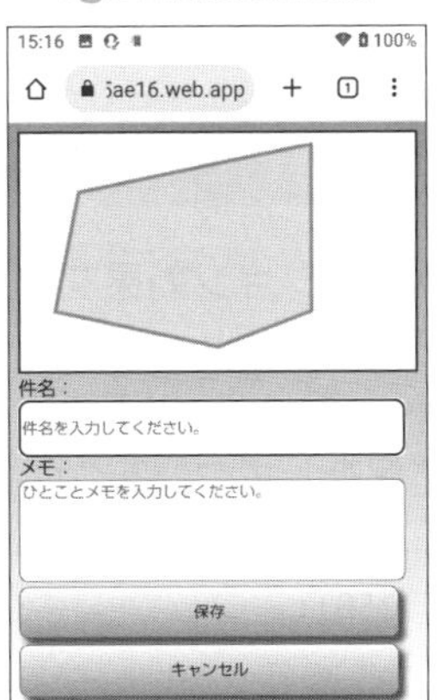

rgb関数、rgba関数の意味は、それぞれ以下のとおりです。

構文 rgb関数、rgba関数

```
rgb(赤, 青, 緑)
rgba(赤, 青, 緑, 透明度)
```

rgb関数では、赤、青、緑の強弱をそれぞれ0〜255の値で指定します。これまで利用してきたRGB記法（16進数）が10進数表記に変わっただけですね。たとえば#ff0は「rgb(255, 255, 0)」と同じ意味です。

rgba関数は、rgb関数に透明度を加えただけです。透明度には0.0（透明）〜1.0（不透明）の範囲で値を指定します。

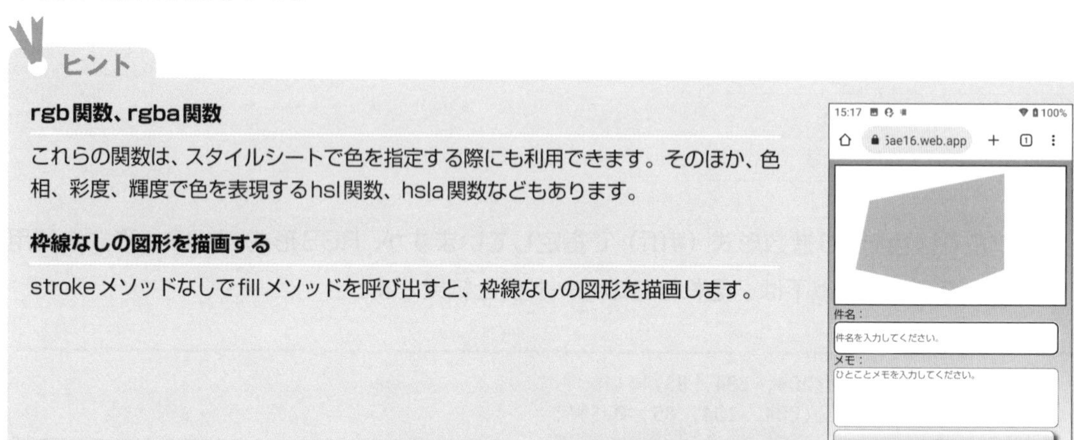

ヒント

rgb関数、rgba関数

これらの関数は、スタイルシートで色を指定する際にも利用できます。そのほか、色相、彩度、輝度で色を表現するhsl関数、hsla関数などもあります。

枠線なしの図形を描画する

strokeメソッドなしでfillメソッドを呼び出すと、枠線なしの図形を描画します。

strokeメソッドを呼び出さなかった場合（枠線のない図形）

グラデーションを付けてみよう

塗りつぶしには、グラデーション効果を適用することもできます。

1 作成済みのinput.jsを開いて、以下のように編集する（色文字部分を追加／変更）。編集できたら、［すべて保存］ボタンをクリックする。

```
c.lineTo(250, 150);
c.closePath();
const gr = c.createLinearGradient(250, 10, 170, 180);
gr.addColorStop(0, '#ff0');
gr.addColorStop(0.5, '#f0f');
gr.addColorStop(1, '#0ff');
c.fillStyle = gr;
c.strokeStyle = '#f00';
c.lineWidth = 3;
```

2 ターミナルから以下のコマンドを実行して、ファイルをデプロイする。

```
> firebase deploy
```

結果 ターミナルに「Deploy complete!」と表示され、最終行に「Hosting URL: https://album-XXXXX.web.app」と表示される。

3 スマホ端末のブラウザーを起動し、「https://album-XXXXX.web.app/input.html」にアクセスする。

結果 多角形の内側に、線形のグラデーション効果が適用される。

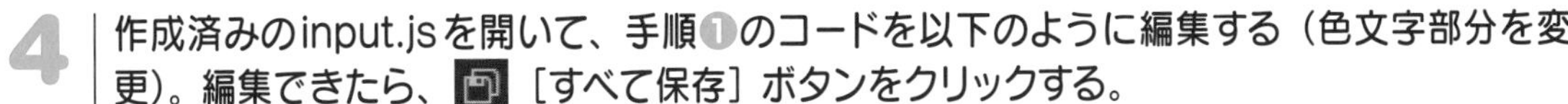

4 作成済みのinput.jsを開いて、手順❶のコードを以下のように編集する（色文字部分を変更）。編集できたら、［すべて保存］ボタンをクリックする。

```
c.closePath();
const gr = c.createRadialGradient(150, 150, 10, 150, 150, 120);
gr.addColorStop(0, '#ff0');
gr.addColorStop(0.5, '#f0f');
gr.addColorStop(1, '#0ff');
c.fillStyle = gr;
```

5 ターミナルから以下のコマンドを実行して、ファイルをデプロイする。

```
> firebase deploy
```

結果 ターミナルに「Deploy complete!」と表示され、最終行に「Hosting URL: https://album-XXXXX.web.app」と表示される。

6 スマホ端末のブラウザーを起動し、「https://album-XXXXX.web.app/input.html」にアクセスする。

結果 多角形の内側に、円形のグラデーション効果が適用される。

Canvas APIのグラデーションは2種類

Canvas APIでは、グラデーションは色の一種として扱われます。つまり、fillStyleプロパティの値として、グラデーションを設定するわけです。

ただし、グラデーションのような複雑な設定を、通常の色のように「rgb(0, 0, 0)」のような文字列で指定することはできません。グラデーションの設定は、CanvasGradientというオブジェクトで表す必要があるのです。

CanvasGradientオブジェクトを生成するのは、**createLinearGradientメソッド**／**createRadialGradientメソッド**の役割です。前者は線形グラデーションを表すために、後者は円形グラデーションを表すために利用します。

■ グラデーションの種類

種類	概要
線形グラデーション	左から右、上から下など、指定した方向に直線的に色が変化
円形グラデーション	指定された2つの円の間で円状に色が変化

構文 createLinearGradientメソッド（線形グラデーション）

```
createLinearGradient(x1, y1, x2, y2)
```

構文 createRadialGradientメソッド（円形グラデーション）

```
createRadialGradient(x1, y1, r1, x2, y2, r2)
```

それぞれ

- createLinearGradient：始点(x1, y1)から終点(x2, y2)への線形グラデーション
- createRadialGradient：中心(x1, y1)、半径r1の円から中心(x2, y2)、半径r2の円に向けた円形グラデーション

が生成されます。

グラデーション

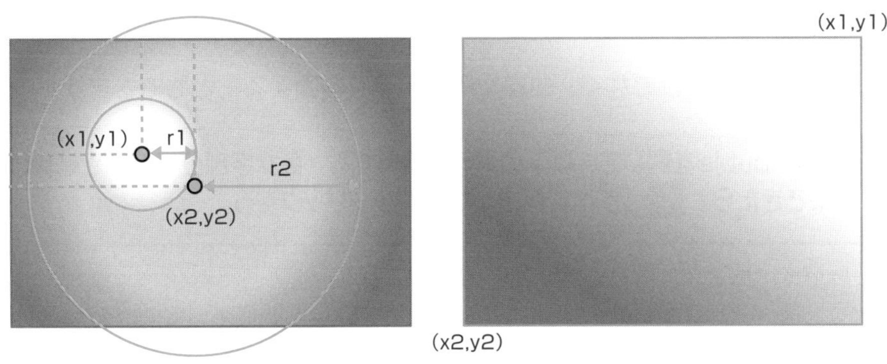

ただし、この時点ではまだグラデーションの始点と終点が定義されたにすぎません。続いて、グラデーションで利用する色を指定する必要があります。これを行うのが、**addColorStopメソッド**です。

構文 addColorStopメソッド

```
addColorStop(オフセット, 色)
```

オフセットは、色を変化させる位置を表す値で、0.0が始点、1.0が終点を表します。よって、サンプルのコードであれば、#ff0（黄色）で始まり、中間点（0.5）で#f0f（紫）を経て、終点で#0ff（水色）になるようなグラデーションを表します。

```
gr.addColorStop(0, '#ff0');
gr.addColorStop(0.5, '#f0f');
gr.addColorStop(1, '#0ff');
```

あとは、設定を終えたCanvasGradientオブジェクトをfillStyleプロパティにセットすれば、グラデーションが塗りつぶし色として適用されます。

円／円弧、曲線を描画しよう

Canvas APIでは直線だけでなく、曲線や円／円弧を描画することもできます。

1 作成済みのinput.jsを開いて、以下のように編集する（色文字部分を追加、網掛け部分を削除）。編集できたら、［すべて保存］ボタンをクリックする。

```
c.beginPath();
c.moveTo(250, 10);
c.lineTo(50, 50);
c.lineTo(30, 150);
c.lineTo(170, 180);
c.lineTo(250, 150);
c.closePath();
let gr = c.createRadialGradient(150, 150, 10, 150, 150, 120);
gr.addColorStop(0, '#ff0');
gr.addColorStop(0.5, '#f0f');
gr.addColorStop(1, '#0ff');
c.fillStyle = gr;
c.moveTo(200, 10);
c.quadraticCurveTo(10, 100, 250, 150);
c.strokeStyle = '#f00';
c.lineWidth = 3;
c.stroke();
c.fill();
```

2 ターミナルから以下のコマンドを実行して、ファイルをデプロイする。

```
> firebase deploy
```

結果 ターミナルに「Deploy complete!」と表示され、最終行に「Hosting URL: https://album-XXXXX.web.app」と表示される。

3 スマホ端末のブラウザーを起動し、「https://album-XXXXX.web.app/input.html」にアクセスする。

結果 2次ベジェ曲線が表示される。

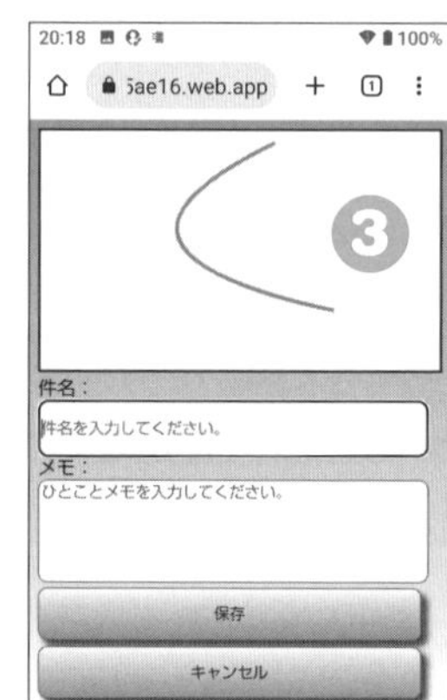

4 作成済みのinput.jsを開いて、以下のように編集する（色文字部分を追加、網掛け部分を削除）。編集できたら、［すべて保存］ボタンをクリックする。

```
c.beginPath();
c.moveTo(200, 10);
c.quadraticCurveTo(10, 100, 250, 150);
c.moveTo(40, 50);
c.bezierCurveTo(50, 150, 350, 50, 120, 150);
c.strokeStyle = '#f00';
c.lineWidth = 3;
c.stroke();
```

5 ターミナルから以下のコマンドを実行して、ファイルをデプロイする。

```
> firebase deploy
```

結果 ターミナルに「Deploy complete!」と表示され、最終行に「Hosting URL: https://album-XXXXX.web.app」と表示される。

6 スマホ端末のブラウザーを起動し、「https://album-XXXXX.web.app/input.html」にアクセスする。

結果 3次ベジェ曲線が表示される。

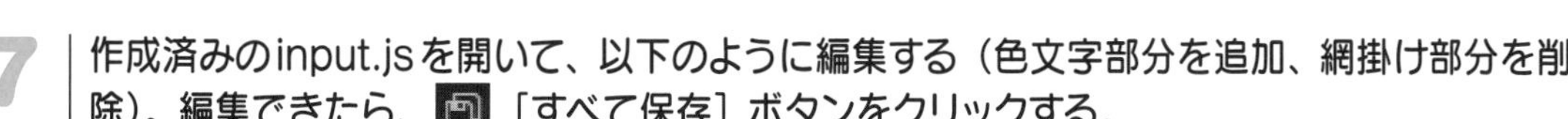

7 作成済みのinput.jsを開いて、以下のように編集する（色文字部分を追加、網掛け部分を削除）。編集できたら、［すべて保存］ボタンをクリックする。

```
c.beginPath();
c.moveTo(40, 50);
c.bezierCurveTo(50, 150, 350, 50, 120, 150);
c.arc(150, 100, 80, 0, 2 * Math.PI, true);
c.strokeStyle = '#f00';
c.fillStyle = '#cc5';
c.lineWidth = 3;
c.stroke();
c.fill();
```

8 ターミナルから以下のコマンドを実行して、ファイルをデプロイする。

```
> firebase deploy
```

結果 ターミナルに「Deploy complete!」と表示され、最終行に「Hosting URL: https://album-XXXXX.web.app」と表示される。

9 スマホ端末のブラウザーを起動し、「https://album-XXXXX.web.app/input.html」にアクセスする。

結果 円が表示される。

ベジェ曲線を描画するには

ベジェ曲線は、n個の制御点をもとに描かれるn-1次曲線です。言葉で表すと難しく聞こえるかもしれませんが、要は、以下の図のような曲線です。Canvas APIでは、2次ベジェ曲線、3次ベジェ曲線に対応しています。

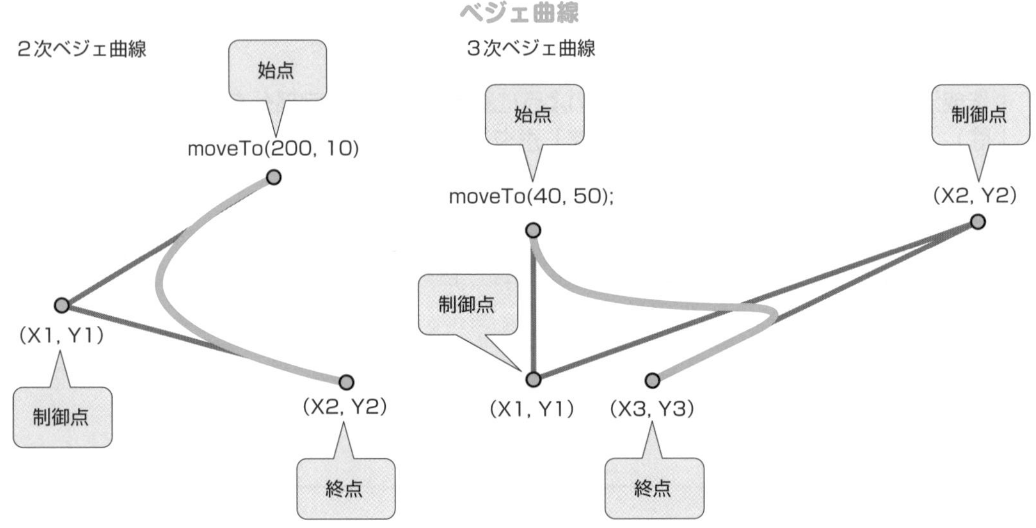

それぞれのベジェ曲線は、**quadraticCurveTo**メソッド（2次ベジェ曲線）、**bezierCurveTo**メソッド（3次ベジェ曲線）で表現できます。引数の名前は、上の図の座標に対応しています。

構文 quadraticCurveToメソッド(2次ベジェ曲線)

```
quadraticCurveTo(x1, y1, x2, y2)
```

構文 bezierCurveToメソッド(3次ベジェ曲線)

```
bezierCurveTo(x1, y1, x2, y2, x3, y3)
```

ベジェ曲線の開始点は、moveToメソッドなどで表された現在のパスです。

サンプルでは、strokeメソッドで線を描画しているだけですが、fillメソッドを呼び出した場合には、以下のようにパスで表された領域が塗りつぶされます。

ベジェ曲線を塗りつぶした場合

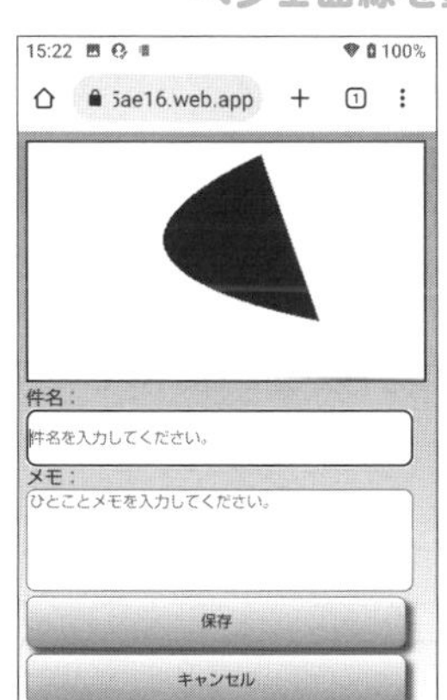

円／円弧を描画するには

円／円弧を描画するには、**arcメソッド**を利用します。

構文 arcメソッド

```
arc(中心のX座標, 中心のY座標, 半径, 開始角度, 終了角度, 反時計回りか)
```

arc メソッド

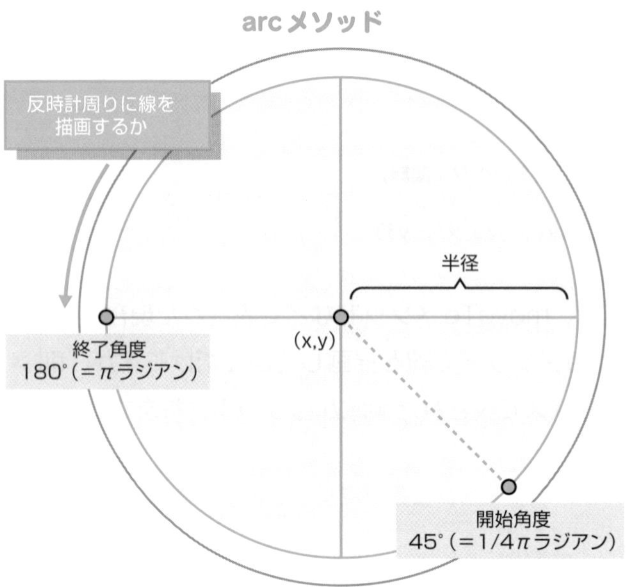

開始角度／終了角度は、右水平方向を基点に、時計回りの方向で指定します。既定では時計回りに円周が描かれますが、arcメソッドの最後の引数をtrueにした場合、円周は反時計回りに描画されます。

角度は**ラジアン**という単位で指定できます。ラジアンを求めるには、

```
度数 ÷ 180 × π
```

という公式を利用してください。π（円周率）は、Math.PIで取得できます。

よって、以下のコードの「2 * Math.PI」は「360 ÷ 180 × π」＝360° を表しているわけです。

```
c.arc(150, 100, 80, 0, 2 * Math.PI, true);
```

arcメソッド全体では、中心(150, 100)、半径80の円（0～360°）で描きなさい、という意味になります。

次に示すのは、arcメソッドの引数を書き換えた場合の結果です。開始角度～終了角度が360°未満の場合は、完全な円ではなく、円弧を描画します。

arc メソッドのさまざまな結果

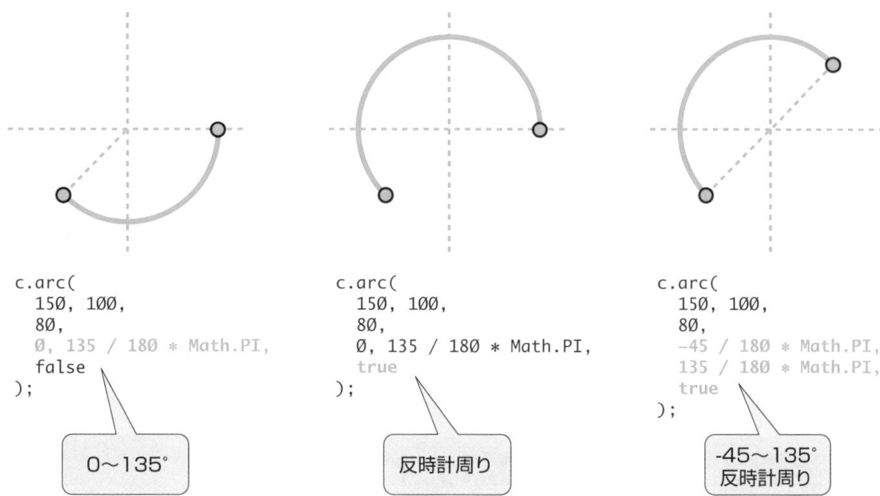

キャンバスに文字を表示しよう

キャンバスには、フォントを指定して文字（テキスト）を描画することもできます。

1 作成済みのinput.jsを開いて、以下のように編集する（色文字部分を追加、網掛け部分を削除）。編集できたら、［すべて保存］ボタンをクリックする。

```
// Canvas APIを利用した処理
c = board.getContext('2d');
c.beginPath();
c.arc(150, 100, 80, 0, 2 * Math.PI, true);
c.strokeStyle = '#f00';
c.fillStyle = '#cc5';
c.lineWidth = 3;
c.stroke();
c.fill();
c.strokeStyle = '#f00';
c.font = '30px sans-serif';
c.fillText('こんにちは！', 70, 50);
c.strokeText('こんにちは！', 70, 50);

save.addEventListener('click',
  ...中略...
);
```

2 ターミナルから以下のコマンドを実行して、ファイルをデプロイする。

```
> firebase deploy
```

結果 ターミナルに「Deploy complete!」と表示され、最終行に「Hosting URL: https://album-XXXXX.web.app」と表示される。

3 スマホ端末のブラウザーを起動し、「https://album-XXXXX.web.app/input.html」にアクセスする。

結果 キャンバス上に文字列が表示される。

テキスト描画メソッド／プロパティを理解する

Canvas APIが提供するテキスト描画メソッド／プロパティには、以下のようなものがあります。

■ テキスト描画に関する主なメソッド／プロパティ

メソッド／プロパティ	概要
font	文字フォントを設定
textAlign	横方向の表示位置を設定
fillText(text, x, y)	基点(x, y)に対して塗りつぶされたテキストを描画
strokeText(text, x, y)	基点(x, y)に対して枠線のみのテキストを描画

(1) fillTextメソッド／strokeTextメソッド

テキストを描画するのは、**fillTextメソッド／strokeTextメソッド**の役割です。サンプルでは、それぞれ塗りつぶしテキストと枠線テキストを重ねて描画していますが、もちろん、座標を変えれば、塗りつぶしテキストと枠線テキストをそれぞれ単体で表示させることもできます。

fillTextメソッド／strokeTextメソッドで指定した座標は、Canvas APIのパスには影響しません。

塗りつぶしテキストと枠線テキストを別々に描画

（2）fontプロパティ

fontプロパティには、CSSのfontプロパティと同じ形式でフォントを指定できます。font-sizeとfont-family以外はすべて任意です。

（3）textAlignプロパティ

textAlignプロパティには、以下の値を設定できます。

■ textAlignプロパティの設定値

設定値	概要
left	左
center	中央
right	右
start	開始位置（既定値）
end	終了位置

Canvas APIは、strokeTextメソッド／fillTextメソッドで指定されたX座標とtextAlignプロパティの値によって、文字の表示位置を決定します。以下の図では、縦の線がstrokeTextメソッド／fillTextメソッドで指定されたX座標を表すものとします。

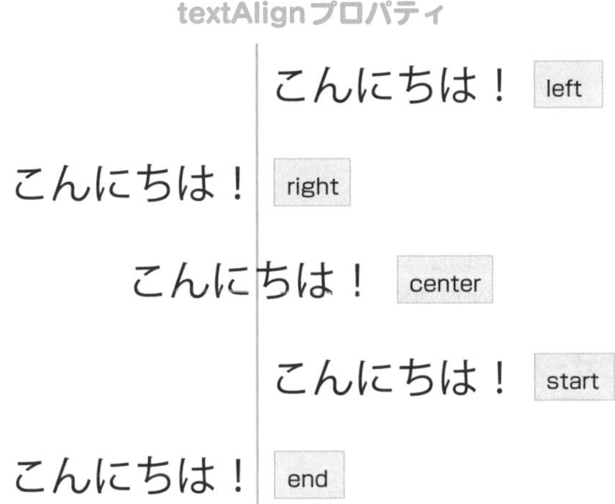

なお、start ／ endの設定は、言語に依存します。日本語は左から右に記述する言語なので、startは左揃え、endは右揃えになりますが、右から左に記述する言語では逆の意味となりますので、注意してください。

キャンバスに画像を埋め込もう

最後に、キャンバスにあらかじめ用意しておいた画像を埋め込んでみましょう。

1 作成済みのinput.jsを開いて、以下のように編集する（色文字部分を追加）。編集できたら、［すべて保存］ボタンをクリックする。

```
    c.strokeText('こんにちは！', 70, 50);
    let img = new Image();
    img.src = 'image/cat.jpg';
    img.addEventListener(
      'load',
      (e) => {
        c.drawImage(img, 80, 80, 120, 100);
      }
    );

  save.addEventListener('click',
    ...中略...
  );
```

2 Windowsのエクスプローラーでサンプルファイルを保存したフォルダーに移動して［素材］フォルダーを開き、その中のcat.jpgファイルを、［album］フォルダーの［image］フォルダーにコピーする。

参照ファイル

¥HTMLLS入門¥素材¥cat.jpg

3 ターミナルから以下のコマンドを実行して、ファイルをデプロイする。

```
> firebase deploy
```

結果 ターミナルに「Deploy complete!」と表示され、最終行に「Hosting URL: https://album-XXXXX.web.app」と表示される。

4 スマホ端末のブラウザーを起動し、「https://album-XXXXX.web.app/input.html」にアクセスする。

結果 キャンバス上に画像が表示される。

キャンバスに画像を貼り付けるには

Canvas APIで画像を貼り付けるには、以下の手順を踏みます。

(1) 画像（Imageオブジェクト）を準備する
(2) 画像を読み込めたら、キャンバスに画像を貼り付ける

以下に、それぞれの手順を見ていきましょう。

(1) 画像を準備する

JavaScriptで画像を表すには、まずImageオブジェクトを生成します。サンプルでは、以下の部分です。

```
let img = new Image();        ← 1
img.src = 'image/cat.jpg';    ← 2
```

new演算子でImageオブジェクトを生成した後（1）、そのsrcプロパティに画像のファイルパスを指定します（2）。ファイルパスは（input.jsからの相対パスではなく）input.htmlからの相対パスですので、間違えないようにしてください。

(2) 画像を読み込めたら、キャンバスに画像を貼り付ける

（1）のあと、すぐに画像を貼り付けたいところなのですが、これはできません。

というのも、画像は非同期に（スクリプトの処理とは別に）読み込まれるため、すぐに画像を貼り付けようとしても、まだ画像が読み込まれていないのです。そこで、「画像を正しく読み込めた」タイミングで、画像を操作する必要があります。

これを行っているのが、サンプルの以下の部分です。

```
img.addEventListener(
  'load',        ← 1
  (e) => {
    c.drawImage(img, 80, 80, 120, 100);    ← 2
  }
);
```

Imageオブジェクトは、画像を読み込めたタイミングでloadイベントを発生します（1）。そこでloadイベントリスナーの中で画像の操作を行います。

キャンバスへの画像の貼り付けを行うのは、**drawImageメソッド**の役割です（2）。

構文 drawImageメソッド（1）

```
drawImage(画像, X座標, Y座標, 幅, 高さ)
```

サンプルでは、画像cat.jpgを(80, 80)の位置に、120×100にリサイズした上で貼り付けています。

drawImageメソッド

cat.jpg（オリジナル画像）

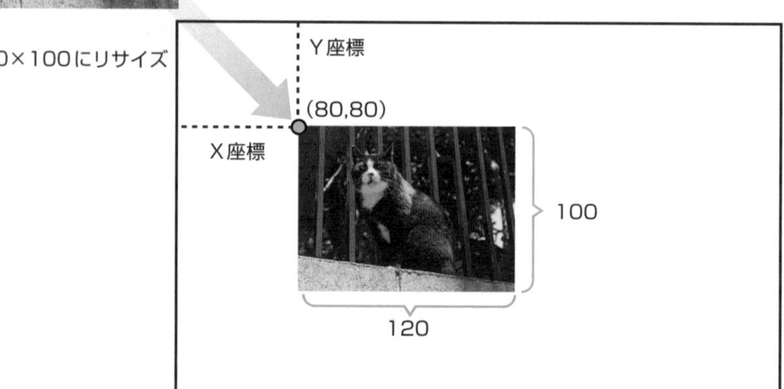

画像を元のサイズで貼り付けたいならば、drawImageメソッドの幅、高さは省略しても構いません。

また、画像の一部だけを切り出して貼り付けるならば、以下のような構文を利用します。

構文 drawImageメソッド(2)

```
drawImage(img, x1, y1, w1, h1, x2, y2, w2, h2)
```

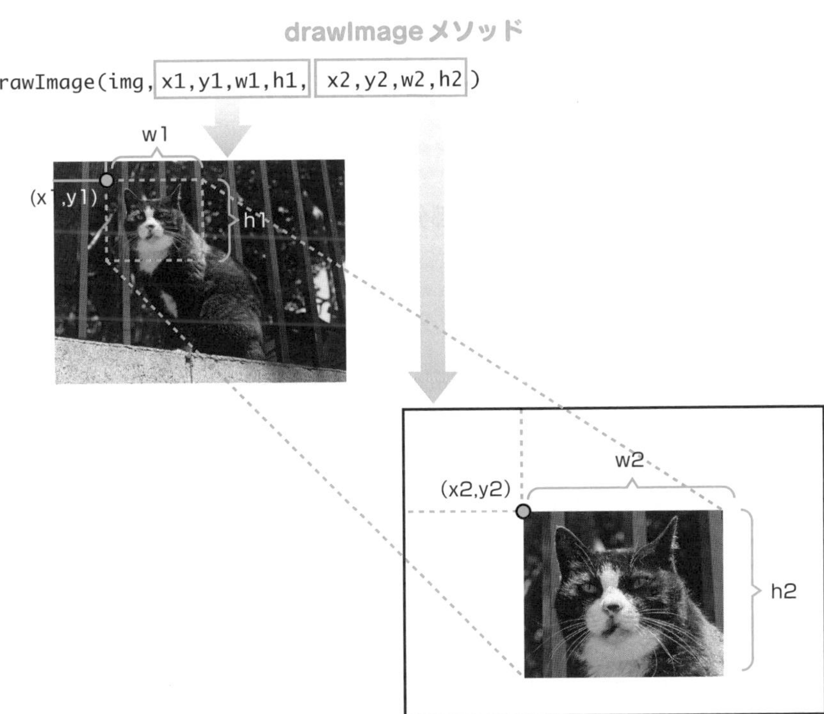

これによって、画像imgを座標(x1,y1)から幅w1、高さh1で切り取り、その結果をキャンバスの座標(x2, y2)に幅w2、高さh2で貼り付ける、という意味になります。

引数が多くなってくると混乱してしまいそうですが、

- 引数の前半(x1～h1)は画像をどのように切り出すか(カット)を表し、
- 後半(x2～h2)は画像をどのように貼り付けるか(ペースト)を表す、

と整理しておくと、覚えやすいかもしれません。

タッチ操作でキャンバスに落書きしよう

Canvas APIによる基本的な描画を理解できたところで、いよいよ「アルバムマップ」に新たな機能を追加していきます。

手書き機能を実装しよう

これまでは、メモ情報としてテキストしか記録できませんでしたが、Canvas機能を利用して、手書きの絵も記録できるようにします。キャンバスを指でなぞることで、自由に曲線を描画できる、一種の落書き帳を作成してみましょう。

1 作成済みのinput.jsを開いて、以下の部分を編集する（色文字部分を追加、網掛け部分を削除）。

```
// ページ本体が読み込まれたタイミングで実行するコード
let c, o_x = 0, o_y = 0, flag = false;
let subject = document.getElementById('subject');
...中略...
let board = document.getElementById('board');

// Canvas APIを利用した処理
c = board.getContext('2d');
c.strokeStyle = '#00f';
c.lineWidth = 3;
c.fillStyle = '#cc5';
c.strokeStyle = '#f00';
c.font = '30px sans-serif';
c.fillText('こんにちは！', 70, 50);
c.strokeText('こんにちは！', 70, 50);
let img = new Image();
img.src = 'image/ham.jpg';
img.addEventListener(
  'load',
  (e) => {
    c.drawImage(img, 80, 80, 120, 100);
  }
);

save.addEventListener('click',
  ...中略...
);
...中略...
```

2 input.jsの以下の部分に、以下のコードを追加する（色文字部分）。

```
...中略...
cancel.addEventListener('click',
  () => {
    // ［キャンセル］ボタンのクリック時に実行するコード
    ...中略...
  }, false
);

const ondown = (e) => {
  // （1）タッチ開始／マウスダウン時の処理
};

const onup = (e) => {
  // （2）タッチ終了／マウスアップ時の処理
};

const onmove = (e) => {
  // （3）タッチ移動中／マウス移動中の処理
};

if (window.ontouchstart === undefined) {
  // （4）タッチイベントに対応していない場合の処理
} else {
  // （5）タッチイベントに対応している場合の処理
}
```

3 手順❷で作成したコードの（1）の部分に、以下のコードを追加する。

```
const ondown = (e) => {
  // （1）タッチ開始／マウスダウン時の処理
  e.preventDefault();
  flag = true;
  if (e.touches) { e = e.touches[0]; }
  const c_rect = e.target.getBoundingClientRect();
  o_x = e.clientX - c_rect.left;
  o_y = e.clientY - c_rect.top;
};
```

4 手順❷で作成したコードの（2）の部分に、以下のコードを追加する（色文字部分）。

```
const onup = (e) => {
  // （2）タッチ終了／マウスアップ時の処理
  e.preventDefault();
  flag = false;
};
```

5 手順❷で作成したコードの（3）の部分に、以下のコードを追加する（色文字部分）。

```
const onmove = (e) => {
  // （3）タッチ移動中／マウス移動中の処理
  e.preventDefault();
  if (flag) {
    // （6）マウスが押されている場合の描画処理
  }
};
```

6 手順❺で作成したコードの（6）の部分に、以下のコードを追加する（色文字部分）。

```
if (flag) {
  // （6）マウスが押されている場合の描画処理
  if (e.touches) { e = e.touches[0]; }
  const c_rect = e.target.getBoundingClientRect();
  const x = e.clientX - c_rect.left;
  const y = e.clientY - c_rect.top;
  c.beginPath();
  c.moveTo(o_x, o_y);
  c.lineTo(x, y);
  c.stroke();
  o_x = x;
  o_y = y;
}
```

7 手順❷で作成したコードの（4）、（5）の部分に、以下のコードを追加する（色文字部分）。

```
if (window.ontouchstart === undefined) {
  // （4）タッチイベントに対応していない場合の処理
  board.addEventListener('mousedown', ondown, false);
  board.addEventListener('mouseup',   onup,   false);
  board.addEventListener('mousemove', onmove, false);
} else {
  // （5）タッチイベントに対応している場合の処理
  board.addEventListener('touchstart',ondown, false);
  board.addEventListener('touchend',  onup,   false);
  board.addEventListener('touchmove', onmove, false);
}
```

8 入力を終え、以下のようなコードが完成していることを確認できたら、[すべて保存] ボタンをクリックする。

```
// ページ本体が読み込まれたタイミングで実行するコード
let c, o_x = 0, o_y = 0, flag = false;
const subject = document.getElementById('subject');
...中略...
const board = document.getElementById('board');

// Canvas APIを利用した処理
c = board.getContext('2d');
c.strokeStyle = '#00f';
c.lineWidth = 3;
...中略...
cancel.addEventListener('click',
  () => {
    // [キャンセル] ボタンのクリック時に実行するコード
    ...中略...
  }, false
);

const ondown = (e) => {
  // (1) タッチ開始／マウスダウン時の処理
  e.preventDefault();
  flag = true;
  if (e.touches) { e = e.touches[0]; }
  const c_rect = e.target.getBoundingClientRect();
  o_x = e.clientX - c_rect.left;
  o_y = e.clientY - c_rect.top;
};

const onup = (e) => {
  // (2) タッチ終了／マウスアップ時の処理
  e.preventDefault();
  flag = false;
};

const onmove = (e) => {
  // (3) タッチ移動中／マウス移動中の処理
  e.preventDefault();
  if (flag) {
    // (6) マウスが押されている場合の描画処理
    if (e.touches) { e = e.touches[0]; }
    const c_rect = e.target.getBoundingClientRect();
    const x = e.clientX - c_rect.left;
    const y = e.clientY - c_rect.top;
    c.beginPath();
    c.moveTo(o_x, o_y);
    c.lineTo(x, y);
    c.stroke();
```

```
      o_x = x;
      o_y = y;
    }
  };

  if (window.ontouchstart === undefined) {
    // タッチイベントに対応していない場合の処理
    board.addEventListener('mousedown', ondown, false);
    board.addEventListener('mouseup',   onup,   false);
    board.addEventListener('mousemove', onmove, false);
  } else {
    // タッチイベントに対応している場合の処理
    board.addEventListener('touchstart',ondown, false);
    board.addEventListener('touchend',  onup,   false);
    board.addEventListener('touchmove', onmove, false);
  }
```

9 ターミナルから以下のコマンドを実行して、ファイルをデプロイする。

```
> firebase deploy
```

結果 ターミナルに「Deploy complete!」と表示され、最終行に「Hosting URL: https://album-XXXXX.web.app」と表示される。

10 スマホ端末のブラウザーを起動し、「https://album-XXXXX.web.app/input.html」にアクセスする。

結果 フォームの上部に、空のキャンバスが表示される。

11 キャンバスの上を指でなぞる。

結果 なぞった部分に曲線が描画される。

スマホ固有のイベントを見てみよう

従来のパソコンとスマホとの大きな違いは、一般的にスマホにはマウスがないことです。代わりに、画面を指でタッチ（**タップ**とも言います）して操作するのが基本です。

結果、スマホでは、いわゆるマウス関連のイベントのいくつかに対応していません。代わりに、スマホでは、以下のようなイベントを利用しなければなりません。

■ スマホで利用できる主なイベント

イベント	発生タイミング	対応するマウスイベント
touchstart	タッチ操作が開始された（指が画面に触れた）	mousedown
touchmove	タッチ中（指が画面に接している）	mousemove
touchmove	タッチ操作が終了した（指が画面から離れた）	mouseup

本書のサンプルでは、パソコン側でも動作を確認できるようにするため、マウスイベントとタッチイベント双方に対応できるよう、両方にイベントリスナーを登録しています。

サンプルでは、以下の部分です。

```
if (window.ontouchstart === undefined) {
  // (4) タッチイベントに対応していない場合の処理
  board.addEventListener('mousedown', ondown, false);
  board.addEventListener('mouseup',   onup,   false);      1 マウスイベント
  board.addEventListener('mousemove', onmove, false);
} else {
  // (5) タッチイベントに対応している場合の処理
  board.addEventListener('touchstart',ondown, false);
  board.addEventListener('touchend',  onup,   false);      2 タッチイベント
  board.addEventListener('touchmove', onmove, false);
}
```

ontouchstartプロパティは、タッチイベントにアクセスするためのプロパティです。よって、「window.ontouchstart === undefined」は、「ブラウザーがタッチイベントに対応していないか（ontouchstartプロパティが未定義であるか）をチェックしなさい」という意味になります。そして、タッチイベントに対応していない場合には、パソコン環境と見なしてマウスイベントを登録し（1）、さもなければスマホ環境と見なしてタッチイベントを登録しているわけです（2）。これはパソコン／スマホ双方の環境に対応する典型的な手法です。

addEventListenerメソッドで（function() {...}や() => {...}というブロックではなく）関数名だけを指定する書き方は第７章の7.3節でも触れていますので、そちらも再確認しておき

ましょう。

タッチパネル付きのパソコン

近年では、タッチパネル対応のパソコンも増えてきました。そのような環境では、タッチイベントが優先され、マウスイベントは有効にならない場合もあるので、サンプルを試す際には注意してください。

マウス／タッチ操作に合わせて自由曲線を描画するには

自由な曲線とは言っても、サンプルで描画しているのは、あくまで「ごく短い直線の集合」です。大まかなしくみは、以下のとおりです。

マウス／タッチ操作に合わせて自由曲線を描画する

touchmove
touchmove
touchmove
touchmove
touchmove

断続的に発生するtouchmove
イベントで細かく直線を描画

（1）マウスダウン／タッチダウン時に基点となる座標を記録

（2）マウス／指が移動したら、基点から現在のマウス／指位置まで直線を描く

（3）マウス／指がさらに移動したら、先ほどのマウス／指位置を基点に現在のマウス／指位置まで直線を描く

（4）上記（2）～（3）を繰り返す

上の手順を念頭に、対応するコードを読み解いていきましょう。

(1) マウスダウン／タッチダウン時に基点となる座標を記録

基点となる座標は、変数o_x、o_yで管理します。初期値はいずれも0です。

```
let c, o_x = 0, o_y = 0, flag = false;
```

変数o_x、o_yに基点となる座標をセットしているのは、以下の部分 ―― mousedownイベント／touchstartイベントに関連付いているondown関数です。

```
const ondown = (e) => {
  // (1) タッチ開始／マウスダウン時の処理
  e.preventDefault();                         ← 4
  ...中略...
  if (e.touches) { e = e.touches[0]; }        ← 1
  const c_rect = e.target.getBoundingClientRect();  ← 2
  o_x = e.clientX - c_rect.left;              ┐ 3
  o_y = e.clientY - c_rect.top;               ┘
};
```

マウスポインターの座標と、タッチ位置を取得する方法は微妙に異なります。

マウスポインターの座標を取得するには、イベントオブジェクトeのclientXプロパティとclientYプロパティにアクセスするだけです。

しかし、スマホでのタッチ位置（座標）を取得するには、イベントオブジェクトeのtouchesプロパティにアクセスする必要があります。スマホの画面には、複数の指で同時にタッチできます。touchesプロパティには、それぞれのタッチ情報が配列として含まれているのです。

touchesプロパティで複数のタッチ情報を取得

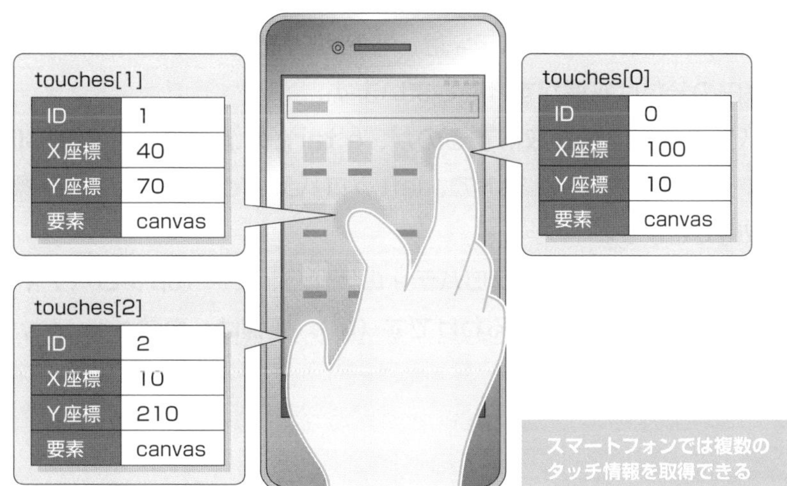

何箇所までのタッチに対応しているかは、使用しているスマホ（バージョン）によっても異なります。それでも、最小限、touches[0]には1箇所のタッチ情報が含まれているはずなので、サンプルではこの内容を取得しています（1）。

「if (e.touches) { ... }」としているのは、touchesプロパティが存在する場合にのみ、touches[0]の値を取得するためです。touchesプロパティを持たないパソコン環境では、1の部分は無視されます。

touches[0]で取得したタッチ情報からは、パソコン環境と同じく、clientX／clientYプロパティでタッチ位置の絶対座標を取得できます。

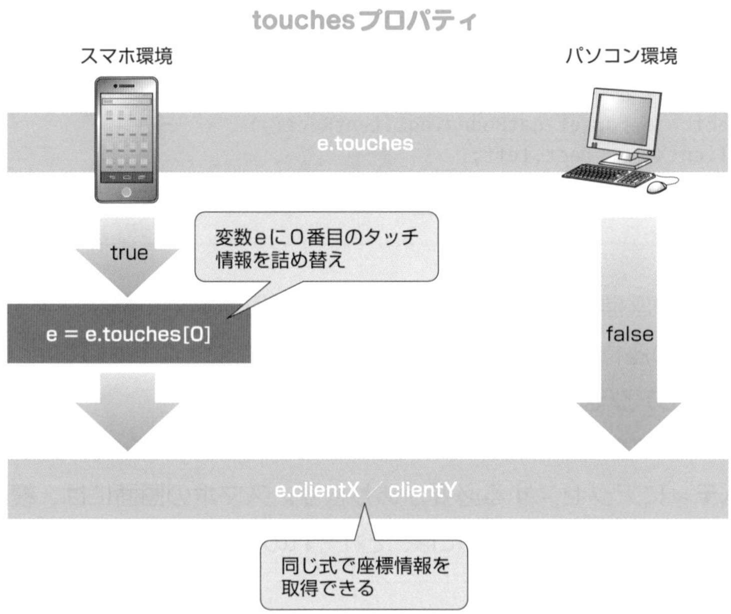

もっとも、clientX／clientYプロパティは、ページの左上からの絶対座標を表すので、キャンバスの上／左余白の分だけ座標がずれてしまいます。

そこでキャンバスの左上座標を取得するのが、**e.target.getBoundingClientRectメソッド**です（2）。戻り値はオブジェクトで、leftプロパティで要素左上のX座標、topプロパティでY座標を取得できます。

サンプルでは、clientX／clientYプロパティの値からleft／topプロパティの値を引くことで、キャンバス上の座標を求めているわけです（3）。座標は、変数o_x、o_yに保存しておきます。

clientX／clientYプロパティ

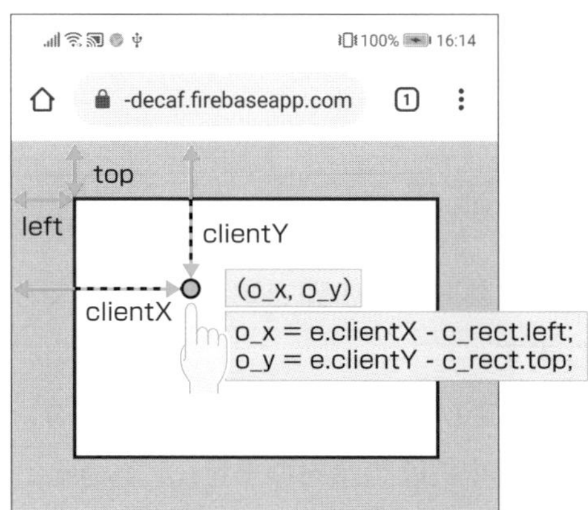

4 のe.preventDefaultメソッドは、ブラウザー本来のイベント動作をキャンセルしています。ブラウザー本来の動作とは、イベントによって異なりますが、タッチ操作であれば画面のスクロールです。イベントリスナーで、この動作をキャンセルしておかないと、タッチ動作で画面がスクロールしてしまい、意図したようにアプリが動作しません。

(2) マウス／指が移動したら、基点から現在のマウス／指位置まで直線を描く

基点が決まったところで、実際に線を描画します。

```
// (6) マウスが押されている場合の描画処理
if (e.touches) { e = e.touches[0]; }
const c_rect = e.target.getBoundingClientRect();     ── 1
const x = e.clientX - c_rect.left;
const y = e.clientY - c_rect.top;
c.beginPath();
c.moveTo(o_x, o_y);                                   ── 2
c.lineTo(x, y);
c.stroke();
o_x = x;                                              ── 3
o_y = y;
```

1 は、現在のマウスポインター／指の位置を求めています。座標の求め方は、先ほどと同じですので、問題ないでしょう。そして、2 で基点(o_x, o_y)から現在のマウス位置(x, y)に直線を描画しているわけです。moveTo／lineToなどのメソッドについては、この章の9.2節も併せて参照してください。

最後に、現在のマウス位置を次の直線の基点とするために、変数o_x、o_yに保存します（3）。

以上の操作が、マウス／指が移動している間、連続して発生することで、短い直線が連続して描画され、結果、自由な曲線が描かれているように見えるわけです。

マウスによる描画に対応するには

以上が、マウス／タッチ操作に共通した処理です。しかし、マウス操作に対応するには、さらに以下の処理が必要となります。

それは、マウスボタンが押されているかどうかという判定です。タッチ操作では、タッチしている間は、無条件に図形を描画すれば問題ありません。しかし、マウス操作ではマウスポインターがキャンバス領域に入っただけで描画されるのは望ましくありません。一般的には、マウスボタンが押された状態にだけ描画するのが自然でしょう。

マウスによる描画

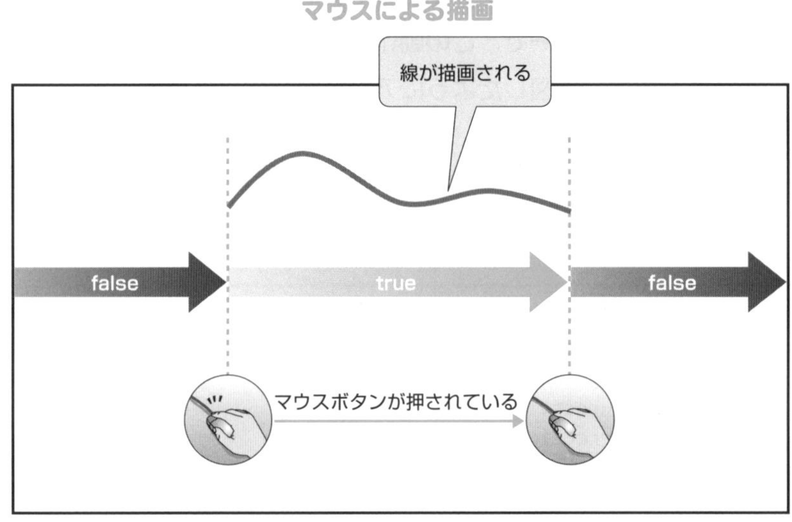

サンプルで、マウスボタンが押されているかどうかを判定しているのは、変数flagです。初期値にはfalse（ボタンが押されていない）を設定しておきます。

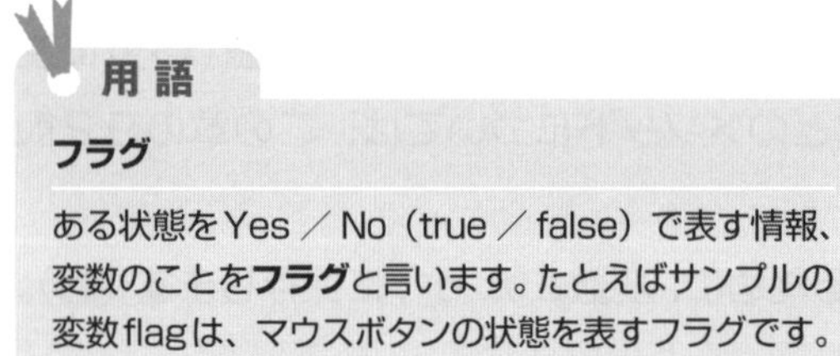

用語

フラグ

ある状態をYes／No（true／false）で表す情報、変数のことを**フラグ**と言います。たとえばサンプルの変数flagは、マウスボタンの状態を表すフラグです。

変数flagの値は、マウスボタンが押されたタイミング（mousedown）でtrueとし、マウスボタンを離したタイミング（mouseup）でfalseとしています。

```
const ondown = (e) => {
  // （1）タッチ開始／マウスダウン時の処理
  e.preventDefault();
  flag = true;          ← マウスボタンを押したらフラグをtrueに
  ...中略...
};

const onup = (e) => {
  // （2）タッチ終了／マウスアップ時の処理
  e.preventDefault();
  flag = false;         ← マウスボタンを離したらフラグをfalseに
};
```

あとは、mousemoveイベントリスナーonmoveで変数flagの内容を判定し、trueの場合にだけ描画処理を行うのです。これによって、マウスボタンが押された状態のときだけ、描画がされるようになります。

```
const onmove = (e) => {
  // （3）タッチ移動中／マウス移動中の処理
  e.preventDefault();
  if (flag) {
    ...描画処理...      ← フラグがtrueの場合にだけ描画処理
  }
};
```

先ほど述べたように、タッチイベントではこの処理は不要ですが、害になるものでもありません。そのため、サンプルでも、特にマウスイベント／タッチイベントを区別することなく、同じ処理を共有しています。

キャンバスに描いた画像を保存／表示しよう

もちろん、キャンバスに描いた画像をそのままにしておいては意味がありません。ここでは、キャンバスの画像を他のメモ情報と併せてストレージに保存し、また、地図上にも表示できるようにしてみましょう。

キャンバスの画像を保存しよう

1 作成済みのinput.jsを開いて、以下のように編集する（色文字部分を追加）。編集できたら、［すべて保存］ボタンをクリックする。

```
save.addEventListener('click',
  (e) => {
      ...中略...
      list.push({
        // ローカルストレージに保存する内容
        latitude: cpos_latitude,
        longitude: cpos_longitude,
        subject: subject.value,
        memo: memo.value,
        picture: board.toDataURL(),
        updated: new Date()
      });
      ...中略...
  }, false
);
```

2 ターミナルから以下のコマンドを実行して、ファイルをデプロイする。

```
> firebase deploy
```

結果 ターミナルに「Deploy complete!」と表示され、最終行に「Hosting URL: https://album-XXXXX.web.app」と表示される。

3 パソコン上でChromeを起動し、「https://album-XXXXX.web.app/index.html」にアクセスする。

結果 現在のユーザーの位置に応じて、現在位置周辺の地図が表示される。

4 ［現在位置にメモを登録する］リンクをクリックする。

結果 空のメモ入力フォームが表示される。

5 キャンバスに適当な絵を描き、メモ情報も入力した上で、［保存］ボタンをクリックする。

結果 トップの地図表示画面に戻る。

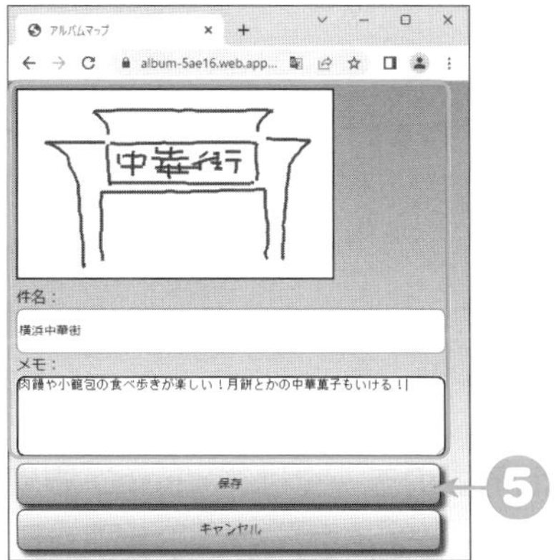

6 ⋮［Google Chromeの設定］ボタンをクリックして［その他のツール］−［デベロッパーツール］を選択する。

結果 デベロッパーツールが起動する。

7 デベロッパーツールの［アプリケーション］タブを選択し、左側のツリーから［ローカルストレージ］−［https://album-XXXXX.web.app］を選択する。

結果 右のウィンドウにmemolistというキーで、入力したメモ情報が記録されていることが確認できる。キャンバスの描画情報は枠囲みの部分に記録されている。この部分が折りたたみ表示のときは行の先頭の▶をクリックして展開する。

参照

ストレージに内容が反映されない場合

→第6章の6.3節のヒント「ストレージに内容が反映されない場合」

8 ブラウザーの右上の × ［閉じる］ボタンをクリックする。

結果 Chromeが閉じる。

キャンバス上のデータを出力するには

キャンバス上の画像データをストレージなどに保存するには、toDataURLというメソッドを利用します。**toDataURLメソッド**は、キャンバスの内容をData URLという形式に変換するためのメソッドです。

Data URL形式とは、URLに直接、画像データや音声データを埋め込むための表現で、一般的には以下のように表せます。

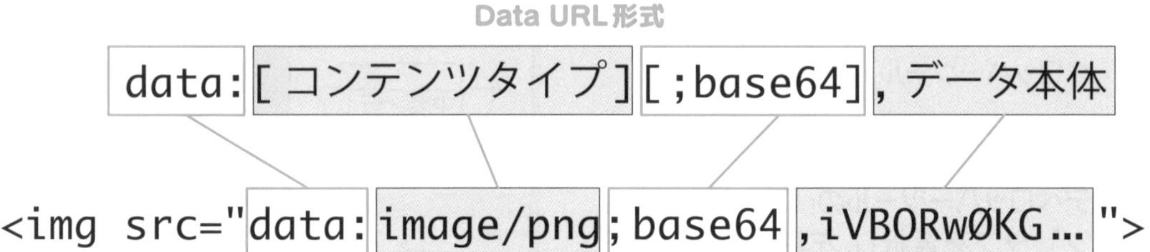

Data URL形式のデータは、<img>要素のsrc属性や<a>要素のhref属性にそのまま埋め込むことができますので、データをいちいちファイル化する必要がなくなります（具体的な方法は、このあとに説明します）。


```
data:image/png;base64,iVBORw0KGgoAAAANSUhEUgAAAVQAAADICAYAAAC3QRk5AAAWkklEQVR4Xu
2dO88cRRaGTwebgcgIQIKAYIF0sRARJrFBFv8AQhInSPwBlmw...
```


保存したキャンバス画像を地図上に表示しよう

1 作成済みのindex.jsを開いて、以下のように編集する（色文字部分を変更・追加）。編集できたら、[すべて保存] ボタンをクリックする。

```
let msg = `<strong>${h(item.subject)}</strong><br />${h(item.memo)}`;
if (item.picture) {
  msg += `<br /><img src="${h(item.picture)}" width="100" height="100" />`;
}
const info = new google.maps.InfoWindow({
  // メッセージウィンドウの基本情報を定義
  content: msg
});
```

2 ターミナルから以下のコマンドを実行して、ファイルをデプロイする。

```
> firebase deploy
```

結果 ターミナルに「Deploy complete!」と表示され、最終行に「Hosting URL: https://album-XXXXX.web.app」と表示される。

3 スマホでブラウザーを起動し、「https://album-XXXXX.web.app/index.html」にアクセスする。

結果 現在のユーザーの位置に応じて、現在位置周辺の地図が表示される。

4 ［現在位置にメモを登録する］リンクをタップする。

結果 空のメモ入力フォームが表示される。

5 キャンバスに適当な絵を描き、メモ情報も入力した上で、［保存］ボタンをタップする。

結果 トップの地図表示画面に戻り、地図の下にメモタイトルが表示される。

6 手順❹～❺を何度か繰り返す。

結果 繰り返した数だけメモ情報がリストに追加される。

7 リストから適当なメモタイトルをタップする。

結果 地図が移動し、メモに関連付いた地点にマーカーが立つ。

8 地図上のマーカーをタップする。

結果 情報ウィンドウが開き、メモ情報が表示される。情報ウィンドウには、キャンバスで描いた図も併せて表示される。

ストレージの保存先

この節の冒頭で、パソコン上で登録したメモ情報は、スマホには表示されません。ストレージデータはパソコン、スマホなど端末に保存される情報だからです。当たり前と言えば当たり前ですが、意外と勘違いしやすいところなので、戸惑わないようにしてください。

Data URL形式のデータを表示するには

前の項で触れたように、Data URL形式のデータは「そのままタグの属性値としてセットできる」のが特長です。よって、サンプルでも、picture列が空でない（item.pictureがtrueである）ことを確認した上で、保存しておいたキャンバスのデータを<img>タグのsrc属性に埋め込んでいるだけです。

```
if (item.picture) {
  msg += `<br /><img src="${h(item.picture)}" width="100" height="100" />`;
}
```

Data URL形式のデータは、`...`（テンプレート文字列）でそのままsrc属性に埋め込んでいます。テンプレート文字列については、第5章の5.1節も併せて参照してください。

～もう一度確認しよう！～　チェック項目

- □ Canvas機能がなにかを理解できましたか？
- □ Canvas APIで直線や曲線、基本的な図形を描画できるようになりましたか？
- □ マウスポインターや指のタッチ位置を取得できるようになりましたか？
- □ マウスポインターや指のタッチ位置をもとに、図形を描画できるようになりましたか？
- □ キャンバスの内容をストレージに保存できるようになりましたか？
- □ 保存したData URL形式のデータを<img>タグで表示できるようになりましたか？

索引

索引

索引

●な

●は

●ま

●や

●ら

●わ

●著者紹介

WINGSプロジェクト　山内 直（やまうち なお）

千葉県船橋市出身、横浜市在住。薬園台高校物理部にて8080搭載のワンボードマイコンに出会い、それ以来公私ともにコンピューター漬けの生活を送っている。電気通信大学在学中から執筆活動を開始、秀和システムでの開発者・編集者業務を経て、現在は個人事業「たまデジ。」（https://www.naosan.jp/）にて執筆・編集・Webサイト構築に従事するほか、大学や企業研修の講師としてWebデザイン・プログラミングを教えるなど、幅広く活動している。主な著書は『Bootstrap 5 フロントエンド開発の教科書』『Ruby on Rails 7 ポケットリファレンス』（技術評論社）、『TECHNICAL MASTER はじめてのAndroidアプリ開発 Java編』（秀和システム）など。また、@IT、CodeZine、マイナビなどのサイトにて連載を執筆中。WINGSプロジェクト所属。

●監修紹介

山田祥寛（やまだ よしひろ）

静岡県榛原町出身、一橋大学経済学部卒業後，NECにてシステム企画業務に携わるが、2003年4月に念願かなってフリーライターに転身。Microsoft MVP for Visual Studio and Development Technologies。執筆コミュニティ「WINGSプロジェクト」の代表でもある。最近の活動内容は，著者サイト（https://wings.msn.to/）にて。主な著書は『書き込み式SQLのドリル 改訂新版』（日経BP）、「独習シリーズ（Java・C#・Python・PHP・Ruby・ASP.NET）」（翔泳社）、『改訂3版JavaScript本格入門』『Angularアプリケーションプログラミング』（技術評論社）など。

●本書についての最新情報、訂正情報、重要なお知らせについては、下記Webページを開き、書名もしくはISBNで検索してください。ISBNで検索する際はハイフン（-）を抜いて入力してください。

https://bookplus.nikkei.com/catalog/

●本書に掲載した内容についてのお問い合わせは、下記Webページのお問い合わせフォームからお送りください。郵便、電話、およびファクシミリによるご質問には一切応じておりません。なお、本書の範囲を超えるご質問にはお答えできませんので、あらかじめご了承ください。ご質問の内容によっては、回答に日数を要する場合があります。

https://nkbp.jp/booksQA

●ソフトウェアの機能や操作方法に関するご質問は、ソフトウェア発売元または提供元の製品サポート窓口へお問い合わせください。

作って学べるHTML＋JavaScriptの基本
～ HTML Living Standard対応

2023年7月10日　初版第1刷発行

著　者　WINGSプロジェクト 山内 直
監修者　山田 祥寛
発行者　中川 ヒロミ
編　集　生田目 千恵
発　行　株式会社日経BP
　　　　東京都港区虎ノ門4-3-12　〒105-8308
発　売　株式会社日経BPマーケティング
　　　　東京都港区虎ノ門4-3-12　〒105-8308
装　丁　小口 翔平＋阿部 早紀子（tobufune）
DTP制作　株式会社シンクス
印刷・製本　図書印刷株式会社

ISBN978-4-296-07070-1　Printed in Japan